让我听见你

社会情感学习的叙事探究

刘湘燕　著

商务印书馆

创于1897　The Commercial Press

图书在版编目（CIP）数据

让我听见你：社会情感学习的叙事探究 / 刘湘燕
著. — 北京：商务印书馆，2022
ISBN 978-7-100-20205-3

Ⅰ.①让… Ⅱ.①刘… Ⅲ.①中小学生－情感教育－
研究 Ⅳ.①G44

中国版本图书馆CIP数据核字（2021）第151724号

让我听见你：社会情感学习的叙事探究

刘湘燕　著

商　务　印　书　馆　出　版
（北京王府井大街36号　邮政编码 100710）
商　务　印　书　馆　发　行
北京富诚彩色印刷有限公司印刷
ISBN 978－7－100－20205－3

2022年4月第1版　　开本 880×1230　1/32
2022年4月第1次印刷　　印张 9 1/4

定价：68.00元

序 言

在本土教育实践中认识 SEL 的价值和挑战

杨东平

（21 世纪教育研究院理事长）

　　由我为刘湘燕博士的这本书写序，实在是勉为其难，因为我完全是外行，只是对这个话题感兴趣，作为一次学习机会。社会情感学习（Social and Emotional Learning，简称 SEL）在国内快速升温，一个最新推动是 2021 年经济合作与发展组织（Organization for Economic Co-operation and Development，简称 OECD）公布了首次对全球 9 个国家青少年社会情感状态的研究报告，该测试的名称是"社会与情感技能研究"（Study on Social and Emotional Skills，简称 SSES），中国苏州的学生代表中国参加此次测试，表现亮眼。这样，OECD 在学业成绩排名的国际学生评估项目（The Program for International Student Assessment，简称 PISA）测试之外，增加了学生综合素养评价，可以视为是对批评 PISA 唯分数、唯排名误导世界教育的一个回应。这对"苦应试教育久矣"的中国教育，更可以说是一场及时雨。多年来素质教育在现实中沦为应试教育可有可无的美丽花絮，是有深刻原因的：没有基础理论、没有内在结构、没有相应的评价。总之，没有理论、没有方法、没有路径，这与 SEL 一比就知道。SEL 的出现，终于为抵御应试教育、推进素质教育提供了切实、踏实、可作业的"脚手架"。

我仿佛看到了刘湘燕受过严格学术训练的犀利目光。我上面所说的这些都是外行话，几乎每一个概念、每一个表述都是经不起审视的。究竟是社会情感还是社会情绪？是社会情感学习还是"社会与情感学习"？是社会情感学习还是社会情感技能？社会情感学习是为了促进素质教育吗？它的内在逻辑和发展脉络是什么？它在实践中的教育效果和问题是什么？教育的实践和实效，需要理解教师、家长、学生、社区的不同作用，教师和学生都离不开民族、种族、文化和制度的影响，而这一切又在一个以城市化和大规模人口流动为特征的巨大的社会变迁之中，难以"就教育谈教育"。这样，社会情感学习就不再是一个理念、一门课，而是一部类似博士论文的宏大主题了。这正是刘湘燕此书的关怀和价值所在。

对我而言，阅读过程是艰难的，如同她当初确定叙事方式和写作逻辑时那样，蜿蜒曲折，缤纷深幽。她独特的路径，是通过教育叙事的方法，致力于"描画个体身上折射出的多重社会现实"。基于与三位合作者的实践，此书"为教育者设计了体验式活动方案，了解以对话和故事为途径的教育方式，重新体验倾听、观察、讲述、合作、反思、共情对教育工作的价值。通过参与创意性写作、即兴表演、角色扮演等活动，让教育者建立彼此的情感连接，重新理解教育现象的复杂性，获得突破自身教育困境的实践策略"。对于第一线的教师和研究者，此书无疑具有很强的工具性和指导性。

然而，它并不是一本单纯的教学指导书，而是以质性研究为特色的学术专著。刘湘燕聪明地为自己确立了"作为 SEL 教育叙事的讲述者，而不是倡导者的立场"。她的文化自觉在于，"作为研究者，我们需要和教育者站在一起，达成教育研究的自觉，共同推动变革的发生，而不仅仅成为以成果为导向的知识生产者"。她的核心关注是"深入思考作为理论框架、课程内容、解决方案的从外部输入中国的社会情感学习，及其在教育领域所产生的涟漪和随之带来的更多社会问题"。尝试理解在当下的社会文化情境中，教育者所处的教育困境以及由此可以选择的应对方式。

对世界范围内 SEL 兴起的溯源研究，不难发现它的心理学研究、问题的出发点是基于儿童个体道德、情感、心理的"缺陷模式"。这种心理治疗式教育，从对病理性情绪的关注，转移到了情绪健康的预防，进而成为人格情感的一种"正面管教"：儿童被系统性地描述成"脆弱"和"有风险"的存在，需要接受来自成人的社会监测和管控。在政府主导下，这种政治话语的讲述，SEL"逐渐被添加了'社会正义'的属性"。这一逻辑被英国学者认为有可能会抑制儿童和青少年的自主性发展。刘湘燕也有这样的担心："基于心理学的 SEL 课程会不会过于关注个体，而忽略了塑造个体的宏大世界？它会不会过于依赖量化的数据，把涉及文化和制度的教育问题理解得过于简单化？"她看到 SEL 实践中实施的"新自由主义规训方式，把儿童和青少年作为被动而且有风险的对象，对他们进行检测、规范和控制，而不是把儿童看作社会情境的存在，否认了儿童、社会、政治和文化情境之间的交互关系"。

为突破以个体"缺陷模式"思考教育问题的局限，刘湘燕采取了叙事探究的方法，以自下而上的方式，探究教育者在实践过程中自身所呈现出的关于社会、文化、制度、家庭的多重现实。这种围绕个体经验的叙事方式，拓宽了我们理解 SEL 的视野。书中所揭示的教师—学生关系丰富而鲜活的教育场景，给人多方面的思考和启迪。例如，不同文化对于表达的规范和期待是不同的，中国的孩子和家长并不习惯每天说一百遍"我爱你"。那么，中国社会文化表达社会情感的独特方式，是不是应当总结出来作为实用和系统的教学工具？作为研究的一大特色，她以女性主义的独特视角审视家庭教育、亲子关系，发现了"它涉及的是当代中国社会母职与子女教育问题，也是父权制意识形态与性别不平等问题"。这些都帮助我们在宏大叙事下，重新理解 SEL 的理论假设并进行深入的思考。

刘湘燕的敏感还在于，她清晰地意识到需要关注社会变迁对儿童的影响，关注社会变迁中的教育问题，这是微观的课程和教学研究通常所忽视的。我国在联合国儿童基金会指导下在西部地区开展的 SEL 项目，触及了教育的真问题，那就是数量巨大的留守儿童和流动儿童，他们的精神世界需要关注，他们的情感缺失需要补偿。令人困扰的还是解决方案，因为留守儿童和流动儿童是农民工问题、城市化问题的结果，并非问题本身。在教育资源匮乏的西部地区，自上而下地引入基于欧美的 SEL 理论和课程，是否是解决问题的恰当方案，是否"能够调动一线教师的自主性同时触及结构性的问题"？这一问题不仅是在城乡关系的概念中呈现的，还有一个巨大的历史和文化背景，即我们所经历的是从"基于关系的、乡土社会转向基于个体的、现代社会的变迁"。因此，我们需要思考的是"如何在转型的乡土社会中，重新建立起基于传统文化的现代化理解，而不仅仅利用新的技术改造旧有的传统"，而且，"我们也无法回避中国现代化进程本身是趋向个人主义的价值观这个大背景"。

这突显的是中国现代化进程中外来文化与本土文化、现代化与民族化这一具有普遍性的矛盾和困境。她把中国本土的 SEL 实践上升为"社会情感问题的真伪"：如何在我们所处的社会文化中，找到对应于社会情感的概念？在我们目前的课程系统中，是否有对应于 SEL 的内容？例如，中小学实施的德育课程和教育部提出的核心素养框架，是否可以看作中国语境下的 SEL 课程？"如果这些本土课程无法作为 SEL 课程内容，那么就更需要论证引入 SEL 概念的价值所在",而且需要将 SEL 课程加以本土化改造。一位参与者建议,从中国的哲学观出发,把自然环境作为一个维度,加到现有的由课堂、学校、家庭、社区构成的 SEL 情境轮图里。另一位参与者认为城市并不是评价农村的坐标,如何从中国农村特有的家族、宗族观念思考 SEL 是更加重要的。作者发现了两个有价值的个案,印证了"参与不是模仿,更不是复制"的概念。一个是源自德国的华德福教育,它是在现行的 SEL 体系之外,卓有成效地促使孩子获得自我成长的全人教育模式。另一个是源自甘肃农村的伏羲教育。刘湘燕参与了对伏羲教育的评估,认为根植于中国本土文化的伏羲教育,"是一种涵盖了 SEL,具有中国本土经验和生命力的社会情感教育",虽然这个结论还有待进一步论证。

我们需要通过中国本土的教育实践认识 SEL 的价值和挑战,重新理解个体所处的教育困境。正如作者所言:"我们探讨 SEL 的教育叙事,并不是简单地认同或否定它的理论框架甚至本土化方式,而是希望把对于它的理解,放置于更加多重的社会现实中。"这便是作者不断尝试回答 SEL 到底是什么以及我们做了什么这两个问题。这个探索依然在生活中展开,在众多一线教师和研究者的实践中。

2022 年 1 月 28 日

目 录

前　言

2015 年，在完成博士论文之后，我开始尝试把美国华人移民青少年的教育研究，转化为给当地华人移民家庭和社区提供的课程服务。在理论上，我受到批判教育学倡导的"实践导向教学法"（praxis-oriented pedagogy）[①] 的启发，决定通过自己的行动，把理论带入日常生活。那段时间，我接触了大量的移民家庭、教育机构、非营利组织、学校和社区负责人。通过设置课程，我希望带动华人家庭和社区，思考自身所处的美国社会及其教育系统。同时，我也希望以此反观华人群体被不同社会文化系统所塑造的对于教育的想象。在课程中，我设计了多种体验式活动，通过工作坊的形式，理解被种族、阶层、性别、族裔、国籍等因素建构的多重社会现实。

那段时间，我组织了一系列以华人教育为主题的工作坊活动。在课程介绍中，我写道：我们带着美国梦，漂洋过海，希望给子女提供更好的教育。然而，教育无法在真空中进行。美国是种族社会，华人是少数族裔，又被称为"少数族裔典范"（Model Minority）。美国社会如何看待我们，我们又如何看待美国社会，都影响到我们的子女在美国接受教育。教育不仅是个体的学习，还受到社会、文化、历史、政治、经济等

[①]　这一概念由美国批判教育学倡导者麦克拉伦（Peter McLaren）和法拉曼德普（Ramin Farahmand-pur）在 20 世纪 90 年代提出，他们认为这种教学法可以弥合批判知识和社会实践之间的鸿沟。

多方面的影响。同时，我们经历的中国文化，又在潜移默化地影响教育的选择。共同认识美国社会和教育系统，也更好地反思我们在美国社会中的处境。我提出了以下几个问题：

- 美国是种族社会，这跟我养育孩子有什么关系？
- 教育是为了圆我们的美国梦吗？
- 美国学校为什么要限制亚裔/华裔的录取名额？
- 歧视到底是什么意思？我的孩子被学校歧视了吗？
- 谁给华人贴上了"少数族裔典范"的标签？
- 我们应该以华人的刻板印象为荣吗？
- 学校对华人的刻板印象会影响我孩子的学习吗？

当时，除了在美国当地社区组织教育工作坊之外，我还参与了跨国教育网络社群的创建和教学工作。2016 年，在与国内朋友讨论之后，我们决定建立一个华人跨国教育社区，从教育学、社会学、人类学、哲学、心理学的跨学科角度，设计以幸福（well-being）为主题的课程，探索幸福与教育的关系。通过组织以家庭为单位的学习和设计体验式教学方式，我们希望为华人家庭创建一个开放的学习空间，让参与课程的家长相互分享经验、彼此学习、共同成长。为了更好地完成课程设计，我开始了解美国本土的各种课程理念、模式和从事这方面工作的机构。在这个过程中，我有机会接触到社会情感学习①（Social and Emotional Learning，简称 SEL）的概念，并对它的课程理念和实施方式产生了兴趣。

社会情感学习最早发端于美国。1994 年，美国非营利组织"学术、社会和情感学习联合会"（Collaborative for Academic, Social, and Emotional

①　在 SEL 概念中，emotional 译成情感。在书中其他部分，情绪和情感两个词通用，都对应英文 emotion 一词。

Learning，简称 CASEL）成立，致力于在教育领域推广 SEL 的理念和实践。1996 年在心理学家韦斯伯格（Roger Weissberg）的领导下，CASEL 进驻伊利诺伊芝加哥大学心理系，确立以高质量和实证研究为基础的 SEL 作为学前到高中教育的重要组成部分[①]。1997 年，伊利亚斯（Maurice Elias）等学者编写了《倡导社会情感学习》一书并且首次对 SEL 进行了定义。他们指出：SEL 是获得重新管理情绪，设定并取得积极的目标，欣赏他人的视角，确立并维持积极的关系，进行负责任的决策，建设性地处理人际关系能力的过程（Durlak 等，2011）。

CASEL 也对社会情感学习进行了定义：SEL 指的是儿童和成人通过掌握并且有效地将知识、态度与技能用来理解和管理情绪，确立和取得积极的目标，感受和表达对他人的同理心，建立和维护积极的关系，并做出负责任决策的过程[②]。同时，CASEL 确认了 SEL 在认知、情感、行为层面相互关联的五种核心能力（如图 P-1）。

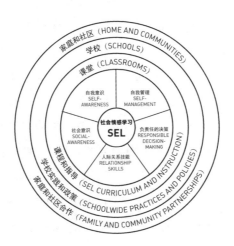

图 P-1　什么是 SEL

---

① CASEL 网站：https://casel.org/history。

② CASEL 网站：https://casel.org/what-is-sel。

- **自我意识**：能够准确识别个人情绪、思想以及对行为影响的能力。
- **自我管理**：能够在不同情境中，有效规范个人情绪、思想和行为，确立并且努力实现个人和学术目标的能力。
- **社会意识**：能够从他人角度思考，用同理心理解不同背景和文化的人，认识家庭、学校和社区的资源和支持的能力。
- **人际关系技能**：通过清晰的交流、积极的倾听、合作和建设性的协调冲突，在必要时寻求和提供帮助，与不同个体和群体建立并维持健康、有益的关系的能力。
- **负责任的决策**：能够做出建设性的、尊重他人的有关个人行为和社会互动的选择能力，这种选择是依据伦理标准、安全考虑和基于自我和他人幸福的现实环境而做出的。[①]

杜拉克等学者（Durlak 等，2011）通过对 213 个参与 SEL 课程学习的 K- 12[②] 学生进行元分析，发现这些学生在社会情感技能、自我概念、学校和课堂行为方面都有所提高；参与 SEL 课程的学生更少出现干扰课堂的行为，以及霸道、欺凌和旷课的问题；SEL 课程帮助学生减少了情感上的压力，例如：抑郁、压力或社交障碍；学生在学业上也有更好的表现，包括测验成绩，相对那些没有学习过 SEL 课程的学生，SEL 学生的成绩高出了 11 个百分点。斯格莱特等学者（Sklad 等，2012）通过分析 75 个 SEL 项目，发现 SEL 对学生以下七个领域都有积极影响：社交能力、积极的自我形象、亲社会的行为、反社会的行为、药物滥用、心理健康和学业取得。韦斯伯格和卡斯卡里诺（Weissberg & Cascarino，2013）在《学业＋社会情感学习＝国家优先权》一文中，列举了 SEL 促

---

① CASEL 网站：https://casel.org/core-competencies/。
② 美国 K- 12 教育是基础教育的统称。其中，K 指的是幼儿园，12 指的是 12 年级。

进学生和学校发展的数据。他们指出，实施良好的 SEL 能够对学校的环境起到积极的促进作用，同时，学生在学术、社交和情感的发展上也会受益。他们认为多项研究已论证 SEL 对学生行为和学业表现的正相关影响结果（Greenberg 等，2003；Zins 等，2004）。此外，芝加哥大学芝加哥学校研究共同体的研究人员也指出，"非认知"的学术行为、学术坚毅、学术思维、学习策略和社交能力都会正面影响学生在学校的成功（Farrington 等，2012）。

社会情感学习的兴起不只是美国社会独有的教育现象，而且在过去二十年间，已经逐渐成为全球教育的发展趋势（Humphrey，2013；Durlak 等，2015）。英国学者汉弗莱（Neil Humphrey）在书中指出，根据英国儿童、学校和家庭部（2007）以及教育和技术部（2005）制定的"社会情感学习"（Social and Emotional Aspects of Learning，简称 SEAL）教育政策，计划截至 2010 年，在 90% 的小学和 70% 的中学实施社会情感学习课程。在澳大利亚，所有的州和地区都已经实施"儿童关键"（KidsMatter，幼儿早期和小学）和"心智关键"（MindMatters，中学）社会情感学习课程（Ainley 等，2006；Slee 等，2009）。其他国家的教育系统，包括西班牙、葡萄牙、芬兰、新加坡、加拿大、瑞典和德国都包含了社会情感学习内容（Marcelino Botín 基金会，2011）。

中国学者毛亚庆（2020）在《社会情感学习教学用书》中指出，教育部—联合国儿童基金会实施的社会情感学习项目，对学校、教师以及学生都产生了积极的影响。在书中，社会情感学习被定义为："社会情感学习是基于儿童的发展需要，通过学校管理、教育教学、家校合作等支持性环境的建设，在校内外形成相互尊重、相互理解和相互支持的人际关系与积极的氛围，帮助学生在学校、家庭和社会生活中获得发展所必需的对自我、对他人、对集体的认知与管理意识以及知识和能力，培养学生的自信心、责任意识，帮助学生建立积极的人际关系，形成良好的情感和道德品质，有效地面对成长过程中的挑战，获得身心的全面协调发展。它是学生获得社会情感发展所需的知识、能力和态度等社会情感能力的过程。"①

其中，学生的社会情感能力包括六个维度：自我认知、自我管理、他人认知、他人管理、集体认知、集体管理（如表 P-1）。

表 P-1　社会情感学习的六个维度

	自我	他人	集体
认知	自知 自信 自尊	共情 尊重 亲和	集体意识 亲社会性意识
管理	调适能力 反省能力 坚忍性（能力） 进取心（能力）	理解与包容的能力 化解冲突的能力 处理人际关系的能力	融入集体 维护荣誉 遵守规范 合作 领导力 亲社会能力

为了更好地了解 SEL 在美国教育系统内的实施情况，我开始联系并走访了在美国的相关学校和教育机构。然而，随着我对 SEL 理论和方法的了解，这个概念带给我的兴奋感却慢慢退却了。我开始审视 SEL 的实践，却陷入了困惑。基于心理学的 SEL 课程会不会过于关注个体，而忽略了塑造个体的宏大世界？它会不会过于依赖量化的数据，把涉及文化和制度的教育问题理解得过于简单化？不得不承认，心理学为我们提供了测量 SEL 的工具，建议我们凭借"科学"的方法评估儿童和青少年，以此修正他们的行为。在这套理论范式的指导下，儿童和青少年被视为

---

① 毛亚庆主编：《社会情感学习教学用书》，北京师范大学出版社 2020 年版，第 2 页。

客体，被我们的想象所物化，最终成为教育改造的对象。科学的理由即使允许我们这样做，我们也需要思考这样做可能带来的后果。

联合国教科文组织于 2003 年首次提出对于社会情感学习的倡导（Elias，2003）。2011 年，联合国儿童基金会（UNICEF）与中国教育部展开合作，将其引入中国，命名为"社会情感学习与学校管理改进"项目。① 为了帮助西部不发达地区的儿童和青少年，项目在重庆、贵州、云南、广西、新疆等五个省（自治区、直辖市）的中小学，开展 SEL 框架研讨和课程开发等活动，以此促进中国基础教育实现公平有质量的发展（联合国儿童基金会，2017）。在借鉴国际经验的同时，结合中国实践，项目建构了具有中国特色的学生社会情感发展目标框架，形成了学生情感认知与管理两个层面，包括自我、他人、集体三个主题，同时引进了英国北开普敦大学学习行为研究中心提供的社会情感学习项目教材（毛亚庆，2020）。

2009 年，美国畅销书《正面管教》的中文版在国内出版。正面管教是美国教育学博士简·尼尔森（Jane Nelsen）创立的一套育儿培训体系，倡导"和善而坚定"的管教原则，被誉为管教孩子的"黄金准则"。② 正面管教系列课程的翻译和出版，引起了大量中产阶级家长的共鸣。随后，全国各地开始出现家庭导师、鼓励咨询、学校讲师认证班等培训机构和认证课程。其中，进入学校的正面管教课程被称为"社会情感学习"，参与授课的老师被称为社会情感学习讲师。

我们可以看到，不管是自上而下的官方途径，还是自下而上的民间方式，SEL 作为一个新概念，在过去的十年间，被输入中国并且得以快

---

① 联合国儿童基金会社会情感学习项目平台：https://www.unicef.cn/documents/sel-resources。

② "黄金准则"的说法出现在《正面管教》这本书的封面上。

速传播。我们也听到越来越多倡导 SEL 理念的声音。他们认为，目前国内的应试教育系统过于注重学生的学业成就，忽视了社会情感能力的培养，有些甚至把源头指向我们所处的社会和文化。在他们看来，中国的社会文化传统并不鼓励个体的情感表达，由此限制了个体社会情感能力的发展。SEL 概念的出现，让人们看到弥补应试教育弊端的可能性，同时也让我们有机会反思自身所处的社会文化现状。作为教育实践者和研究者，我很好奇这个现象的产生以及随之而来的各种观点。通过叙事探究的方法，我得以深入思考作为理论框架、课程内容、解决方案并从外部输入中国的社会情感学习，及其在教育领域所产生的涟漪和随之带来的更多社会问题。

同时，我也希望社会文化视角有助于探寻这个现象所具有的隐喻性。在这里，我想重申一下自己作为 SEL 教育叙事的讲述者，而不是倡导者的立场。在探究的过程中，我和三位参与者共同置身教育现场，描画个体身上折射出的多重社会现实。通过这种方式，我们尝试理解在当下的社会文化情境中，教育者所处的教育困境以及由此可以选择的应对方式。不管是教育呈现的复杂景象，还是不断发生的教育变革，作为实践者，我们始终都无法离开教育的现场。这是我们的责任，也是我们的使命。

因为这些困境，我们不得不回到社会文化的视角，重新尝试理解这幅纷繁复杂的教育拼图。对于教育现实来说，个体和社会是必须同时考虑的两个维度。我们既需要微观，又需要宏观的角度，来指引我们的实践。于是，我开始阅读社会学、文化研究、女性主义与教育学相互交织的理论。那些晦涩难懂的概念，让我再一次感受到跨学科研究带来的挑战。但是，我很清楚，任何单一的理论都有它的盲点。只有让不同理论彼此发生碰撞，才会产生新的火花，虽然那样的火花未必是最明亮的，却一定是最饱满的。这也是跨学科尝试对我而言的意义。

　　我开始慢慢寻找所期待的火花。那时我刚刚回国，正在从事博士后研究工作。通过对华人移民母亲的访谈，我进入到女性主义这个神秘又复杂的领域。我一边整理她们个体的故事，一边梳理女性主义理论。明知不远处就会有光亮，却一直看不到两者的交汇点。我在跟自己较量的轨道上独行，感觉十分疲惫。好不容易在完成华人女性与育儿的研究项目之后，我慢慢梳理出了女性主义在教育领域的一些理论，这让我隐约看到了一点点光亮。我开始有了不如从女性主义进入 SEL 实践的想法。那时，我对自己的想法并没有太大的把握。不管是国内还是国外，教育实践基本上都是遵循心理学的范式，文化研究和女性主义理论与学校教育，特别是基础教育的实践很少存在交集。

　　我想，这就是促使我构思这本书的原因。后来，在写作和修改的过程中，我不断问自己：如果不以这样的形式呈现出来，会不会感到遗憾？那个时候，已经有了比较清晰的答案。直到最近，当收到郭晓娟编辑的审读意见，她又问起这个问题，我才意识到，是时候梳理一下了。

　　首先，这本书并不是传统意义上关于社会情感学习的研究著作。确切地说，它是我和三位参与者（若水、田纳、安心）[1]，通过为期一年的对话和实践，对 SEL 这个主题以及它所触及的教育问题，共同进行的更接近于原生态的反思记录。

　　我们尝试从社会文化的角度，选择了讲述—生活—再讲述—再生活的叙事探究路径。在这个过程中，共同反思基于心理学倡导的 SEL 理念，探讨 SEL 作为知识，从美国迁移至中国的过程以及背后的逻辑。这样做并不是简单地倡导或者批判 SEL 在国内的推广和实施，而是希望通过教育叙事这种自下而上的方式，探讨这个现象所折射出的教育问题。

────────

　　[1]　她们有既是母亲也是教育者的共同身份。

通过理解教育者在学习、实践和反思 SEL 的过程中，个体身上所呈现出的关于社会、学校、家庭、文化、制度的多重现实，来突破以个体"缺陷模式"[1]思考教育问题的局限。

对于大部分读者来说，叙事探究可能是一个陌生的概念。在我看来，这个方法充满了人性化的视角，打破了主客体的二元对立模式，尊重个体平常的生活经验。由于它是基于研究者和参与者建立的关系，可以作为知识和理解的途径。希望读者也会像我一样喜欢上这个方法，把它运用到教育研究和实践工作中。

此外，这本书还为教育者设计了体验式活动方案，了解以对话和故事为途径的教育方式，重新体验倾听、观察、讲述、合作、反思、共情对教育工作的价值。通过参与创意性写作、即兴表演、角色扮演等活动，让教育者建立彼此的情感连接，重新理解教育现象的复杂性，获得突破自身教育困境的实践策略，共同推动国内基础教育的改革。

在写作的过程中，除了思考为什么写这本书，我也一直在想到底这本书的读者是谁这个问题。我希望它适合国内中小学教师和教育管理者、各类师范院校学生、教师教育和家长教育的从业者以及关心孩子成长的家长们。为了满足不同读者的阅读兴趣，这本书的前三章侧重描述了个体作为参与者和探究者的经验，以及在此过程中的实践和反思。后两章则从理论视角，阐释了叙事观念的形成和叙事探究路径，也介绍了 SEL 领域的兴起以及由此引发的学术争议，以及这项教育叙事呈现出的多重社会现实。希望这项基于教育者自身经验的教育叙事，能够带给读者朋友们教育的勇气和力量。

---

[1]　第五章有关于个体"缺陷模式"的具体介绍。

第一章　她们作为参与者的故事

这本书是关于社会情感学习（SEL）的教育叙事。三位参与者若水、田纳和安心的讲述与生活让我有机会重新理解她们作为女性、母亲、教育者的立场，也有机会反思自己在此过程中，作为研究者的角色。在这一整年的时间里，她们不仅是这项研究的参与者，也是研究者。在我们共同创造的探究空间，她们讲述了琐碎而平凡的个体经验。我决定和她们站在一起，走进她们的生活，倾听她们的故事；在某些时间点，又走出她们的生活。在进进出出的过程中，我始终被她们身上的点点亮光温暖着。

若水：我没有很好的社会情感能力

我和若水的对话始终都是在坦诚、真实、敞开的方式中进行的。或许是因为我也有过和她类似的学业挫败经历，从她身上，我能清晰地看到自己过去的影子，也能真切地体会到她在面对自身处境和社会问题时的困扰。若水对自己没有太多信心，会不自觉地内化外界的标准。这种特质在她身上显现出来的就是，不断让自己处于"学习"的状态。这也是在她内心产生的对于自我探索的需要。

当我好奇地询问她对 SEL 产生兴趣的起因时，她几次都表示，自己从小就欠缺社会情感能力。通过学习来弥补自身的"欠缺"，也是很多老师对 SEL 课程项目感兴趣的原因。

> 我小时候基本上都是赞同别人。别人说完了，老师说完了，我就"嗯，对对对。噢，好好好，行行行"，就像老好人，和别人没有矛盾。自己心里不同意的时候，也不会表达出来，以为表达出来关系就不好了，就不知道该怎么办。我的童年可能缺少这方面的学习。从那时到现在，很多时候，可能在社会交往中会有很多问题，甚至我自己都意识不到。(2018 年 5 月 6 日访谈)

我尝试去感受她描述的"欠缺"。我似乎看到，她在规则中寻求栖息之地，渴望被认同，却几乎遗失了自己。她想表达自己的看法，却又害怕带给别人不安。我在想，她害怕的是跟他人产生冲突吗？当我深入倾听她的故事时，她几次提到，担心这种回避冲突的方式会影响到自己的孩子。我想，这种担忧并不意味着她不敢表达自己的观点，而是在当时的处境下，没有找到表达不同观点的空间。这也是她会把这种回避方式与独立思考，甚至和他人深入的互动联系起来的原因。我看到了她把自己包裹在"好"学生标签之下的努力与无奈。

在我和三位参与者组成的学习小组[①]中，若水说到自己的学校经历。她从小就习惯服从老师的安排，也知道怎样做可以考高分。她说："因为我很会考试，我把学校考试和真实生活割裂开了。"从区重点初中考入市重点高中之后，由于班里学生大部分都是从本校直升上来的，她从原来的尖子生一下子变成了中等生。班干部、三好生这些身份再也轮

---

① 第二章对学习小组进行了详细介绍。

不到她。虽然心里很难接受这样的落差，但是她仍旧相信自己的价值所在。她认为，那些被老师任命的班干部并不是因为自身足够优秀，而是因为他们都是从本校初中直升上来的。于是，刚上高一，她就决定提交入党申请书，证明自己的实力。在申请的过程中，她开始思考：到底自己急于向外界证明的是什么，到底外界对优秀的定义又是什么？她慢慢发现，如果优秀的标准只有成绩，那么申请入党这件事本身就没有太多意义。于是，她暂时把申请的事情放到一边。

高中第一学期期中考试，她的成绩出乎意料的差，考了班里的倒数第二。她很担心自己会留级，于是找到班主任老师。老师没说什么，半开玩笑地告诉她，谁留级也轮不到她，让她继续努力，把不会的功课补上。老师的这句话，让她有机会重新看待自己，发现自己并没有想象中的那么糟糕。于是，她花更多的时间考虑自己的需要，不再费力向外界做出证明。经过三年的努力，她考上了北京大学。访谈中，她开始反思："为什么不能接受自己是普通人这个事实？社会对于优秀的标准又是什么？"她意识到，正确认识自己而不被外界标准影响，才是她获得的宝贵经验。

> 现在回想高中的经历挺好的，让你从万众瞩目的位置，变成了特别普通的人。但是，那个时候过得挺困难，一下子没人重视我了，不受关注。可能这也是社会情感上自我认知不够，完全依靠外界。别人觉得我特别好，我就觉得自己是个很棒的人；别人认为我是个普通人，我就挺失落的。（2019 年 11 月 28 日小组讨论）

大学的宽松环境让她可以做自己，不用费力做一个被外界认可的人。从那时起，她的认知不再是非黑即白，她也开始学会理解世界的复杂性。

> 以前我一向认为自己的社会情感能力很强、很好。但是慢慢地，我发现以前是不成熟的。我看东西过于非黑即白，我非常爱憎分明，但其实这个社会，你真的去做很多事情的时候，是不太可能爱憎分明的。以前我觉得自己有很好的社会情感能力，但后来我发现，每个人都有自己的难处。……出于自身的原因，不是说都能被理解、都能被原谅，但是我觉得我能更好地去体谅别人了。（2019年3月12日访谈）

当我不断地从若水的讲述回到她目前的生活，我发现时间和空间的交错呈现在她对自己的观察和接纳中。不管是重点中学还是大学，精英系统都在以它特有的方式塑造这些被它选拔出来的"优秀"人才。若水在自身和系统中间寻找平衡，在搭建属于她的维度的同时，也在寻找作为普通人的真实存在感。我并不是说，精英系统是虚幻的，而是说，处在这个系统中的个体，在强大的外力之下，在向外界证明自己符合规范的同时，也容易忽视自身的独特性和完整性。相反，普通人所获得的，不被关注的机会，也正是作为深处精英系统中的个体难以获得的自由。这可能就是若水内心深处的担忧。这样来看，她认为自己欠缺的 SEL 能力，并不是个体欠缺的，而是与系统密切相关的。具体而言，是与学校日常的叙事相关的。在学校叙事的逻辑之下，个体无法表达，也缺少表达自己的空间，在被庇护的同时也被剥夺了作为普通人的自由。从这个角度理解，若水对于 SEL 的兴趣是对于自己作为"普通人"的肯定。

作为 SEL 的学习者

最初，若水理解的 SEL 是一个复杂的系统，它涉及课程和教学领域的方方面面。她认为，美国通过 CASEL 机构在全国范围内推广 SEL 框架和理念，各地中小学能够采用 SEL 教材进行授课。她从朋友那里得到一些有关 SEL 的资料，也上网进行了搜索。当我们谈到课程的组织形式时，她表示，一些学校会单独讲授 SEL 课程，而后再开展活动；而更多的学校主张把 SEL 课程渗透到日常教学活动中。我们围绕这个话题展开过多次讨论。我不太建议为学生单独开设 SEL 课程，因为这更像是对学生进行道德行为的灌输，而教学应当是在潜移默化之中进行的。但是，若水认为有必要对学生单独开设 SEL 课程。在一次小组学习中，若水分享了她组织班会课的休验，希望我能够理解她的主张。

若水：上次我带的班会课，出现《头脑特工队》的时候，好多小孩举手。我说："等会儿让你说。"其实我就在想，我是愿意给所有孩子发言机会的。但是，他们会不会明白我是尊重他／她，而不是说你应该让我先发言？会不会下课以后，他／她觉得本来我举手了，老师就应该让我发言，而不是说，老师很尊重我。会不会我传递给他／她的东西，他／她接不到呢？

我：可能会。

若水：如果把社会情感融入各种课程中，我们应该怎么做？

田纳：就需要跟孩子说一句。

若水：我并不是很同意你说的，老师一定要有社会情感能力，然后潜移默化传给孩子。我觉得，必要的时候提出来，单独一节课是对的。比如说，尊重和沟通，或者同理心，讲了以后学生才知道是这样的。以后在课上再做的时候才明白，其实老师有一种同理心，老师对我是一种尊重。而不是说，我尊重他们，他们觉得理所当然。（2018 年 6 月 4 日小组讨论）

虽然在最初的讨论中，我们无法说服彼此。但是在经过了多次班会课的实践之后，若水也发现，SEL 单独授课容易让老师站在道德制高点，对学生进行评价。在过了大半年之后的一次访谈中，她表达了对 SEL 授课方式想法的转变。作为家长和教育者，她认为我们需要从改变自身开始，而不是从孩子或者学生入手，这是她从自己的经验中总结出来并且认可的实践方式。不管孩子在学校，还是在家，如果身边的大人能够首先意识到自己的问题，孩子就会从这种反思中受益。家长可以跟孩子开诚布公地描述自己的成长，而不是给孩子指出一条明确的道路，告诉他们这就是社会发展的"正确"方向。这也是她认为给孩子开设 SEL 课程显得流于表面的原因。就像她说的，"孩子其实是知道的，他们并不像我们认为的那样"。我们最终希望把落脚点放在老师身上，帮助老师培养反思的习惯，能够面对并且接纳自己。

在第二次访谈中，若水几次提到，在探究的过程中，她产生了连自己都倍感意外的想法。当我们以一种开放的方式，回忆并且讲述过往的经历，这样做本身也是重新面对自己，在对话中进行理解，调整并完善各自思考的方式。对于若水来说，SEL 从最初的一套理论框架，逐渐成为浸润在生活方方面面的实践内容。

> 去年我理解的社会情感，更多的还是集中在学校教师培训那块，集中在那些活动区域，眼界比较窄，仅限于活动和书上讲的东西。这一年，咱俩做夏令营，去实践社会情感课程，到后面咱们聊天、讨论、参加一些活动，我感觉对社会情感越来越抓不住了，好像无处不在，无孔不入。（2019 年 3 月 12 日访谈）

教育原本就与生活息息相关。从这个角度，我们再次讨论了组织教师工作坊的目的。如果过多地关注教师发展的路径，或许会忽视教师发展的核心问题：为什么我们要设计体验式活动？我们的出发点是什么？如果我们只想通过工作坊，让老师了解美国中小学目前开展的 SEL 课程和关于 SEL 的概念，即便我们把活动带到课堂，我们仍旧无法回答"为什么"这个问题。当我们在 SEL 的框架内进行思考，我们的视角依旧是局限的。只有跳出 SEL 的框架，才能对这个框架和由此带来的路径进行思考。这样做或许能够触碰到教育问题的核心。我们真正希望突破的是，通过工作坊活动，和老师共同回到教育的"真"问题，回到老师个体已有的生活经验。

> 培训只能让老师知道，全人发展或社会情感发展分哪几个方面、有哪些活动。做了这些活动就能让孩子有社会情感技能吗？不能保证吧。即使培训完老师，就能保证孩子在这方面的教育不缺失吗？如果老师是一个冷漠的人，是一个完全融入不到孩子生活中的人，就没法影响孩子。即使有的老师不知道什么是社会情感，但是特别有人格魅力，一样也能影响孩子。……我们只能说，现在大部分老师以往的生活经验、成长历程，都没那么有人格魅力，或者说自己对全人成长的看法不全面时，我们只能通过这样外在的东西去给教育一个补充。（2019 年 3 月 12 日访谈）

在她看来，对于 SEL 的学习不能局限在被 CASEL 定义的五种技能的学习[1]，而是要从这五个方面入手，让老师去思考自己的困境，通过改变自己再去影响学生。即使无法改变自己，至少能够通过活动引发他们

---

[1]　CASEL 定义的五种核心技能包括：自我意识、社会意识、自我管理、关系技能和负责任的决策。前言讨论了 CASEL 的定义。

对于教育的思考。老师需要从个体入手，反思自己的生活环境和人生经验，而不仅仅是学习概念和知识。对于大部分老师来说，他们习惯了戴着教师的职业面具，也习惯了在面具之下隐藏个体的故事。

因此，我们都希望把对话加入到教师权威角色这个主题的活动设计中。被社会塑造的权威角色会带给老师压力，这些压力体现在，当老师习惯了戴上被职业规范的面具，他们会用这个规范衡量自己是否能够满足来自学生、家长、学校的期待。很多时候，这些期待并不合理。被权威角色塑造的完人或者超人的形象，赋予了老师优越感的同时，也限制了他们作为个体追求平等、理解、信任的渴望。因此，我们建议老师在与学生和家长建立情感连接的时候，最好也能意识到，真诚甚至脆弱对于关系的建立起到的重要作用。当我们希望打破单向的上下级关系时，我们也渴望进入人与人之间更加平等、深入的关系。这种交流是建立在生命经验基础上的，需要双方敞开心扉。一旦敞开心扉，就已经准备好面对不理解、不接受和不认可，这时我们也处在一个容易受到伤害的位置。从这个角度来看，作为老师，自身的真诚与脆弱正是与他人建立连接的基础。在我们的讨论中，若水回想起自己的一段经历。

2011 年，她怀上老二的时候，反应特别厉害。那阵子，她走进教室，常常感到体力不支，有时还要请学生帮她搬椅子、擦黑板。在课堂上，她会忍不住发出"哎呀"的叹气声。学生很担心她不能来上课，但她都尽量到校。在反应特别厉害的一个多月里，她发现学生比以往更加努力了。当时她并没有告诉学生自己怀孕了，只是说身体不太好。结果，学生一下子就变得成熟、懂事了。"老师要学会向学生示弱"，她反复说了几遍。经过讨论，我们决定把它作为教师工作坊的活动主题。我们希望，老师不仅能够向自己的学生示弱，而且能够向家人、同事、朋友示弱。围绕示弱这个关键词，她又说起自己和先生之间的关系。

若水的先生在老家农村承包了一个农场，经过十年的发展，农场的经营蒸蒸日上。因为工作能力强，他要负责农场里里外外所有的事务。由于若水工作的关系，再加上两个孩子在北京上学，只有寒暑假的时候，全家才能在农场团聚。若水的先生常年需要生意上的应酬，他们无法在彼此身边相互照顾，她对他的关心只能通过电话或者微信。有时候，稍不注意表达方式，关心就会变成责备。原本只是想提醒对方注意身体，最后却导致双方的争吵。她慢慢开始反思这样的关系，尝试着放下自己的评判，用行动表达关爱。由于她先生经常要吃饭应酬，若水开始给他买保健品。她说自己的改变不是行动的改变，而是认知的改变，这让她学着谅解对方。同时，她先生也开始学着向若水示弱，有时感觉身体不舒服，就会提出来让若水照顾自己。人和人之间，都是彼此需要、彼此关爱的。

> 老师也好、家长也好，真的需要自己去认识。每个人都不同，包括现在的老师，他们的社会地位、生活环境怎样，他们内心有没有自卑感？包括家长，在他们成长的过程中，有的家长就是被过度保护的。我对自己生活的认知，就是这种情感方面，如果不改变的话，作为家长，就没有办法引导孩子去思考，去往我们都觉得比较好的方向发展。所以，在咱们讨论的过程中，很大的收获是我在改变，我的认知在改变。（2019年3月12日访谈）

当我们不再以社会的刻板印象要求老师成为学生的榜样，当我们认为家长也需要向孩子学习，夫妻之间也需要相互示弱，我们就会看到，不管是老师，还是家长，首先都是作为一个人的存在。若水一直关注学生个体发展，她的硕士论文专门探讨了这个问题。做了十几年的对外汉语老师，养育了一对儿女，她仍旧坚持从全人发展的角度去理解教育。我们的对话也促使她思考作为教育者和母亲的经历，调整自己对于社会复杂性的认知。这些都需要从自我的反思和改变开始。

作为焦虑的"老母亲"

在学习小组中，我让三位参与者以"我的一天"完成一次反思性写作。当我翻开若水的记录，我看到了她作为母亲的日常生活细节。当我们回到小组中，交换并阅读彼此的讲述后，我也更加理解若水对做母亲这件事本身的紧张和焦虑。

我的一天 —— 典型周末（2018 年 6 月 3 日）

早上 5：30，我起床，看了 40 分钟手机。6：30 左右，我去洗漱，再整理一遍一天的活动规划。此时，孩子们的姥姥也起床了，开始准备早餐。

上午 10 点，我要带孩子们和姥姥在前门的三庆园戏院看亲子幽默京剧《大闹天宫》，两个月以前已购票。因为下午儿子和女儿都有兴趣班课程，所以我开始查找地图，规划时间。我还有一个留学生汉语辅导需要在手机上完成，大约 1 小时。本来儿子晚上还有游泳训练，因为教练临时有事，昨晚接到通知说今天停训一次，这个通知仿佛给了我一个很大的喘息空间，不用再为晚上的兴趣班疲于奔命了。

最后，我的规划变成：早上 8：15 左右出发，因为早到场就能选好座位，上次的经验告诉我，至少提前 40 分钟换票才能选到好座位。从家里出发，公交换地铁加上走路，大约需要 55 分钟。10 点至 11：30 是看剧时间，11：30 到 12：30 吃午饭，下午分头去上课。女儿下午的课是 1：30，在我家附近（其实也离家半小时的路程），所以请姥姥带她去，从前门过去大约需要 55 分钟。我带儿子去更远的朝阳北路上课，从前门过去大约需要 45 分钟，但离家比较远，往常乘坐公交需要 1 小时。由于晚上儿子的游泳停训一次，所以，我们没有安排下课以后的事情，想给姥姥和孩子一些休息时间，而且明天是周一，孩子们最好能早睡觉。我开始查找各条线路的地图，安排大概的时间，大约花了 30 分钟。

7 点左右，姥姥准备好早餐，我收拾了一下需要带的物品，包括孩子们的水壶、书包，下午上课要用的服装、物品，分别放在两个包里。儿子要用绘画课的素描包和围裙，女儿要带好舞蹈课用的衣服、裤子和鞋子。这时已经 7：30 了。我把孩子们叫起床，让他们去洗漱。儿子起来以后，先拿我的手机查找地图，又拿姥姥的手机大声地播放摇滚乐，时不时还逗一下他的妹妹。这时，妹妹就会配合地哭起来，然后我就来当"消防员"。两个小朋友洗漱完毕，已经将近 8 点。这期间，我跟他们说了今天的安排和大约的出发时间。我们一起坐下吃早餐，姥姥准备的早餐非常丰盛，量很大，我不忍心说"别吃了，咱们出发吧！"所以，等我们真的出发时，已经 8：30 了。等车、换地铁、走路到三庆园，到达时已经 9：30 了。换票的人排了挺长的队，和上次不同的是，这次是换了票就可以入场，所以，其实我们去得有点晚了。我排队换票，然后让姥姥带孩子们入场，嘱咐儿子要照顾姥姥上下楼安全，嘱咐女儿别乱跑，和姥姥约定了大约 11：30 出来。然后，我在 9：40 自己出来了。

当初购票时，买了三张票，是因为姥姥觉得票价太贵（打折后每人 270 元），她不想去。但是，我想来想去，上次我陪小朋友看的，这次还是请姥姥去看看吧，传统的戏园子，挺有意思的。孩子们也希望姥姥可以去看看。而且，下午孩子们的课在两个不同的地方，需要我和姥姥分别带他们过去，所以，姥姥也必须和我们一起行动。姥姥带着孩子们去听戏，我可以在前门附近的咖啡厅完成留学生汉语辅导的工作。如果还有时间，我还可以逛逛街。

9：40，我开始在大栅栏商业街找咖啡厅，顺路逛了几家商店，给女儿买了三件衣服，然后又去戏园子问了一下，被告知 12 点才能散场。附近没有咖啡厅，只好去了德克士快餐店，买水，坐下已经 10：50。这时，我玩了一下手机，一晃到了 11：10，打了电话给姥姥，说如果散场晚的话，我买了午饭在快餐店等他们来，12：20之前最好出发。

11：40 左右，姥姥带着两个孩子来到快餐店，他们吃饭，我去给女儿的裙子换个大号，我们大约 12：10 吃完。12：15 出发，一路走，一路逛，到地铁站已经 12：35。姥姥带女儿去上课，我带儿子去上课。我和儿子下午 1：40 到了画室，同时，姥姥发来消息，她们也顺利到达。在画室，我和老师沟通了一下下周的上课时间，也说了说小朋友小学入学的事情。儿子从 2：30 一直上课至 4：30。这两个小时里，我看了一会儿画室的书，同时给手机充充电，又到楼下用手机给留学生辅导了汉语。4：15 回到画室，等了差不多 15分钟，儿子下课，我们回家。

晚高峰时间，儿子想坐公交车回家，我们等车、坐车，下车后又给交通卡充值，然后走回家，到家已经 6：30，姥姥已经准备好了晚餐。我们 7：40 左右吃完饭，我突然想起来，要给儿子报名学而思，于是，我带他去做报名的测试。儿子顺便滑了滑新买的滑板车。我们到学而思已经 8 点，负责报名的老师 7 点已经下班，但是，所有的教室都还在上课。我们回到家，儿子想吃水果。我到家门口的超市买了杨桃、樱桃、奇异果、芒果，8：45 回到家。吃完水果，给儿子滴眼药，才发现这时已经 9：30 了。接下来，我让孩子们赶紧洗漱。女儿口腔溃疡疼，我帮她洗漱。洗完，她躺在床上听"凯叔小知识"，我继续给儿子洗 OK 镜、戴镜。

10 点左右，孩子们都已经躺在床上，但没有马上睡着。我自己洗漱，10：20 我洗漱完和姥姥道晚安，看了 20 分钟左右的手机，然后就睡觉了。

若水研究生期间认识了她的先生。毕业之后，两人结婚。2008 年，他们的儿子出生，四年之后，女儿出生。若水是天津人，研究生毕业之后，去了韩国人学校当汉语老师。虽然她在那里工作了十几年，但是学校没能给她办理北京户口。当时她并没有想到，户口问题会为她日后的生活增添重重障碍。若水的先生常年在老家经营农场，几次提议让她带着孩子搬去老家生活，但对于已经习惯了在北京生活的她，迟迟无法下定决心离开。若水常常调侃自己是个焦虑的"老母亲"，有时她也会说自己是"丧偶式育儿"的典型。尽管她父母有时会从天津来北京，跟她和孩子们生活在一起，但是，她仍旧需要承担大量的育儿任务。从她的描述中，我们可以看到，周末她为孩子精心安排了各种活动。那种见缝插针的方式，颇有些触目惊心。但是我相信，这是很多像若水一样母亲的日常。

在研究刚开始的时候，我们谈到她对于正面管教和 SEL 的兴趣，以及她对自己成长经历的回顾。在我看来，这些都可以追溯到她对于自身母亲角色的期待。她清楚地看到自己的经验，作为母亲，她不希望同样的问题再次困扰自己的孩子。虽然，她不断地为自己寻求并且确立标准，但是当她成为母亲之后，似乎又回到"好"学生的方式，满足社会对于"好"母亲的期待。在社会对自己与自己对自己的比较和权衡中，她也发现了自己的矛盾处境。我们在一次小组讨论中，说起作为母亲面对教育现实的无奈和妥协。

> **若水：** 我们都会说，人格的发展更重要，人更重要。但是呢？我们还是会给孩子继续报辅导班。在中考前，每个月花几万块钱上辅导班。
>
> **田纳：** 就是说，不管你怎么样，你要先跟在这个潮流里边。如果你不在这个队伍里，其他都没用。
>
> **我：** 我们学了社会情感，它倡导以人为本，但是在我们现实生活中还是那样。
>
> **若水：** 以学业为主。
>
> **我：** 应试的这一套又在指导我们。
>
> **若水：** 全人的实践，即使作为教育者都没办法。
>
> **田纳：** 因为我们逃离不了孩子成长的这个过程。
>
> **若水：** 因为你是在这个大文化里。
>
> **田纳：** 你逃离不了国家社会的这个路径。
>
> **若水：** 这就是体制的问题了。
>
> **田纳：** 对，你逃离不了。
>
> **若水：** 把我们塑造成这样了，但是我们又向往着另一种自由的灵魂。
>
> **我：** 矛盾啊！

田纳：分裂。（2018 年 9 月 26 日小组讨论）

那次讨论把我们又拽回到残酷的现实。当我们必须在基于竞争的系统内部做出个人的选择和行动时，作为母亲，她们清楚地意识到自己的退缩。若水再三权衡是否送儿子去补习班，最终还是给 11 岁的儿子报了奥数班。理由很简单，就是来自升学的压力。她说："在两难的选择中，在挣扎了四年之后，我还是得走这条路。"这样挣扎的选择不仅仅是对自己教育观念的挑战，而且让她再次感受到个体选择的无奈。她很清楚自己并不纠结于孩子未来是否可以上名校，但是，当周围所有人都卷入集体无意识的竞争旋涡，保持清醒并不会得到尊重。特别是当初她只关注工作，并不计较学校能否解决户口，可是户口问题在孩子择校等问题上不断地为她的生活设置障碍。这些切肤之痛，让她不得不妥协，屈服于这个逐渐丧失理智的系统。然而就像她说的，即使被系统塑造，但是心底仍旧向往自由。

若水有机会亲自送儿子去奥数班，也能够近距离地观察儿子的课堂和老师的授课方式。在我们的讨论中，她表达出了对于补习班的理解。或许这也是她作为母亲，合理化自身选择的途径。在她看来，补习班老师懂得营造课堂氛围，甚至比儿子所在小学的老师更懂得怎样做才能吸引学生的注意力。除此之外，大部分的补习班老师都是名校毕业生，他们阐述知识点的方式很新颖。她说："补习班的每位老师都会讲笑话，这正是商业的需要。"教育产业化的结果让补习班成为知识的生产者，家庭成为消费者，老师和学生成为利益的共同体，教学成为可以重复进行的交易。当家庭不得不为这样的方式买单，家长怎能不陷入集体的焦虑？

与此同时，学校内部的系统却以另外一种逻辑影响着若水的判断。

作为焦虑的"老母亲",她清楚地知道自己所拥有的有限选择权。她不希望站在系统的一边,站在儿子的对立面。在小组讨论中,她多次提到儿子对写作文的反感。作为语文老师,她深知,环境不断地在培养自我分裂的个体。如果孩子在作文里不能说实话,如果说实话的后果就是得低分、挨批评,那么孩子只能选择说些言不由衷的话。作为母亲,她特别困扰。但是,她仍旧无法违背自己的原则,成为这个系统的推手。

> 我现在基本上不管他的作文,他不让我看,我也不看。他爱怎么写,就怎么写。他爱写成什么样,就写成什么样,反正就是考试分低点儿,那怎么办?我也不能说,我教你,你就得写这个,老师才爱看,考试分才高。我也不愿意这么去教他,但是你说还得通过考试,是吧?所以逼得他现在只能写科幻,不用说什么实话,不用说什么涉及这种受折磨的事儿。(2018 年 11 月 28 日小组讨论)

即使若水认同儿子的选择,甚至鼓励他另辟蹊径,而不是被这个系统改变,然而最终,就像她说的,儿子仍然要面对这个系统的筛选。在这样的两难处境中,我们不得不再次面对哲学层面对于教育的思考。说到底,个体自我的突破并不是一个教育问题,而是哲学问题。如何认识自己,如何面对自身的困境,我们无法指望教育来完成救赎的追问。这也是身处目前的教育系统中,大多数个体都深感沮丧的原因。最终,我们必须以个体的方式完成自救。对于我们来说如此,对于下一代,也是如此。他们耳濡目染这个系统的运作,要么成为顺从者,要么在夹缝中求生,要么果断放弃,他们必须做出自己的判断和选择。教育也只能到此为止,未来的路,没有人可以替他们做出选择。

若水曾经说过，她的女儿长大以后想当幼儿园园长，因为可以管幼儿园所有的人。在女儿眼中，管人是好事。如果没有外界因素的影响，一个只有五岁半的孩子很难自发地认识到权力的意义。作为母亲，她在说到女儿的时候，常常哭笑不得。因此，当我们反思教师和母亲被社会期待塑造成学生和孩子的权威者角色时，实际上也在尝试破除被社会定义的教师和母亲的迷思，把他们从神坛拉回人间，让他们意识到个体首先是作为一个人的存在。当我们反思社会文化对塑造教师和母亲角色的重要影响时，也在拒绝对于教师和母亲个体的不合理要求。我们在这项探究中倡导的平等、尊重和信任绝不仅仅是个人的希望，而是社会需要调整并建构的新视角。

作为 SEL 的探究者

> 你带着责任感去做这件事，希望影响到一些老师。我觉得中国太缺少做这件事的人了。在我接触了一些老师以后，我觉得很多人跟我有一样的想法。我知道这是我的责任，我可以做点什么，但是我没有方法，也不知道从何入手，所以就特别希望能够研究问题。将来的语文老师都可以学习学习，确实这个对认识自己特别有帮助。（2018 年 5 月 29 日小组学习）

当若水把语文教学作为 SEL 研究项目的主题之后，我们的几次讨论都围绕目前的语文教学是否已经包含了 SEL 的内容展开。因此，我建议若水通过访谈，了解语文教师的教学理念，而不是试图向他们介绍 SEL 这个概念。以下是若水的研究报告。

小学语文教学中的社会情感学习研究

一、公立小学三位小学语文教师

受访者：C 老师　访谈时间：2018 年 11 月 22 日 16：00—18：00

　　C 老师是海淀区一所重点小学一线语文教师，实际教龄四年，前十年一直在该校从事行政和教育科研工作。对语文教学有情怀，认为教育科研离不开一线教学工作的积累，因此更愿意扎根教学一线。成为语文教师之前曾讲授绘本课、品德与社会课，30 岁以后从重点小学的科研岗转为一线教学岗。C 老师从零开始学起，四年时间成长非常快，第一年仅负责一个班的语文教学工作，后三年负责两个教学班，并担任其中一个班的班主任，受到学校和家长的认可。她对语文非常重视，再加上从重点师范大学中文系硕士毕业，因此对语言、文学、文字更加重视。她认为语文可以培养学生欣赏美的能力，进而培养他们的健全人格。C 老师说，自己没有太多时间去思考班主任工作，也不了解社会情感学习，处理班级问题都依靠自己的人生经验和对学生的爱。如果有帮助教师成长的课程，非常愿意去参加。

受访者：G 老师　访谈时间：2018 年 12 月 18 日 8：30—9：30

　　G 老师是西城区一所重点公立小学一线教师，二十八年左右教龄。近五年已经不在一线教学，主要工作重心转移到学校整体管理和专职班主任方面。她是一位温暖、善良的教师，能够站在他人角度考虑问题。G 老师毕业于师范学校，凭借对于教育的热爱与钻研，成为一位非常优秀的语文教师和班主任。G 老师具有整体的大语文观，不喜欢碎片化、知识化的语文教学方式，认为语文并不是简单地学习语言的工具，更是对人的精神陶冶和心灵滋润，触动学生的情感，所谓育人性、育美性，学生才能真正体会到语文的美与趣，才能学好语文。"老师的站位有多高，这个课就能有多高，老师没有高站位，什么课都没有用"。"（语文老师）无形中为孩子又打开了课堂外的一扇门，除了课堂知识的学习，还让他们认识更多的人、了解更多的好作品。通过作品，学生得到一些老师教不到的知识来丰富他们的人生，这是极其有意义的"。对于教学，G老师有自己的想法并勇于实践，但近年由于受到课时限制比较多，逐渐退出语文教学一线。

受访者：T老师　访谈时间：2018年12月18日09：45—11：00

　　T老师是西城区一所重点公立小学一线语文教师，有八年教龄，也是青年骨干教师。因为能力比较强，学校分配给她的经常是比较乱的、成绩差的班级。作为语文教师，T老师虽然心中对现行教材有质疑，但不愿面对学生发表自己的看法，希望这种善意的回避能让学生爱上语文课。她说："因为老师在他们心里是权威，当老师都对这个东西产生疑问或者质疑，甚至是那种不屑的情绪，学生一定不会喜欢上语文，所以作为老师不能传达给他们这种负面的东西。"T老师内心对于现行教材有很多质疑，包括目前试用、即将全国统一使用的部编版语文教材。除了教语文，她也当班主任，还讲过"品德与社会"和"品德与生活"两门课。她认为人格发展对于孩子来说很重要，课本更像是工具，充满冰冷的文字和知识。在谈到SEL与语文课的联系时，她提到做人的境界、家国情怀、包容心、看待不同文化等内容。她认为语文课应该承担这方面的教学任务。如果有品社课（类似SEL）专职老师，她愿意去做。

二、三位语文教师对语文课与社会情感教育的认识

1. 关于社会情感学习概念的理解

对于"社会情感学习"的概念，三位受访老师均表示比较陌生，甚至第一次听说。她们给出了各自的理解。

C 老师的理解是："'社会性'，我都没想那么多，我理解的社会性应该就是儿童之间的人际交往。比如说在小组合作的过程中，怎样去倾听；倾听完了之后怎么样去跟同学进行沟通；在他们发生冲突和矛盾的时候，怎么样去学会妥协和化解这个矛盾。因为他们可能需要妥协，或者需要据理力争，就是怎么样在一个小团队里边，能够很好地融入这个团队，并且能够带领这个团队进步。这是我理解的儿童社会性，应该是在学校层面能够实现的。情感的话，我觉得，就是情绪稳定很重要。"

对于第一次听说社会情感学习的 C 老师来说，能理解到这个程度，作为研究者，我感觉很受鼓舞，至少我们的访谈已经引起了她的思考。C 老师也说："目前的语文教材，以文学性的课文为主，无法让教师把更多引导孩子们认识自己与他人、认识社会的内容融合进去。"

相信在 C 老师未来的语文教学和班主任工作中，除了让孩子们体会中国的文学之美，也会在孩子们的社会情感发展方面有更进一步的思考和实践。

G 老师在谈到"社会情感教育"时，首先提出一个问题："为什么现在越来越多的人会研究这个？我觉得首先应该是，很多成年人和孩子情感的缺失或者叫迷失。学生的问题其实也是家长的问题。在这个社会，大人的社会情感首先就有缺陷，比如说，我们说的'精致的利己主义'、自私，只顾自己的感受，不顾别人。对一

些孩子的问题，反正我看家长的反应，包括头脑都不是很清楚，所以我觉得社会情感教育在成年人里开展也特别有意义。如果我们的家长是这样的，那么他们教出来的，就是现在正在上小学的这批孩子，未来走入社会就会非常麻烦。我自己觉得，很多老师的社会情感是有问题的，我也有问题。肯定只不过有人多点，有人少点罢了，所以我觉得这个要打破现在教育的培训方式。现在的教育培训已经落后于时代了，真的特别需要像你们这样的，更专业、更前沿、更符合中国社会现状的教育者站出来，开展相关的培训。我觉得现在人的社会情感特别偏颇，都是利己主义当先！"

　　G 老师在阐述对"社会情感教育"的理解时，特别提到，不能仅仅教育孩子，成年人，包括教师和家长，同样需要进行社会情感学习。只有这样，才能更好地培养社会的下一代。

　　对于社会情感教育的思考，G 老师提出了很有意思的观点："传统语文教材中的课文也有对孩子进行社会和情感教育的引导，但是一般都是正向的，而如果有专门的社会情感课程或者社会情感学习，可以教孩子更好地认识社会的复杂性、社会的阴暗面；更好地了解真实的社会与真实的人，也能让孩子了解，不论自己还是他人，都是会有情感的；人的情感、情绪的稳定也很重要。"

　　这是很有勇气的建议，在老师的引导下，让孩子们知道，真实的人性、真实的社会还有可能是什么样子的。这在社会情感教育领域，应该算是非常大胆的想法。

　　T 老师则认为："社会情感，如果单听这个名字的话，可能就是教会孩子怎么在这个社会里生存、怎么与人交往、怎么能够感知别人的情绪，然后把自己的情感也很好地释放出来。"

　　T 老师的理解很好地解释了"社会"和"情感"两个词。但是，该如何去做，T老师认为，由于语文课堂讲授时间有限，受到的条条框框约束比较多，所以，这方面的教育不可能在语文课上完成，只能由班主任老师承担。

三位老师对于"社会情感教育"的概念理解大同小异，既有社会的部分，也有情感的部分。老师们都说到了"团队合作""社会生存""情绪稳定""感知别人的情绪，释放自己的情绪"，非常接近CASEL对"社会情感学习"所包含内容的定义。CASEL认为，"社会情感学习"包含五大部分：自我意识、自我管理、社会管理、关系技能、负责任的决策。三位老师给出的理解，都包含了自我管理、社会管理和人际关系的内容，但是对于自我意识和负责任的决策，则没有涉及。令人惊喜的是，G老师还提到了"引导孩子认识真实的社会"和"成年人更需要社会情感学习"这两个问题。

2. 三位教师的语文教学与社会情感教育实践

C老师因为想要让孩子们充分感受文学的美，会在班里举办一些"配乐朗诵"的活动。这是她发自教师内心、无意识地带领孩子们进行的社会情感学习。所以，C老师对社会情感教育是有思考的，也非常努力地去探索。但由于老师没有这方面的系统学习，因此也只能靠个人摸索。这样的尝试也可以认为是当下中国本土环境中产生的隐性的社会情感教育方式。

G老师虽然并不了解社会情感教育，但是出于她对教书育人的理解，在自己的教学实践和班主任工作实践中，不断地改进自己，吸收新事物、新思想，尝试新方法，也把许多做人做事的道理传递给了学生。G老师对于孩子们人生的教育和引导，也是多年用心实践过程中积累的工作方法，完全是个人经验，然而这样的个人经验又是符合"社会情感教育"理念的。这样的老师如果能有机会给更多年轻教师进行班主任工作的经验分享与培训，应该会让年轻教师受益匪浅。

T 老师关于语文教学与社会情感教育的实践，则让我们看到作为语文教师兼班主任工作中的纠结。

- 关于质疑，T 老师希望孩子们可以爱上语文课，因此把自己对于教材内容的一些质疑隐藏在心里，希望孩子们能够信任老师、信任语文教材。在我看来，告诉孩子们老师心中的真实所想，不一定会引发孩子们的不信任，更可以让孩子们认识到一个真实的世界——世上的事物本就不完美。

- T 老师在目前为止八年的教学经历中，最有成就感的时刻是班级平均成绩比较靠前时；最沮丧的是目前所带班级无论怎样引导，孩子们在课堂上都反应木然。作为研究者，对于 T 老师的感受我比较吃惊。在我看来，T 老师的成就感和沮丧感，都没有离开课堂教学和对于学生成绩的要求。然而 T 老师说，这种沮丧感绝对不是教师技能培训能解决的，而是大环境的问题。

- 《语文诊断》这本练习册的名字很有趣，引起了我的思考。它的底层逻辑是，孩子们的语文学习一定是有许多问题、需要改正的，所以，老师就像医生一样，要给每个孩子找出毛病，对症下药。而我认为，这与 T 老师在课上所传达的"勇敢表达，一个问题的答案可能是多元的，没有对错之分"的理念是背道而驰的。在语文教学过程中，T 老师其实是非常纠结的。

- 关于语文课能带给孩子们什么这个问题，T 老师也有思考。但是由于课堂时间和教材及考试的限制，T 老师的语文课更多的还是语言工具知识的传递，至于人格发展和社会情感教育，只能限制在课文内容有提到时才进行引导。让语文教师承担引导学生人格发展的责任，而且还要融入课堂教学中，是非常难的。

三位老师，在教学实践和班级管理中，都在用自己的方式对孩子们进行德育美育的引导。每个老师都在努力探索，但每个老师只能靠个人的力量艰难地前行。C老师和G老师认为，语文课承担着德育美育引导的责任；年轻的T老师则认为，大的教育环境使得语文教师无法再给语文课增加更多的引导教育功能，能把课本知识都教给孩子们已经非常不容易了。

3. 教师需求及所需支持

C老师认为，作为教师最有成就感的事是学生感受到文学之美和思维的成长，以及来自家长的认可；最沮丧无力的事是遇到问题学生和问题家长时，没有更好的知识和方法去处理。老师的感受是敏锐的，也能反映出未来学校在教师成长的支持工作上，可以往哪个方向引领。对于班主任工作，她没有太多时间去思考，对于社会情感学习也并不了解。但是C老师说，目前处理班级问题都依靠自己的人生经验和对学生的爱，如果有可以帮助教师成长的课程，非常愿意去参加。

作为班主任谈及班会时，C老师会有意识地引导孩子们关注班级中的问题，并使用不同、有趣的形式来启发孩子们的讨论，这其实也是对于孩子们社会情感发展的探索和努力。然而她又苦于学校没有提供相关的教师学习渠道，或者说她个人目前既没有时间，也没有精力去了解国外这方面的理论与实践研究，所以工作中只能依靠自己的经验慢慢摸索。

G老师认为，目前老师没有时间坐下来研究教学。"在这个忙乱的、琐碎的、保姆般的工作中度过自己的教师生涯，你说这是不是一个教育问题？"家长不应该像甲方一样，提出各种要求让老师去解决，老师也不应成为孩子的保姆和服务员。"那样对整个学校、国家或者未来一代，都是一种耽误"。然而专职班主任工作在现有体制下，确实不太现实。G老师认为，许多老师做教师工作都感觉无奈又寒心。对于社会情感教育的直观感觉是，虽然非常有意义，但过于高深，普通小学教师可能不太懂，因此不好落地。而社会情感能力的确不仅限于孩子，许多成年人都有这方面的问题，先在成年人中开展这种学习更有意义。G老师特别提出，现在学校中的教育培训有些已经落后于时代，需要打破这样的束缚，引入符合时代特色的教育培训。当我们的家长和老师弥补了这方面的缺失之后，才有可能更好地引领孩子的成长。正如G老师所说，如果学校能够提供给教师和家长关于"社会情感教育"的培训课程，也许才能在未来一代孩子的教育上有所突破。

T老师认为班主任工作和她兼顾的"品德与社会""道德与法制"课程，承担了学生人格发展和社会性发展的主要任务。她本人也认为这样的工作和课程不论是对自己还是学生来说，都比语文课更有趣。然而，在实践中，教师有很多无力感。他们需要这方面的专业训练，却又苦于没有渠道进行学习。这表明了相关教师专业训练的必要性和紧迫性，专职班主任和专职社会情感课教师会是未来的选择。

T老师曾经在刚刚成为语文教师的第二年，写过一篇关于"物质奖励对孩子到底有什么样的影响"的论文，思考过物质奖励对孩子产生的负面影响。这个观念在六年前还是很前沿的，然而时至今日，T老师依然选择在需要鼓励孩子们努力学习时，用物质奖励的方法激励他们。她自己的内心非常痛苦、纠结，但是又很无奈。

T老师的纠结引起我的思考。在国内的小学，普遍存在着以物质奖励或者盖小印章评比的方式来激励孩子的现象，这些也招致不少批评。然而我们缺少的是，在批评的同时给教师带来替代性的方法和技能，比如，国外学校好的实践方法以及国际上最新的教育理念与研究成果。

三位教师在语文课和班主任工作以及"品社课"的长期实践积累中，不断摸索尝试对孩子们进行德育、美育引导的方法，也因此产生了不少困惑。这些困惑也反映出老师们的需求，让我们能够了解"社会情感教育"在中国学校中还存在哪些可能性。比如，C老师和G老师都提到，如果学校可以开设关于社会情感学习的课程，她们非常愿意参加，也愿意学习类似的方法和技能。而T老师则说，如果可能，甚至愿意成为专职社会情感课程教师。C老师和G老师同时也提到，不仅是教师，家长也应该加入到社会情感技能的学习中来，只有成年人自己成长了，才能继续让社会的下一代走在正确的道路上。

三、研究者的发现与反思

经过对三位小学语文教师的访谈，以及后续的SEL小组讨论和访谈资料整理，总有一些问题不断地浮现在我的脑海里，也让我有了进一步的思考。比如，在现在这个时代，我们的学校还没有一门叫作"社会情感学习"的课程，但是这并不意味着我们的教师就没有这方面的引导。有的教师重视语文知识的学习，也有教师重视学生人格的培养。那么问题是，在我们的学校中，本土的社会情感学习模式是怎样的？在近几十年西方教育领域已经提出了"社会情感学习"的概念并建立了学习实践体系之后，对于西方的社会情感学习系统，我们的教育研究者和实践者又如何在中国的教育背景下，去甄选真正适合中国社会文化的方法？学校又该如何给教师（包括各学科教师、社会情感教育专职教师、班主任老师）提供继续学习和成长的机会与渠道？我们的师范院校，又要如何提高未来教师自身的社会情感能力？

语文教师在工作中没有时间和精力去思考社会情感教育问题，他们的教育更多的是停留在语文知识、文字文学之美这些方面，这和我预想的有些不同。如果老师具备了学生全人发展的意识，那么他们会想方设法去实践，就像 G 老师那样。在访谈中，"社会情感教育"是三位老师都非常陌生的概念。如果研究者从德育与语文教育的角度入手，避免使用新的学术词语，或许能探索得更加深入。目前所完成的访谈，如果可以让三位语文老师在未来的语文教学中，融入一点点新的关于学生社会情感教育、全面人格发展的思考，那么也是非常有价值、有意义的。T 老师内心深处对于小学教师的社会地位和家长对自己的职业认可度，都不是很满意。但同时她又认为，小学教师是非常有意义的职业。这种内部与外部的认知差异，导致小学教师的低职业自尊感，这也是社会和教育部门面临的挑战。最后，我一直在想，目前研究者对于社会情感学习这个问题的研究并不多，如何把已有的、分散的基于教师个人经验的社会情感教育，转化成系统的、具有本土实践优势的社会情感学习课程，这仍然需要本土研究者更多、更深入的探索。

附录：访谈提纲

1. 您最初是如何成为一名语文老师的？

2. 您认为自己的教学特点是什么？您希望语文课能带给学生什么？

3. 您心目中理想的语文老师是什么样子的？

4. 您认为语文在基础教育中的重要性是怎么样的？

5. 您认为语文与德育的关系是怎么样的？

6. 语文学习中，您觉得哪些部分和学生的人格发展关系最为密切？您如何把握这样的教育时刻？

7. 您觉得到目前为止，作为语文老师最有成就感的事是什么？最沮丧或者最无力的呢？

8. 您对社会情感教育的理解是怎么样的？

9. 您认为目前的语文教材对社会情感学习的融入比重怎么样？

10. 在语文教学中，您会把哪些价值观融入教学中去？

田纳：从无序到有序

田纳出生在陕西，而她的父母常年生活在北京。父母因为工作的关系，经常出差，所以田纳从小跟爷爷奶奶在陕西长大，但有时也跟着父母走南闯北。在她的印象里，陕西、北京、广州、宁波都曾经是她的"家"。九岁那年，她一个人坐了两天两夜的火车，从北京到广州，寄宿在姨妈家里。直到十几岁，她才回到父母身边，在北京定居下来。但是没过多久，她又去了寄宿高中，再一次离开父母。从小经历的孤单和寂寞，再加上这种不断改变的成长环境，让她常常缺乏安全感，时刻要睁大眼睛，保持对周围的警惕。自己心里没有根，整个世界好像都跟自己没有太大的关系。表面上家里亲戚特别宠爱她，但她总感觉那是对她寄人篱下处境的同情。由于很难感受到来自家人的爱，她也特别难和家人建立起亲近感。直到现在，她都怀疑父母是否真正爱过自己。大学期间，她的专业是体育教育，认识了她的先生，当时还是她的老师，这场师生恋让她找到了一些安全感。因为跟自己的父母没有那么亲近，田纳从恋爱到结婚，父母也没有太多过问。结婚之后，田纳做过不少工作，后来跟先生一起做化妆品代理生意，公司员工最多的时候有 40 多名。

2002 年，她怀孕了，也为自己找到了暂时离开繁忙工作的理由。因为没有经济上的压力，她开始以胎教的名义，尝试各种各样让自己放松的办法。那段日子在她看来有点醉生梦死的味道。但是，她并不认为那是真正意义上的放松，倒是由于无知和缺乏责任感带来的放纵。儿子出生之后，家里亲戚都来帮忙，再加上有保姆照顾，生活上的琐事都不需要她来面对。每天除了睡觉，就是喂奶，她说自己那个时候就像一只大奶瓶。这样的生活方式直接导致儿子到两岁多还不会说话。他不需要说话，需求就能够被满足。有时，只要他想喝水，一看杯子，马上就有人给他递过去。后来，儿子幼儿园的园长建议她带儿子去做社交障碍的筛查。直到那时，她才意识到问题的严重性。检查的结果显示，孩子没有太大问题。但从那以后，她开始反思自己的育儿方式。她发现自己从来没有用心对待过自己的孩子。虽然已经做了好几年的妈妈，但是并没有承担起母亲的责任，这让她感到特别愧疚和迷茫。

于是，她开始搜寻育儿书籍，查找相关信息，报名跟育儿有关的辅导课程，在了解育儿方法的同时也开始探索自己。这时，她也重新找到一份企业的工作，慢慢恢复了规律的生活方式。在这个过程中，她接触到正面管教课程，而且获益匪浅。在学习小组中，我们讨论过正面管教的理念和方法，也提出过不少质疑。但是，对于田纳来说，她从正面管教的学习中获得了积极的体验，带动了自己甚至整个家庭的转变，这样的学习对她来说是有意义的。在探索中，她看到了处在无序状态中的自己，也学会了接纳自己的问题，与周围人重新建立了关系。从这些宝贵的个体经验中，我们都看到正面管教带给她的影响。后来，她获得了正面管教家长和讲师资格证，也通过了国家二级心理咨询师的认证。在慢慢处理好自己和周围人的关系之后，田纳获得了信心。从那以后，她开始为中小学和幼儿园开设教师培训、家长课堂和班会课，并得到了对方校长和园长的认可。同时，她也开始进行个体和团体的心理咨询和辅导。这样的工作持续了七八年，大部分工作都是公益性质的。她并不在乎经济上的回报，只要有人需要帮助，就全力投入。在田纳讲述的过程中，我想象着她经历过的与父母别离、与自己和解、与他人建立连接的渴求。这些都是很多人经历过的生活，并没有那么特别。但是，这些属于她个体的经验，在日后成为她的滋养，让她作为教育者和咨询师，能够更好地找到帮助他人的方式。从这点来看，这也是值得再次被讲述的原因。

作为 SEL 的学习者

田纳最初接触 SEL 是通过正面管教课程。她对于 SEL 的理解并不像若水和安心那样具体，更像是一个宽泛的框架，这也是她对 SEL 产生好奇的原因。这样的理解可能跟她比较随性的生活态度有关。在她看来，SEL 的教学更是对于个体经验的分享。由于她的想法跟若水和安心稍有不同，很长一段时间，她都处在一种困惑的状态。特别是，她认为 SEL 课程不需要固定的教材，甚至也不需要某种固定的模式。但是，若水和安心都认为没有教材就没办法上课。另外，她认为中国社会文化有表达社会情感的独特方式，只是没有被总结出来用作实用和系统的教学工具。比如，正面管教课程会告诉家长，"错误是学习的好时机"，也就是我们所说的"吃一堑长一智"。

在一次访谈中，田纳说到自己对于 SEL 测评的看法。有一次在正面管教讲师群里，有人推销为青少年设计的职业测评工具。测评每半年一次，每次费用 1500 元人民币。群里有家长表示质疑，但是更多家长希望通过测评，更好地了解孩子的优缺点，有很多家长给孩子报名参加了测评。她认为，这种测评是为了迎合市场进行的商业运作，是明显的骗钱行为。特别是当学生面临大考，不太了解自己的兴趣时，家长就会认为这个测评对孩子的职业发展有指导意义。然而，她认为我们需要谨慎对待涉及孩子成长的测评工具。只有在市场的推动下，家长才会四处寻找这种快捷的工具，回避引导孩子进行真正的自我探索。我们都认为，相比推广这种不负责任的测评，把 SEL 做成测试题是更加让人无法接受的方式。背后的推动与社会追求短期效果有关，与教育的目标关系不大。

经过一段时间的学习后，田纳认为自己对 SEL 的理解发生了变化。相对以前，现在的理解更加系统化、具体化和科学化，这也让她更坚定地认为 SEL 更像是一种学习素养。在她看来，对于 SEL 概念的学习并不能帮助自己与学习者建立更紧密的情感连接。她认为，目标明确的 SEL 教学更像是价值观的灌输。这与建立在个人经验基础上的分享式学习有差异。田纳认为，我们这个项目的学习对她来说，是个很大的精神支持。田纳对教学有着天生的敏锐度，她懂得如何把自己的经验带入课堂，让学习者参与共同的思考和对话。只是她对自己的教学方式缺少足够的信心。另外，这种新的方式并不被教育系统内大多数教育者所采用，这让她时常怀疑自己仅仅凭借个人理解和热情进行教学的方法。

你知道我是被这个事打败过，有一段时间我都觉得，自己太渺小了，太自大了，太没有自知之明了，我怎么能用我的想法去跟别人交流呢？我很害怕，责任太大了。但实际上，为什么我觉得你出现以后给我很大力量，就是我的想法是对的。我不需要教育你什么，我只要告诉你，我怎么体会的，就是一个很好的交流。（2019年1月29日访谈）

　　让我有些意外的是，经过学习，田纳认为目前自己在给老师和家长讲解 SEL 的时候，带有明确的想让老师和家长了解 SEL 概念的目的。而之前的她是以一种比较开放的方式接触参与者，在活动中与他们共同探索各种可能性。但现在，她认为自己更像是一位老师，而不是引导者和朋友，因此她对自己目前的教学方式不是特别满意。据我观察，她对于权威式的教师角色本身是表示怀疑的。她认为教学更像是一种在大家庭里的平等交流，老师可以有不同的见解，但是老师需要建立一个安全和接纳的场域，让学生积极参与，同时也给出积极的反馈。在她们三人一起备课的时候，田纳发现若水和安心更希望给学生讲解一些跟 SEL 相关的概念，并且把这些概念隐藏在活动中。这样的分歧来自她们三人对于教师角色的不同认识。"平级关系"是田纳认可并且采用的方式。若水和安心仍旧希望采用传统课堂中的"上下级关系"，也就是老师作为主导，学生处于接受的位置。

　　我：老师对你来说更像是什么样的关系？

　　田纳：上下级关系。

　　我：你是一个权威，你让他们做？

　　田纳：对，我是主动的，他们是被动的。不管我用什么方式，内核里面还是一个主导者。我觉得安心和若水更接受那样的状况。对这个问题，我和她们有一点不同的认识。我觉得我和你的想法是接近的，老师不是全能的。但她们两个不太认可，认为老师就应该有老师的样子。在这点上其实我一直能意识到，但是一直没有找到平衡点，因为我们都是一块儿备课。

　　我：给他们（参加培训的老师）创造一个能够互相连接、充分表达的空间。

田纳：没错。应该是平等的，不是上下级的关系。但是打破这种观念，需要努力（笑）。（2019 年 1 月 29 日访谈）

特别有意思的是，在我和安心的第二次访谈中，她也跟我分享了自己对于上课方式的反思。特别是从原来她理解的"灌输"知识的方式转变为和参与者进行平等对话，把个人的生命经验融入教学中。但就像田纳提到的，在我们刚开始的小组讨论中，安心仍然认为老师需要具有全能圣人的视角，采用"上下级关系"。难能可贵的是，田纳在自己的教学实践中，不断尝试打破教师的权威角色。随着经验的积累，参与者分享的故事已不再能引起她的好奇。虽然她仍旧希望以更加平等的身份，引导参与者共同完成自身的探索，但是，她感到越来越困难。

俯下身的咨询师

隔段时间，田纳就会收到来自学校的邀请。有时她自己一个人去学校，为学生和家长提供心理咨询。有时，她会和若水、安心三人一起去为老师进行培训或者组织班会课。然而，她始终对这样的实践方式感到不安。她不太确定这样做是否可以帮助到那些真正需要帮助的人。在一次学习小组中，我们围绕她的困扰进行了讨论。如果这样的实践只是建立在我们的观察之上，依据经验设计的教学方案有可能无法触碰真正的问题，因为那些只是以我们自己的标准确定的问题。她说到几天前参加的一次班会活动：老师让学生给家长写一封信。当时，班里有个孩子看上去若无其事，谁也不知道原来这个孩子的妈妈不识字。这时，老师就以妈妈的口吻，给他写了一封信。在他给老师的回复中说，我知道妈妈肯定有好多话想跟我说，但是她没有能力写。田纳说："当时我就觉得特别特别难受，就一张小卡片，看得我特别感动。我就想，肯定很多很多学校都有这样的小孩。我们没有机会看见他们。"她说话的时候，忍不住用手擦去眼角的泪水。

几年前她和若水、安心去了一所打工子弟学校。即使她们走进学校，满怀热情地希望帮助那里的孩子，但是仍旧无法真正了解孩子和他们的家庭。

> 他们包装得特别好，如果不是这样一个契机，根本了解不到。你以为去跟他们心交心了，他们也能在你想象的那个程度里跟你交流，但实际上，他们内心的东西，你根本看不见。我觉得特别难，起码在中国很难。孩子长得一样，穿的也都一样，说的东西也都一样。我们作为这个角色去的时候，人家跟我们的表现也都一样。以孩子的角度去了解他们为什么会这样？太难了。我们这么用心研究都看不见，他们的老师就更看不见了。我觉得难度是你根本看不见，你完全是未知的，有可能对他们造成一种伤害。（2018 年 5 月 21 日小组讨论）

有研究者曾提出"文化赤字模式"的概念。他们认为，这种模式把学生个体的学业成败归因于个体的背景因素，包括个体属于的族裔、阶层和性别。然而，社会需要承担起倡导和实现教育公正、公平的责任（Ladson-Billings，2006；Valencia，1997；Yosso，2005）。田纳对自己实践经历的反思正是我们尝试提出来的问题：如果我们以"文化赤字模式"看待学生，那么我们就会聚焦在寻找学生的问题，然后想办法修正他们的问题。但是，这样做的结果，就像田纳提到的，学生反而会把问题隐藏起来。同时，作为教育者的我们会因为确认不了问题而产生自责。不少研究者都提到从心理学视角，基于个体"缺陷模式"实施 SEL 项目的问题①。在小组讨论中，我们一致认为如果可以转换思路从了解学生入手，俯下身来倾听他们，和他们站在一起，或许会看到不一样的结果。

中国社会文化对于教师有着明确的期待：师者，传道授业解惑也。教师对学生具有的绝对权力赋予了教师权威意识。在等级序列分明的儒家文化中，教师被期待遵从家长制的社会文化传统。同时，社会文化系统对于教师权力的倾斜，从根源处抑制了教师与学生之间发展出所谓的"平等"关系的可能性。在倡导"师道尊严"与"尊师重教"的系统内部，学生被先天性地剥夺了作为主体的机会。同时，"为人师表"又确立了以教师为主体的观念。在我和田纳的访谈中，关于教师权威角色的讨论是一个反复出现的主题。一方面，我看到她作为个体教师，面对被系统塑造的教师角色和师生关系的反思。另一方面，我也看到她尝试在自己的实践中，承认学生的主体地位，努力建立起平等关系的努力。

我们提到教师权威跟社会对于老师的期待有关，而且受到课程大纲、教学进度、学生人数甚至家庭观念等多方面的影响。在目前这样的系统中，老师的权威角色被加固，甚至让老师不得不承担权威的角色，采取命令式的方式来"管教"学生。但是，在这个过程中，学生服从的并不是老师，而是老师制定的规则。规则其实可以让老师与学生共同商量、共同制定的。因此，对于教师权威的理解，其实与我们的教育系统和社会文化密不可分。当田纳从教育者角色转化为母亲角色时，她的视角也跟着发生了变化。特别是，每次她说到儿子的班主任时，我都能深深地感到她对于这个问题的无所适从。

---

① 本书第五章有具体的讨论。

教育者和母亲角色的博弈

在小组讨论中，田纳与我们分享了很多儿子小树在学校的经历。这些经验反映出目前学校教育的现状和她自己教育理念之间的距离。她计划寒假带儿子班里的同学做一次"绿地图"活动。因为儿子所在的学校是大学的附属中学，"绿地图"活动可以让他们围绕大学周边的环境进行调查，最终合成一张大学地图。她甚至已经计划好全班同学的分组和讨论方式。她建议作为班长的儿子组织这次活动，同时也把想法分享给了儿子的班主任老师。虽然班主任老师认可了这个方案，但是他让田纳做好准备，有可能得不到家长的支持。田纳试着在班级的家长群里发出建议，但是没有收到家长的回复。

> 其实我就是一腔热血，觉得这事对孩子们都特别好，结果真是在家长群里没有一个人回应，给我弄得也挺尴尬的。这么好的事，怎么没有一个人感兴趣呢？后来我问了问跟我们比较熟的家长，一是没时间，都上课；二是这种活动听起来不错，孩子们就一玩，他们没有意识到这个东西对孩子能力是一种锻炼。可是，平常他们说得可好了："哎呀，你这么锻炼孩子真好。""哎哟，你这样教育孩子真好。"都表现出好像挺认可的样子。可是你这样做的时候，却没有人支持。（2019年1月29日访谈）

令她欣慰的是，几天后一位同学的妈妈找到田纳，希望他们两家人一起带孩子去离北京不太远的西柏坡玩。动身前，田纳建议由两个孩子负责这次行程的安排，包括路线、景点、食宿等。她告诉那位妈妈，小树从小学开始，就负责全家的出游安排。当然，小树的安排并不是每次都特别顺利，但是她和先生都很认可这个安排。同学妈妈听了表示赞同，决定给每个孩子 2000 元人民币，也表示愿意"服从"他们的安排。

结果让她惊讶的是，当两个孩子带着他们来到一个颇具当地特色的餐馆时，同学爸爸立刻表示出强烈的不满，扭头就想离开。可能是餐馆的位置有点偏，加上环境看上去不太整洁，那位爸爸接受不了。田纳对同学爸爸这样的做法感到有些意外。最后，所有活动又变回由家长安排。她认为，家长对孩子的这种"不放手"是一个普遍现象。"他们不能接受孩子的失败或者不够好"。接着，她说起全家经历的另一次出游。那次由于小树没有安排好住宿，他们全家不得不住在路边十块钱一晚的小店里。但是，第二天醒来，全家人仍然兴高采烈地继续赶路。每次说起那段经历，他们都会自我调侃。

> 他们（家长）说能说得到，有思想意识，但就是做不到。所以我想，可能社会情感在教育中还停留在理论层面。我觉得你研究得越多、越深，和实践的距离就越远。有这个工夫，我宁愿带着一家人、两家人，拽着他们去实践，我觉得更有意义。这些理念大家都知道。（2019 年 1 月 29 日访谈）

对于既是母亲又是教育者的田纳来说，如何做到知行合一，而不仅仅停留在认识层面，也是我们尝试通过实践 SEL 突破的问题。我们都认为这样的摸索具有价值，但是也需要保持足够的耐心。

田纳告诉我们，小树的班主任老师是山东省物理特级教师，几年前来到北京，在小树的学校当班主任兼物理老师。小树由于中考失利，与理想的高中失之交臂，不得已选择了这所区重点中学。我们第一次听田纳说起这位老师是在小树刚开学不久。那是一次微信群里的讨论，田纳在群里发了一条消息：

昨天，小树他们班月考，有一个女生在交卷的时候，回头看了一眼后边男生的卷子，结果老师冲过去把她的卷子撕了，说是严肃处理。我们虽然觉得应该批评，但是，对于高中女生，老师撕卷子这样的行为，我还是觉得有点过于粗暴了。（2018年10月10日）

当时，我们在群里展开了激烈的讨论。我清楚地记得，从最开始对他的声讨，到最后试着站在他的角度，理解他的压力以及对学生的殷切期待，我们的感受从愤怒转为同情，从同情转为理解。当然，我们并不认同他采取的暴力方式，但是，我们也不想对于他个人的行为展开空洞的道德评判。我们需要思考的是，作为老师，他所表现出来的个体行为如何被社会环境所塑造，又如何被作为母亲和教育者的田纳，以及作为社会成员的我们所理解。在另一次访谈中，田纳也说，一开始对他的方法并不满意，更谈不上服气。但是，她慢慢发现，他的个人经历让他不得不采用这种严苛的方式，而且这种方式在目前应试教育环境下相当有效。

这个老师除了态度有一点不好，从事业上来看，真是一个好老师，特别爱孩子。他有一种男性对孩子的爱，就是该说你说你、该骂你骂你，但是他对这些孩子的成绩、对这些孩子的这种社会情感还是挺关心的。只是他的方式太粗暴了。……他的惯有方法和认识跟现实脱节。他像60年代的那种，打骂随我，这是师徒关系，太粗暴了。他自己慢慢也在改，他也说："我女儿就是这样养大的。我的学生，我们山东考生，别说清华北大，要想考进北京，都是从千军万马中间杀出来的。如果不这样的话，就没有今天。"他跟我们特别诚恳地说，这就是必需的。"你们太疼、太惯孩子，就是害了孩子。"开始的时候，我们都不太服他。你可以要求严厉，但是你也要尊重。

他说："我告诉你们，你们的尊重就是害孩子。"但是，他确实是对孩子很上心，要把这些孩子培养出来。（2019 年 1 月 29 日访谈）

在中国教育系统里，类似他这样的老师很多。特别是高中阶段，激烈的学业竞争，让我们衡量好老师的标准，甚至老师衡量自己的标准，都会局限在以结果为导向的教育方式。这种方式不得不借助权威式的管教来实现，社会也会再次强化对于教师权威角色的期待。这也就是为什么，即使我们已经分辨出这种管教呈现出的"粗暴"形态，但是我们仍旧无法拒绝接受。因为它已经成为既有标准，用以维持教师被社会塑造出的权威角色。就像田纳说的，"他有一种男性对孩子的爱"，正好符合了儒家文化对于"男女有别"和"师道尊严"的肯定。更有意思的是，虽然田纳在教育实践中认同而且倡导"平级关系"的组织形式，但是在面对采用"上下级关系"的班主任老师时，却表现出对他的认可。她的矛盾正体现了作为母亲和教育者的她，对于教育所持有的双重标准。在这里，我并不想针对个体的方式进行分析，这是我反对的。我们需要回答的是：社会对教师角色的定位如何被个体教育者内化，以另一种方式在个体身上延续。只有这样，我们才能真切感受到个体叙事的力量，以及有可能对社会文化叙事产生的突破。

在小组学习中，我们也试着从另一个角度讨论被利益驱动而组织的课堂——学生作为消费者的补习班。三位参与者对此都表示出深深的无奈。作为母亲，她们无法否认补习班提高了孩子的成绩。在实实在在的分数面前，作为教育者的反思却显得有些微不足道。这一点田纳特别有感触。直到儿子上了初三，她才不得不向现实妥协，跟其他家长一样，给儿子报了补习班。因为临近中考，每小时的家教费已经涨到 1000 元人民币。儿子的中考失利对他们全家来说，更像是无法接受的灾难。正因为这次的挫败，她开始质疑自己倡导的全人发展教育理念。在这期间，我们和她一起经历了这个结果带给她的沉重打击。这也让我重新思考：到底在目前中国的教育系统内部，我们的教育实践是在加剧她们个体作为母亲和教育者角色的分裂，还是帮助她们对困境进行反思，并最终加以转化，获得个体的解放？在一次讨论中，我表达了自己的担忧：

> **我**：回到社会情感实践，如果这样的实践加剧了这种分裂，其实是有问题的。
>
> **田纳**：这算我们的一种适应吗？
>
> **我**：可能在这个过程中，很难避免最开始的阵痛。
>
> **田纳**：然后我们就继续脱节，嚷嚷两句，就该干吗干吗去了。
>
> **我**：外来的这些实践也好，其实是加剧了我们的痛苦。
>
> **田纳**：是。
>
> **我**：多少有点吧。如果我们不学这个，就像你说的，还没有醒来。
>
> **若水**：对。
>
> **我**：就没有这种分裂感了？
>
> **田纳**：对。
>
> **我**：就是因为我们。
>
> **若水**：就得走这条路。（2018 年 9 月 26 日小组学习）

几年前，田纳曾带儿子去新西兰住了一个月。当时，一位英国朋友跟她说："你们中国人从小就会考试，特别注重竞争。"当时一听，她突然产生了反感情绪。她自己也说，那种反感只是自己害怕面对，也是不希望别人批评我们的社会文化时最直接的反应。当她告诉那位英国朋友，中国很大、城市很多，并不是每个人都注重考试时，她承认自己的内心充满了矛盾。在我们第一次访谈时，她儿子正在准备中考。当时她告诉我，自己非常担心儿子考不上市重点高中。因为儿子从来没有参加过补习班，即使对知识掌握得很好，仍然缺乏应试技巧的训练。当时所有的补习班都满额了，她只能付费找一对一的家教。她反复告诉自己，所有学校都差不多，孩子只要努力就可以。但是，在残酷的现实面前，上不了好高中就意味着上不了好大学，普通学校的师资和生源都是无法跟重点学校相提并论的。她特别承认，目前学生的学业成绩与家庭所处的社会阶层紧密相关。

> 一个孩子的成绩意味着一个家庭的阶层。你看名校里的孩子，不会有家境太差的。因为你想，长期的课外班训练，你得有这个时间，你得有这个钱，还得有家长帮忙，它是一个家庭共同付出的结果。你要想进那样的学校，就得经过这样的过程，是很无奈的。（2018 年 5 月 22 日访谈）

田纳的无奈是目前国内大多数中产阶级家庭无法回避的现实。虽然，她尽量避免把孩子的成绩与真正的教育画上等号，但是在应试制度下，她不得不认同重点学校对于家庭的筛选方式。即使她意识到教育已经赤裸裸地变成阶层划分的工具，但是作为母亲，她根本无力改变这个残酷的筛选系统。当仔细聆听她选择妥协的声音，我发现这是个体在面对系统之后做出的选择，也是作为母亲和教育者，在不同空间面对自己角色的选择。在这场角色的博弈中，她只能在有限的时间和情境中暂时成为自己。

作为 SEL 的探究者

田纳在确定研究主题的过程中，遭遇了一系列挑战。这和她对研究持有的相对保守的看法有关。再加上，她没有独立开展过类似的研究。有几次她都直接告诉我，自己对研究缺乏信心，并表示出对于研究的困惑。但是我始终相信她敏锐的观察力，对他人的好奇和真诚，以及与他人建立关系的渴望，这些都是教育研究者需要具备的品质。最终，田纳如约完成了作为心理咨询师理解 SEL 的研究报告。这份报告呈现出了她与咨询者共同建构的故事以及她对 SEL 探究过程的反思。最触动我的是，她在研究过程中，始终表现出了对于讲述者的理解和尊重。

从心理咨询视角理解学校中的社会情感表达

咨询案例（1）

讲述者：北京市海淀区某重点小学三年级班主任 A 老师

"我特别喜欢当老师，小时候写作文，只要写'我的理想'这样的题材，我肯定就是写当老师。小学写，初中写，高中好像还写过，就这样一遍一遍告诉自己，我的理想是当一个好老师，后来我终于考上了师范，成了一名小学老师。我是热爱本职工作的，也是认真负责的。我今年39岁，工作快20年了，带了好多届学生，我的学生都有结婚生子的了。作为一名老教师，我也带出了几个好徒弟，她们现在也都是不错的老师。但是，我现在越来越觉得当一个好老师太难了。现在的孩子不好教育，家长更难沟通。我现在这个班，就很难带。

"我们班上有一个女孩子，总是喜欢用身体靠着我，常常扑在我怀里。我一开始没觉得有什么不好，但是后来发现，她也经常往别的同学身上靠，甚至是男同学，她也会去依偎。当那些男同学躲着她的时候，她就追着他们满操场跑，甚至追到男厕所里去。慢慢地，很多同学都躲着她，不愿意跟她玩儿了，她的成绩也越来越差。我找过几次她的家长，她妈妈是个特别冷漠的人。她妈妈特别认真地跟我说，从小就很少抱孩子，也不允许孩子多和她有身体接触，只能允许孩子偶尔触碰她的小臂和手，不管孩子怎样哭闹，她都不会妥协。平时她也没时间管孩子，认为学习就是孩子自己的事，写作业什么的，都应该自己完成，没有完成就应该由老师来管。虽然我几次劝解，但是她妈妈坚持认为孩子成绩不好、在学校被孤立，就是学校和老师的问题。

"最初的冲突是课间。她要去打开教学用的屏幕，但是另一个女生因离屏幕比她近，所以顺手就打开了。她立刻情绪失控，动手打了那个孩子，那个孩子当即还手，两个人厮打了起来。我闻讯赶到的时候，两个人已经被拉开了，都在大声地哭。我对两个人都进行了批评教育，两个孩子也都互相道了歉。原以为这个事就算过去了，没想到孩子回家跟她妈妈说了之后，妈妈找来了学校，坚持认为我没有处理好孩子的情绪，不应该对两个孩子都进行批评，应该追究另外那个女生的责任。我并没有答应她的要求。当时，那个妈妈非常嚣张地指着我说：'我现在就去找教委，投诉你，我要让你没有工作，永远不能做教师！'我听了之后非常震惊，也非常伤心，好几天都处于抑郁状态。后来这个女孩就开始威胁我，中午必须陪着她，不能去吃饭，如果我去吃饭了，她就跳楼。我和副班主任怕她真的跳楼，所以，这半学期，中午我们俩就轮流看着她，中午饭都是在下午她上课之后吃的。

"发生了这个事之后，我的情绪一直非常低落，很压抑。对这样的孩子和家长，我很无奈。虽然学校对我非常理解，也特别支持我的工作，但是我每天要面对这个孩子，还要面对班里其他的同学，还要完成教学任务，学校里还有各种活动要我组织班里的孩子们参加，我开始感觉到工作压力越来越大，心情越来越不好，长时间的抑郁让我睡不好。现在回想起来，我已经有半年没穿过鲜艳颜色的衣裳了，一直都是黑色的。"

在和 A 老师的交流中，我感受到了她深深的沮丧，挫败感和无力感让她处于抑郁状态。这位老师非常要强，热爱教育，也渴望成功，多年的教学经验让她对自己的带班方法有了固定的认识和自信。当这套方法失效时，她焦虑；当受到家长攻击、孩子威胁的时候，她被打败了。我和她一起分析了那位妈妈的状况，猜测那位妈妈的原生家庭一定有些问题，所以她才对孩子那么冷漠，对老师那么粗暴。这样的妈妈养育出来的孩子，渴望身体接触，大概是正常的。但是同学们不理解也很正常，毕竟这样的身体接触让同学们非常不舒服，甚至非常反感。而老师接纳了孩子的这个行为，所以，我认为，这个孩子威胁老师中午必须陪着她，是因为孩子特别需要老师。当我们这样分析了情况后，A 老师明显地松了一口气。老师阐述的是，因为各种委屈和辛苦而职业倦怠，没有幸福感，所以抑郁。但是当我们帮助她看见了孩子的情感需求，帮她意识到自己是被需要的，而不是被胁迫的，帮她体会到了价值感的时候，她的情绪立刻有所转变。

39 岁的中年教师，正是学校的骨干，也是家庭中的顶梁柱，自己的身体每况愈下，上有老下有小。如今的学生每一届都不同，也经常会有对教师不那么尊重的家长，她的经验不断被挑战，压力可想而知。这个时候让她去理解家长、理解孩子，是非常有难度的。所以我提出让她先照顾好自己，理解自己、接纳自己，不是所有的事都能应对得当的，老师也是人，也需要理解和关照。当我们感觉好的时候，才有可能做得更好。我也去找校长谈了谈，希望校长能够从学校的角度更加认可她，给予她鼓励。有可能的话，请校长出面和那位家长谈一谈，把这位老师在班里都帮助孩子做了哪些工作，如何为了孩子一直没有正常吃午饭的情况跟家长反映一下。我还找到了那个孩子，问了问她，班主任是如何爱她的。一系列的工作，最终取得了非常好的效果。最后一次和 A 老师谈话结束的时候，她笑着告诉我，现在好多了，那个孩子不再威胁她要跳楼，也让她去吃午饭了，最近学习成绩也有提升，她自己的睡眠情况有非常好的改善，已经开始放弃穿黑衣服，也有决心把这个班带好。

咨询案例（2）

讲述者：北京丰台区某小学四年级女生小 B（10 岁）

B：我就是容易走神，精神不集中。上课的时候，我也听讲，不过听一会儿就想起别的来，一想起别的我就完全听不见老师说什么，然后回家就不会写作业。不写作业第二天老师就批评我。

我：你妈妈和爸爸知道吗？

B：他们知道。

我：那他们帮助你了吗？比如，不会写作业的时候，你问他们吗？

B：没有。

我：那你不会写作业多难过呀，为什么不找爸妈问问呢？

（B：沉默不语。）

我：你最喜欢哪门课呀？

B：最喜欢语文。

我：语文老师长得可爱吧？

B：嗯，我喜欢听她说话。

我：那数学老师说话好听吗？

B：数学老师讲话太快了，我走神一会儿，再听就听不懂了，而且数学特别没意思。

我：数学没意思啊？

B：嗯，没意思，题太难了，我都想不出来。

我：嗯，我小时候也觉得数学特别难，我也不喜欢学数学。

（B突然抬起眼睛看了看我，真诚的眼神给我留下了很深的印象。）

我：我小时候数学成绩特别差，后来我爸爸知道了，每次我一有不会的题就问我爸爸，我爸爸给我讲题的时候可耐心了，后来我数学成绩就慢慢好一点了。

（B仍然沉默不语，头低下去了。）

我：你爸爸给你讲题吗？

B：不讲。

我：为什么呢？

B：他回家特别晚。

我：哦？那平时都是妈妈在家陪你的吗？

B：嗯。

我：那你不会的，你妈妈给你讲吗？

B：不讲。

我：是你没有问她呢，还是她不会？

（B头更低了，不语。）

我：你妈妈是做什么工作的？

B：我不知道。

我：你妈妈每天几点下班回家？

B：我爸爸和妈妈晚上8点以后就回家了。他们回来就让我睡觉了，不看作业。

我：那你下午4点就放学了，一直到晚上8点都是你自己在家？

B：嗯。

我：你自己在家，害怕不？

B：我一开始有点害怕，后来就不怕了。

我：那你自己晚饭吃什么？

B：我点外卖。

我：你自己点外卖？外卖给你送到家，你自己接待送外卖的？

B：嗯。

我：吃完晚饭做什么呢？

B：写会儿作业，有时候玩儿手机里的游戏。

我：那你爸爸和妈妈放心吗？

B：他们装了摄像头，能看见我。

我：他们知道你玩手机里的游戏吗？

B：我背对着摄像头，不让他们看见。

我：那你猜猜，他们知道你玩儿手机吗？

B：嗯，他们知道。

我：你觉得玩儿手机对学习有影响吗？

B：嗯，有。

我：不过我也挺理解你的，是不是自己在家玩儿手机就不那么害怕了？

B：嗯，是，玩儿游戏时间过得可快了，玩儿一会儿我爸爸和妈妈就回家了。

这所学校在北京市外来人口比较集中的区域，所以，学生们很多都是非京籍，学生家长很多都是进京务工人员。后来我找到孩子的家长了解到，他们夫妇都是早出晚归的务工人员，爸爸一周回来一次，妈妈晚上 8 点才能下班。夫妻两人的收入勉强够维持生活，因为房租很贵，工资也不高。他们每天真的很疲惫，没有什么精力过问孩子的学业，当然知道孩子这样自己在家待到晚上 8 点很不好，但是真的没有别的办法。

我问他们为什么要来北京打工？他们告诉我，是为了孩子能上一所好学校，能在北京受教育。他们对现在的学校非常满意，对老师也特别感激。我问他们，这样放任孩子，每天都没有时间陪孩子，眼看着孩子成绩越来越差，玩儿手机游戏上瘾了，明显很有问题，这样真的比在老家强很多吗？夫妻俩沉默了很长时间。后来（妈妈突然抬起头看着我的动作和孩子像极了）妈妈告诉我，其实他们也开始商量要不要继续留在北京的问题了，他们觉得老家的初中也不错。后来我找到老师，反映了孩子晚上自己在家的情况，老师非常诧异。原来他们一家一直跟学校隐瞒了这个情况，老师找他们夫妇谈了好几次，每次他们都答应回去管孩子，每次也只是回去把孩子骂一顿或者打一顿，孩子并没有什么变化。后来我们把老师、家长和孩子约在了一起，讨论了孩子晚上独自在家的问题，孩子妈妈决定放学以后把孩子带在身边，把孩子带到她打工的教育机构去吃晚饭、写作业，等暑假带孩子回老家看看，如果孩子同意就和孩子一起回老家。老师表示说，晚上会主动通过和妈妈微信联系来问问孩子写作业的情况，可以和妈妈一起用微信辅导孩子。

咨询案例（3）

讲述者：北京市西城区某中学高二女生父亲C

"其实我是希望您跟我女儿谈谈，但是我女儿不来。她从小就特别优秀，乖巧、善解人意，成绩一直非常突出。但是中考的时候她没发挥好，结果没考进理想中的学校。现在的学校虽然也不错，但是我女儿不太喜欢学校里的老师，一直没调整好心态，最近成绩下滑得厉害。她不应该是这个水平，她在这个学校里应该是年级前十名。我并不要求她必须考多少名，但是这样下滑也不行啊！而且，她现在情绪特别不稳定，动不动就跟我发脾气，一发脾气就大哭。有时候我觉得我根本没惹她，她自己说几句就哭起来了。我们关系好的时候，偶尔她也跟我讲几句自己的情况。她说她最近总是失眠，不能集中注意力，老师讲的内容，当时好像听见了，可一回家就什么都想不起来了。她在学校里没有朋友，老师也不像初中的老师那么关心她，可能老师也不太喜欢她吧！

"我还有个情况，就是我女儿中考之后，我和她妈妈办理了离婚。我们俩的问题就不跟您多说了，反正我女儿态度特别明确，就是她妈妈不对，我们离婚我女儿坚定地要求跟我。所以现在是我自己带着我的女儿呢。"

（我请求他简单介绍一下当年的婚姻情况）

"我和她妈妈当年是自由恋爱的，其实感情一直不错，就是后来她换了个工作，太忙了，完全不顾家，我们家这两年就完全不像个家。我对她意见很大，她也慢慢有点看不上我了，干脆就离婚。我女儿应该是青春期了，我很担心她出问题，我一个爸爸，很多话不好讲。"

我提了几个问题请这位爸爸思考：离婚对女儿的影响，您平时是否感觉到了？女儿青春期的问题，您和孩子妈妈交流过吗？你们只是离婚，她妈妈还是妈妈，还可以和孩子交流吗？您是希望我帮助您更多地了解女儿，还是希望我帮助您的女儿做出转变？您愿意给女儿讲讲你们夫妻当年是如何相爱的吗？愿意给女儿讲讲未来您的打算吗？您女儿的水平，"应该"是前十名，这个是您根据什么标准判断出来的？您觉得这个判断客观合理吗？您女儿对学习成绩下滑这个问题，是什么态度？您觉得她和老师的沟通有什么问题吗？她需要怎样的帮助？您愿意主动去找老师沟通一下孩子的情况吗？愿意听听老师的意见吗？您愿意告诉您的女儿我给您提出了这些问题吗？

后来，在这个爸爸给他女儿看了这些问题之后，他们一起来见了我。我们一起谈了谈青春期会出现的问题，也谈了谈将来她希望考取的大学和专业。我们还聊到了我之前做老师的时候是多么希望能和学生交朋友，多么希望自己能够了解所有的学生。虽然我大部分时间很忙，没有精力主动找学生聊天，但是如果有学生找我，我还是非常高兴并且愿意和他们交流的。我还给他们讲了好几个我的朋友中单亲家庭的亲子关系状况，那些家长和孩子是如何走出阴影，又是如何取得了很好的成绩的。后来这个爸爸告诉我，他和女儿说了很多，交流得非常好，他和女儿的感情也亲近了很多。他去找了学校的老师，老师的反馈是，小 C 是个非常让老师"省心"的孩子，学习、纪律等各方面都表现得很好，老师并不知道她的情绪问题。未来老师会主动多和小 C 交流，多关心小 C 的情绪。他现在也同意女儿经常和妈妈见面了，他女儿明显轻松了很多，不再失眠，成绩也有所提升，他和孩子妈妈还有小 C 自己都相信小 C 会有个不错的未来。

这项研究带给我的思考

案例（1）中的 A 老师，是个非常有经验的教师。她能熟练地把握和孩子之间的关系，也能够很好地表达和孩子之间的情感。所以，那个女孩会有依偎在她怀里的意愿，我相信她对孩子这样的举动并不陌生，很多孩子应该都有这样的表达。但是，这个女孩也去依偎别的同学，尤其是去依偎男生，这是她不能接受的。而从她对女孩家长的介绍中，我感受到了她对这个女孩依偎的行为有了新的看法。她也许会认为，这不正常。我想，她的态度会对全班有些影响，别的孩子也会慢慢不接受，所以同学们会逐渐疏远这个女孩，而这正是让她感受到被报复的原因。我在和 A 老师的交流中，感受到了她的沮丧。当这个孩子的妈妈和孩子都威胁她的时候，她的情感受到了伤害，她觉得被报复了，于是抑郁。她的焦虑，来自于不知道该如何摆脱抑郁，也来自于经验的失效导致的不自信。当我在咨询的过程中帮她看见了另一种可能性，帮她确认女孩不是报复她，只是需要关怀的时候，她开始意识到自己真正的情感需求——被理解和被需要，而确认这种需求被满足，让她不再焦虑和抑郁。

在 SEL 学习小组中，我们曾经多次提到过教师是个需要付出大量情感的职业，而这种付出，又经常不能得到良好的回馈。这个认识，让我们在帮助教师做咨询的时候，格外关注教师个人的情感需求。所以，我把咨询的重点放在了"照顾好教师"这方面，果然取得了不错的结果。

案例（2）中的小 B，让我对教育与社会的关系有了更多的思考。小 B 的家庭情况非常典型，在北京这样的城市里，有大量的外来务工人员，从事着所谓的"低端劳动"。他们非常辛苦，希望孩子在北京接受良好的教育，有些家庭，甚至就是为了孩子的教育，夫妻双方才留在北京艰难度日。这样的所谓"低端人口"群体，他们的自尊水平和社会情感都处于很低落的状态。所以小B全家会对非常关心他们的老师隐瞒真相，也使家长忽略了留在北京的最初目的。在和小B聊天的过程中，我尽量让孩子感受到我的同理心，所以我提到了"我小时候数学也特别不好"。这样的交流让孩子感受到了信任，也让孩子找到了一些归属感，所以她跟我讲了爸妈都回家晚的事实。在和小B父母交流的过程中，我提到了"回老家"，这不仅是一个解决方案，更是对他们自我意识的一种唤醒。他们明确知道自己是谁，开始思考如何做决定对他们最好，开始反思如今的生活是不是他们想要的。所以当我们把老师、家长和孩子约在一起的时候，很快就商量出了解决方案。最后，很明显，最开心的是小B。在处理这个案例的过程中，老师给我留下了深刻的印象。他对小B是非常关心的，也时常鼓励她。小B告诉我，老师有时候还表扬他。但是，也许因为他是老师，小B全家还是对他隐瞒了事实。当他得知真相之后，脸上有非常遗憾和歉疚的表情，而后表示会利用晚上的时间辅导孩子学习。他是我心目中的好老师，而且做得已经超出了工作范围，但是他解决不了小B能不能留在北京上学的问题。

通过案例（3）中爸爸的陈述，我感受到了他的两个诉求：一是和女儿良好沟通，帮助女儿走出困境；二是减轻离婚对女儿的伤害。由于来访者是位男性，所以我采用了提问的方式。在和学校老师的交流中了解到，老师一般都会特别关心"两头的孩子"，就是成绩特别好、纪律也比较好的孩子和成绩比较差又特别淘气的孩子。小C这样的孩子，的确不太容易引起老师的重视。适应新学校，对于小C与他人的沟通能力是个挑战。关键时期，家庭又发生了变故，这让小C陷入了恐惧之中。处在青春期的女孩，对人际关系是非常敏感的，当她不被关注又不知道如何表达的时候，问题就出现了。在和学校老师的接触中，我们了解到，家校沟通是他们工作的一个难题。家长对学校工作不愿意花时间了解，却很容易做出评价，有时会影响到学生的心态，有时甚至影响到了学校的教学工作。而当我们接触到家长的时候，家长的反馈是老师们经常是高高在上的，一般都是学生出现问题了才会找家长。

湘燕带领我们一起开始学习的时候，是从反思开始的。当时，我们对很多情况都做了反思，其中就包括家校沟通的重要性。男性家长和女性家长的表达方式有什么不同，还有单亲家庭的孩子和家长在学校里会如何表达情感。在处理这个案例的时候，我并没有直接给出建议，而是通过提问引导小 C 的爸爸开始关注沟通并努力尝试解决问题，效果果然不错。通过在学校的大量实践，我发现目前学校、家庭和学生三方关系非常需要调整，而从 SEL 的角度来思考是最有效的。很多时候他们需要的并不是具体的指导，更不是具体的行动方案，他们只是需要倾听，需要被看见、被理解，需要改变一下沟通的方式，需要鼓励。而我们要做的，只是尊重，只是给予关注，只是给予信任。

安心：从建筑师到全职妈妈

安心绝对可以称得上是"别人家的孩子"。2001 年，她从清华大学的建筑系毕业之后留学美国。2005 年，获得美国景观设计的硕士学位之后，她又回到中国，在一家美国建筑企业工作。她跟很多白领一样，每天都会精致地打扮自己，化淡妆，穿黑西服，出入北京繁华地段的商务写字楼。除了画图、汇报之外，她还要带领团队推进项目，与甲方谈判。安心的工作，需要常常说英文，出差也会住五星级酒店。她的先生也是建筑师，由于需要加班，很少能在晚上十点之前回到家，因此家里长期不开火做饭。工作了三四年之后，安心与人合伙成立了自己的公司，带领十几个员工，年收入能有几百万。对于她这样的建筑设计师来说，行业内有些不成文的规定：晚要或者不要孩子。又这样工作了五六年，安心怀孕了，那年她 37 岁。女儿的到来迫使她慢下脚步，思考和生命相关的问题。她自己也没想到，这样的思考会改变她的人生方向。在我们的对话中，我尝试解开她人生轨道转换的秘密，我很好奇，到底是什么推动着被精英系统呵护甚至庇护的她选择停下来，关注自己内心的感受。

我觉得人要有时间停下来想一想，到底生命是什么？生命对你来说意味着什么？你有时间想了，就会有变化，没有时间想，你还是那样。因为生孩子，你才会想，我希望我的孩子在一个什么样的世界里生活？这个世界是不是越来越好？还是越来越坏？这个世界有没有希望？就会去思考这些问题，以前不会想这么多。(2019 年 1 月 31 日访谈)

在休产假的那段时间，她开始搜寻各种育儿类图书。也是在那个时候，她听说了华德福教育，被深深地吸引了。她把华德福教育看作促使孩子获得自我成长的教育途径。于是，她开始为女儿寻找华德福幼儿园。没过多久，她带着女儿参加了华德福幼儿园的亲子班。亲身走进华德福教育，她才发现，这种全方位思考教育的方式和建筑设计有很多相通的地方。当她看到一群有想法、有能力的家长，选择了一条教育自救的道路 —— 成立华德福学校并成为老师，她被他们的勇气深深触动。她开始思考自己作为母亲和建筑设计师的角色定位。深思熟虑之后，她再也不想回到原来那样的工作和生活状态。生养女儿给了她一个宝贵的机会，重新选择另一种生活方式。

当她以母亲的身份走进女儿的世界，也再一次获得了对于生命的理解。让她惊喜的是，她和女儿常常会进行各种哲学层面的对话，这也促使她再次思考教育问题。在我们第一次的访谈中，她讲述了自己和女儿对于生死问题的讨论。她说，女儿在四五岁的时候，常常问她什么是生、什么是死这样的大问题。有一次，她和女儿一起看了动画片《雪孩子》。当女儿发现雪孩子融化之后，就认为雪孩子死了。这时，安心意识到这是一个探讨生死问题的契机。于是，她告诉女儿，雪孩子没有死，而是变成了云朵。恰巧那时是冬天，她就带着女儿来到屋外，两人一起堆了雪人。过了几天，天气暖和，雪融化了。安心指着天上的云朵，问女儿，那个像不像雪孩子？她希望女儿知道，人死之后，仍旧会以某种形式存在。而且，她发现这样做给自己在幼儿园的教师培训带来不少启发。

她决定把建筑和教育两个领域结合起来，作为工作的方向。她认为，我们的研究也帮助她明确了这个方向。她选择了离开光鲜亮丽的职场，也舍弃了财务自由的机会。安心开始进一步思考全职妈妈的价值感这个问题。在她看来，目前的社会文化并没有认可全职妈妈对家庭的付出。这些都关系到女性的价值感、自尊心和安全感，也是 SEL 提到的概念。我们都认为，如果剥离人所处的现实情境而孤立地谈论这些概念，就会把它们简单化甚至抽象化。安心的讲述，让我特别意识到这一点。如果社会文化叙事仍旧把女性为家庭的付出视作理所当然，那么由于无法获得相应的补偿，任何形式的付出都会带来女性个体价值感的失衡。安心说起自己刚刚离开职场那段时间的挣扎和恐慌：

最明显的差距就是，以前你每天要接二三十个电话，要开五个会。但是现在，突然间一个电话都没有了。这种很大的差距，会让你质问：我的价值在哪儿？我就变成养孩子的了吗？会让你去质问这个。当你对这些东西有质问的时候，反而就是你需要停下来，需要去学习，需要去成长的时候。（2019 年 1 月 31 日访谈）

安心选择成为教育者，更像是为了重新获取自我成长的力量。我们不得不承认，女性，特别是母亲的角色，仍旧被社会的性别偏见所定义。除了调整自己、反思自己，更重要的是，我们也要思考这些阻碍我们，让我们切实感受到挫败、痛苦和怀疑的现实来源。在访谈中，安心谈到辞职之前的考虑，她的选择正反映出社会对女性的期待。她说，在目前的社会里，男人挣钱养家是一个既定事实。当她和先生讨论，到底谁应该留在家里照顾女儿，她首先想到的是自己的体力和职业发展。她发现自己的体力不足以让她胜任职场的要求，自己养家糊口的能力又被社会文化所制约，不得不选择退回到家庭。"你回答完这些问题以后，好像男人在这方面比女人要强一些，所以女人就要下来"。对她来说，从职业女性到全职母亲的角色转变并不是一帆风顺的。在经历了低自尊和低价值感的自我怀疑之后，她尝试重新为自己定位。由于女儿的年龄还小，目前她还没有遇到太多棘手的选择。但是，她也说，来自现实尤其是教育体制的压力，让作为母亲的她时常会被环境影响，陷入紧张和焦虑。她清楚地认识到，制度上设置的条条框框是大部分家长的焦虑来源。她说，海淀区有上百所学校，但真正好的学校，只有十所。学校条件、师资都存在差异。学校的划分方式，逼迫海淀区的家长从孩子一年级开始就要往十所好学校里"钻"。只有这样，家长才有安全感。这就造成家长普遍的焦虑心态。因为自己的女儿还在上幼儿园，没有切身感触。但是，每次和其他家长聊到这些问题，他们的焦虑也会在自己身上有所反应。

> 跟他们聊完以后，我当天晚上可能就会想这些问题，就会紧张一下，或者沉重一下。我就会想，这种现象以后会不会越来越严重？现在这些家长还都是独生子女，以后二胎放开，三胎放开，竞争更激烈，这种现象会不会越发严重？我孩子上小学的时候，会不会变得比较病态？（2018 年 5 月 7 日访谈）

当我尝试理解安心在不同阶段拥有的不同身份——设计师、母亲、教育者，我发现这些身份始终都是彼此交错的。也是因为成为母亲的这个契机，她可以重新梳理自己的经验。在探究自己的过程中，也看到了生活的其他选择。

作为 SEL 的学习者

2015 年，安心参加了女儿所在幼儿园组织的正面管教家长课。在参与体验式活动的过程中，她被深深触动。她发现个体的感受可以通过这种方式被关注，这给了她很大启发。也是因为那次课，她认识了田纳和若水。她们决定成立一个学习小组，共同研究正面管教课程的各种活动。她们开始联系当地的中小学，帮助老师组织班会课和教师培训。在田纳的推荐下，安心来到北京一家自然教育幼儿园。通过跟孩子的接触，带领家长进行读书会等活动，她慢慢走进教育领域。她发现，自己和田纳、若水有着相似的背景，和她们一起工作，让她找到了价值感和归属感。

2016 年，安心获得了正面管教家长和学校讲师资格证。通过学习，她第一次听说了 SEL 的概念。在课上，一位智利讲师用英语分享了一些视频和案例，当时那节课还配有中文翻译。那位讲师并没有直接使用 SEL 这个词，她只是说，这些视频和案例来自美国的非营利机构 CASEL。课后，安心找到那位讲师，向她询问关于 CASEL 的更多信息。之后，她在网上搜索到 CASEL 的网站，了解到更多关于 SEL 的内容。但是，她对 SEL 这个概念却有些困惑。

> 我一直认为，情感这个词是一个私人化的，跟个人经历、个人成长、个人感受特别相关的词。但它前面又加上了"社会"两个字，所以最开始的时候，我对社会情感，还是挺困惑的。我尝试去看心理学有没有对这个词的解释，却没有找到。所以说，最开始对美国的社会情感，其实不是很清晰。我自己的理解可能就是从一个人自己的一些感受，上升到家庭，然后到学校乃至国家。（2018 年 5 月 7 日访谈）

因为 SEL 中文翻译的原因，"社会情感学习"这个词对于安心来说，"社会"是修饰"情感"的形容词。所以自然而然，她认为社会情感是关于"社会"的情感。她特别提到，中文翻译并没有帮助她更加准确地理解 SEL 的概念。她自己在理解这个词的时候，结合了中国文化框架下的人伦关系，从个体到家庭、从家庭到社会、从社会到民族这个框架，才能够逐渐理解。在她看来，个体位于多个同心圆的中心，每层同心圆的边界都不断向外展开。她的描述和 CASEL 网站上展示出的 SEL 轮图① 有几分类似。我们可以看到，在 CASEL 设计的轮图中，SEL

---

① 前言有 CASEL 轮图的介绍。

位于中心，课堂、学校、家庭与社区分别位于同心圆的不同层级。

在我们的学习小组中，安心会仔细倾听若水和田纳的个人经历，也会分享在工作中遇到的问题和带给她的启发。对于她自身经验的讲述更多是在我和她的访谈中进行的。在我们第一次访谈之后，我收到她的微信留言。正是因为她从职业女性转变为母亲的那段艰难经历，让她开始关注教育。我特别感激她对我的信任，同时也意识到建立在信任基础上的对话，反过来也会加深彼此的信任。她的留言内容如下：

> 湘燕，你好。今天早晨回想了昨天你和我的访谈，我自己的感触还挺大的，和你分享一下。我是一个非常喜欢设计的人，创新思维的设计带给我的价值感和归属感，其实是我内在的一个很大的力量源泉。这可能也是我很晚要孩子的一个原因吧。有了孩子以后的很长一段时间，我觉得自己是有轻微产后抑郁的，就是突然身份和角色的改变，使我对未来充满了不可知的焦虑和不安。那么一个幼小的生命来到了你的生活中，而我自己其实对如何做一个母亲知之甚少，由于我是自己带孩子，就会更加不知所措了。所以，那段时间，我看了很多的书，也是这个原因。慢慢地随着孩子的长大，我也越来越有力量和勇气来面对自己是母亲的这个角色，才会想到可以在教育上做些什么，陪伴那些和我一样的妈妈，最初的想法就是这样。这两年，孩子上了幼儿园，我自己的时间慢慢又开始多了起来，我也在重新考虑如何把教育和建筑设计结合在一起的问题。非常幸运，正好遇到了你，可以让我把社会情感空间在教育建筑上应用的课题继续下去。特别感谢你，这就是宇宙的同时性吧。希望在今后的学习中，我可以归纳出一个大概的方向和框架，在社会情感空间的研究上有一个小小的起

步。早晨想到这些，就和你分享了，也想对你说一声谢谢，重新
让我反思自己的身份和角色，对日后的人生规划有了思考，谢谢。
（2018 年 5 月 18 日微信留言）

安心建议我们把对于 SEL 的探究作为一种更加偏重感性的学习。她
所说的感性指的是，除了理性的讨论之外，还需要用心去感受和体验。
正如她说的，我们的讨论和研究让她不再把 SEL 的学习看作是一种书本
知识的学习，而是和自己的生命经验相互碰撞的学习。她自己也说，这
种学习方式让她对 SEL 的社会性有了更深的理解。

　　　　人要在跟自己、跟周围人之间的这种关系中找到一种平衡。实
　　际上，很多时候，我们说社会情感，都会把重点放在情绪部分，情
　　绪管理、情绪控制。……我觉得之所以想的不一样，可能跟这一
　　年我自己的一些调整和变化相关，所以我会更关注它社会性的那方
　　面。（2019 年 1 月 31 日访谈）

在这一年里，她和女儿一起学习中国传统文化，再加上她的研究主
题跟教育建筑有关，她开始重新思考中国古代建筑、园林山水中蕴含的
社会情感表达。同时，她也去幼儿园给老师上天文课。这些经历让她反
思、梳理自己的生命经验。这时，再来理解 SEL，她就发现 SEL 不能被
局限地认为是一种知识。

　　　　毕竟也 40 多岁了。它能帮助你去梳理这些东西，我觉得这点
　　特别好。它变成一种人生的经验或者体验，能够帮助你去梳理以前
　　走过的一些路，或者说，有时候自己坐下来，想想经历的这些事

情，更多的是你的感受、体悟，是一种发酵的东西。你以前可能就有，但是没有东西去触动它，没能把它给串起来。现在可能有了这么一个时机，有东西来帮助你把它串起来。社会情感就是一个可以帮助你把这些经验串起来的东西，但它不是一种知识，它知识层面的属性比较少。（2019 年 1 月 31 日访谈）

安心认为，知识还是书本上的内容，特别是应试教育的经历让她对知识抱有刻板印象。她把知识理解为方法和技能，与感受是割裂的。我们这种 SEL 的学习方式和她几年前学习正面管教的方法有很大不同。那时她学习了很多关于心理学的知识，包括阿德勒个体心理学理论和知识性的工具。在此之前，她给老师做正面管教培训时，采用的都是知识讲授的方法。现在，她给幼儿园老师上课，采用的是对话和经验分享的方法。方法的转变让她对 SEL 也有了新的认识。

> 社会情感有好多东西就是人生体会。它更像一些经验的分享，可以去影响一些人。自己内在力量出来的时候，自然可以吸引一些人，这个可能就是社会情感。不是说你主动去跟人讲什么，而是你自己的这个东西出来了以后，会吸引到一些人。这种分享是基于你的人生经历。可能你分享的不是什么宏大的人生理想、哲学之类的，可能就是生活中的一些，比如说，怎么跟亲人相处，或者说这种人和人之间的关系。但是你在这上面有些感触的话，跟他们分享，就可能会改变某些事情，或者说是成为改变的一个小契机，而不是哇啦哇啦去讲。（2019 年 1 月 31 日访谈）

安心把 SEL 融入她的天文课。她希望这种对话能够让幼儿园老师以更开阔的方式看待人生。在课上，她会讲解周易的卦象。她认为，周易讲的是人在不同时机所处的位置，包括如何处理家庭问题和自己的问题，也是 SEL 里说的人和人之间的关系。有一次课上，她讲到地雷复卦。她说，地雷复出现的时候，就是自身处于最黑暗的时候，或者说自己需要转念或者转头的时候。这个卦虽然跟天象有关，但是和我们的人生更是息息相关。课下，她收到一位老师的微信。那位老师和她讲了自己正在经历的"地雷复"时刻。她特别感激老师对她的信任，也更加认同这种经验分享的方式。

安心对于 SEL 的理解是建立在个体的生活和教学经验基础上的。对她来说，关于 SEL 的知识既不是抽象的，也不是固定不变的。这种对于 SEL 知识的建构方式也帮助她反思、调整并且实践自己的教学。从安心的讲述中，我也看到，SEL 并不是一种可以用于实践的工具，而是为她提供了一种反思的视角，指导了她的实践。

作为 SEL 的探究者

在我们的第一次访谈中，安心就明确地告诉我，如果从建筑设计的角度观察我们的教育环境，相当多的教育建筑违背了儿童生长的规律。她反复强调："你要去倾听儿童的声音，倾听老师的需求。"她的急切源自内心深处的热情，也是推动她进行这项社会情感空间研究的动力。她希望教育建筑能够变成有生命的建筑，而不仅仅是一个钢筋混凝土的盒子。以下呈现的是这个阶段她对于 SEL 与建筑空间的思考。在这期间，她有机会为一家学校进行规划设计。她把自己对于 SEL 的理解融入了整个设计理念的框架（如图 1-1）。

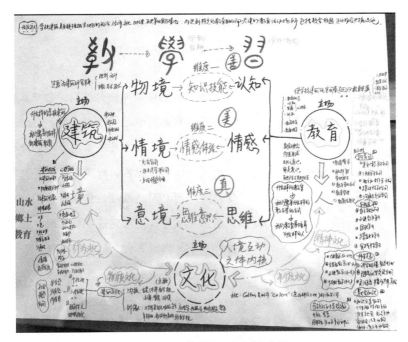

图 1-1 安心的学校设计理念框架图

从建筑设计看自然背景下的社会情感技能教育

自我画像

我是一名规划建筑设计师，工作了十几年之后，由于成了妈妈，开始思考教育是什么，同时作为一名设计师，如何去理解学校建筑这样的一个话题。也正是在这个机缘之下，我有幸在一个"自然教育幼儿园"工作了将近四年，从最开始带领孩子班会、实践SEL社会情感技能课程，到后来的通过讲座与沙龙的形式陪伴教师成长，到最后参与学前幼儿教育的一些课程设计与实施。在这个过程中，我慢慢形成了，从建筑设计师的视角和经历，以"建筑、教育和文化"三种不同的立场，去理解学校建筑设计这个命题，那么社会情感技能在这个大架构中也有它的位置所在。

事件缘起

　　曾经有一所知名学校的实验班班主任老师找到我们，希望我们可以帮助她开一次班会，针对的问题是同学之间情感冷漠，班级氛围缺少温暖与关爱。这是一所市重点学校，身居城市中心寸土寸金的地段，学校的建筑与环境都是一流的，室内的教学设施更是与时俱进的，在一般人眼中，这就是一所典型的软硬件俱佳的学校。实验班的每一个学生都是通过层层选拔考试进入到这个班级的，可以说是强中之强。为什么在这样一个可以说是万众瞩目的班级，会出现"情感冷漠，缺少温暖"的问题？这是引发我深入思考学校建筑的一个起因。

四个问题

　　作为一名设计师，在面对学校建筑这个命题时，最常追问与反思的四个问题是：

　　（1）学校是做什么的？学校里会发生什么？学校里要教什么、要学什么？

　　（2）教与学是怎样发生的？我们可以怎么教、怎么学？

　　（3）教与学需要什么样的空间与环境的支持？

　　（4）上面三个问题的背后又是什么问题？什么可以把上面的三个问题统一起来？

思考过程

　　对于上面四个问题的梳理和思考，构成了我对于学校建筑设计三个立场的来源。

1. 教育的立场

当我们问"你想要什么样的学校"的时候，实际是在问"你想要什么样的教育"。当我们问"你想要什么样的教室"的时候，实际是在问"你想要什么样的教与学的方式""我们的教育要培养什么样的人"。对于问题一和问题二的解读，实际上就是一个站在教育的立场，使学校建筑的空间设计回归教育本真的解读。

(1) 学校会给孩子们带来什么？其实就是学校教什么的问题。

a. 第一个维度：认知层面的知识技能（知识的教与学）。

b. 第二个维度：情感层面的多重体验（情感的教与学）。

c. 第三个维度：意识层面的格局思维（思维的教与学）。

(2) 这些教与学会怎样发生？

a. "以学生为主体"的转变。

b. 学习方式与学习空间的转变。

c. 师生位置关系的转变。

d. 学校与社区的交融。

(3) 教育要培养什么样的人？

a. 教育的四大支柱：认知，做事，共存，生存。

b. 从全纳教育到全民教育到终身学习者。

c. 教育理念、价值追求、时代意识的影响。

2. 建筑的立场

站在建筑的立场上，把学校建筑设计还原为建筑研究本身，从讨论功能、艺术与技术之间的统一与协调，延展到从心理学的角度看待空间组织与架构。

(1) 建筑空间的角度。

a. 建筑功能。

b. 建筑技术。

c. 建筑艺术。

（2）心理学的影响。

a. 儿童发展心理学的影响：主要包括情绪与社交发展（社会情感）。

b. 教育心理学的影响：认知建构、归属感与价值感、学习的发生。

c. 环境心理学的影响：空间体验、行为体验、生理特征、心理特征。

（3）建筑提供的空间支持。

a. 空间第一维度：物境，自在已然的存在。"自然"作为与人类共存共生的宇宙本体的客观存在。

b. 空间第二维度：情境，赋予情感的存在。"自然"不仅是有厚度的，还是有温度的，体现或者激发着人类丰富的情感。

c. 空间第三维度：意境，意识提升的存在。"自然"是道德意识的载体，物我两忘情，天人相合一。

　　教育的立场有关人，建筑的立场有关境，境提供人和事件发生的场所，人为境注入生命的活力，人与境的相互作用与交融，形成人境互动的学校建筑形态。

　　第一空间维度的物境与第一维度的认知、知识技能相关，第二空间维度的情境与多元的情感体验相关，第三空间维度的意境与思维格局的建构相关。

　　这样，由于当代的教育观，也就是以学生为主体的教育观的变化，引起了站在教育立场看待问题的师生关系、教学方式、学习类型、学校外延等的转变，配合教育心理学的发展与研究，最终集结在建筑空间上，形成了现今纷繁复杂的学校建筑类型。

3. 文化的立场

　　无论是站在教育的立场，还是站在建筑的立场，它们的背后都有一股强大的力量，把它们联结并统合在一起，冥冥之中，成为那双看不见的手，就是文化以及文化的立场。

(1) 文化的内核。

a. 宇宙同构、天人合一。

b. 相反相成、阴阳转化。

c. 模范山水、和谐共生。

(2) 文化的外缘。

a. 行为文化。

b. 制度文化。

c. 建筑文化。

沉淀结晶

从上面列出的三个立场的框架，来看社会情感技能教育所处的位置；从它与人境的关系，来看文化的内核与外缘对它的影响，我列了一个访谈提纲，对自然教育幼儿园的老师进行了访谈，意在探讨在人境关系中自然与情感的关系。社会情感技能教育在教育的立场上属于情感层面的多重体验（情感的教与学）。在建筑立场上，与情境相感应。在我们传统文化背景下，它与自然的相互作用又是如何发生的这些问题都有待进一步探讨。

附录：访谈提纲

1. 请谈谈您现在对于"社会情感技能"这个词及其所代表的内在核心的一些理解。

2. 作为一个以自然教育为主的幼儿园，我们上课的地点大部分是在室外。您认为在室内和室外给孩子上课的时候，孩子的状态和课堂的组织有什么不同？有什么留给您特别深的印象吗？

3. 在室外，我们有着特别丰富的自然材料，这些自然材料在课程中都起到了哪些作用？您会怎么运用这些材料？您觉得这些材料带给您什么样的感受？

4. 在室外，当我们去寻找适合孩子游戏的环境时，您觉得有什么基本特征是必需的？有什么是特别受欢迎的？您一般会怎么做？

5. 因为我们大部分的时间都在室外，孩子们经常会发生的问题和冲突是什么？您是怎么处理的？如果发生在室内，又会怎么办？

6. 请您谈谈对于教师这个职业或者教师自我成长方面的理解？

7. 您希望传递给孩子的价值观是什么？或者说您希望孩子长大后成为什么样的人？

8. 您是如何看待环境、生命、地球、可持续发展、绿色生态这些议题的？

第二章 我与她们共同的故事

前一章讲述了三位参与者各自的生活经验，讲述的视角基于我们在研究过程中建构的关系。除了倾听她们的讲述，在整个过程中，我还选择了与她们共同生活的方式，展开这项叙事探究。学习小组作为探究空间，最重要的目的是通过我们之间的对话，对 SEL 涉及的概念、课程、活动等内容进行梳理，建构的同时也解构了关于 SEL 的知识。作为参与观察者，我也进入了她们组织的 SEL 实践现场。通过这样的方式，我们共同讲述、倾听、记录，带着讲述继续生活。这一章将聚焦在探究空间，我们对于 SEL 知识的讨论、SEL 活动的翻译和反思，以及三位参与者展开各自研究项目的设计过程。

学习小组也是探究空间

视而不见的"教育"时刻

我们第一次的小组学习选在国家图书馆的咖啡厅。去往图书馆的地铁上，我注意到站在我身旁的一位爸爸。他怀里抱着一岁左右的小婴儿，小婴儿的妈妈坐在他们对面。这位爸爸可能觉得天气太热，坚持要把小婴儿的外套脱下来。说是外套，其实只是一层薄薄的棉布小褂。这时，小婴儿开始哭闹，似乎要挣脱爸爸，但是他没有理会小婴儿，不停地把外套往下拽，小婴儿的哭闹声变得更大了。坐在对面的妈妈，也跟着爸爸一起，极力制止小婴儿的"无理"哭闹。因为他们的动作太大，小婴儿的胳膊突然甩到我的手臂上，我本能地躲开了。这时，我特别想看看他的爸爸妈妈会有怎样的反应。结果，就像什么都没有发生一样，他们的目光仍旧停留在小婴儿身上。小婴儿持续之前的哭闹声，他的爸爸仍旧坚持要把他身上的外套取下来。我站在那里，看着他们全家，像是一个隐形人。

当我在学习小组分享了路上遇到的这个场景，三位参与者先是陷入沉思，紧接着开始激烈的讨论。我们都认为这个场景没有什么特别，时刻都在自己身上和身边发生。我们一致认为，教育常常发生在视而不见的时刻。对于这对年轻的父母来说，他们错过了一场"教育"的发生。然而，对于我们来说，在这个"教育"的场景中，被视而不见的不仅是孩子，还有大人。孩子的反应被父母视作理所当然，也被我们视作理所当然。小婴儿的哭闹声不足以让他的父母停止他们的坚持。最终，在这个场景中，我们看到了被视而不见的父母。他们没有被听到，也就没有办法"听到"孩子在那个时刻的感受和需要。如果孩子无法被听到，又如何建立与父母的连接？这个场景对我们来说的教育意义就在于，我们即将开始的探究或许无法直接打破这样的循环，但是至少我们希望尝试发现，是什么让处在教育中的我们彼此视而不见。

在小组学习中，我向她们询问如何用简洁的语言描述 SEL。最终，我们找到三句话：我是谁？他们是谁？我们之间该如何连接？我们试图寻找一种途径，在个体和群体之间取得相互的理解。在刚刚接触 SEL 时，她们都认为中国社会文化对情感的表达和探索属于个体的范畴，缺少对于情感外显式的表达。这也是她们最初接触 SEL 就对它产生好奇和认同的原因。

　　我们的文化特别强调个人的反省，比如说，吾日三省吾身，不是特别强调跟别人的关系。古人都强调慎独，内观你自己，先把自己弄好了，看你自己的行为。在跟别人相处的时候，我们是缺少一些策略或者技巧的，包括沟通的时候。（2018 年 5 月 7 日小组讨论）

围绕这个话题，我们继续讨论而且发现，SEL 倡导的情感表达方式受到文化的影响，也是文化符号的一部分。

　　若水： 老师批评我儿子的时候，一般咱们中国孩子都是低着头听，如果你也瞪老师，老师会认为你不服气，"你是什么意思"，是吧？你就得低眉颔首地听。

　　安心： 最开始我们学正面管教的时候，要不断地说"我爱你"，其实我们的文化中没有这个。我们就是特别内敛的那种表达方式，不是那种每天说一百多遍"我爱你"或者拥抱你的那种。

　　我： 我们以美国的框架作为对比的话，可能就觉得我们缺少了这个，但其实我们有中国文化下的一种情感表达方式。

　　安心： 它正好弥补了，所以这个很好。

　　若水： 现在这一代孩子，已经不像我们原来那样，只生活在中国文化中就觉得很幸福。他们会接触到外国人和不同文化圈子的人，所以他们应该比我们更具有这种能力，才能够在世界、在他们的时代中生活得更幸福。

　　我： 至少理解这种方式是被接受的，不会觉得奇怪。

　　若水： 对。至少知道别人是这种方式，就像我们说的，有的国家点头表示 no，摇头表示同意。知道别人还有这样一种符号，跟我们是不一样的。我觉得学习社会情感至少能让他们知道，比如说，外国人或者说美国人是这样一种情况。我们国家如果有自己的社会情感课程，可能就有我们的文化符号、文化标记。（2018 年 5 月 7 日小组讨论）

我试着进入她们对以往经验的讲述，同时也建构起对于 SEL 的理解。也就是说，基于美国的 SEL 理念与框架，能否为我们提供一种视角，重新理解教育？在那次小组讨论中，我第一次听她们说起正在准备学校班会课的方案。开班会的学校位于北京市南城，大部分学生来自低收入家庭。校长希望她们以一种新颖的方式，为学生设计四次体验式班会课。她们没有机会深入接触学生，对学生背景的了解都来自校长和老师的介绍。上周，她们组织了一次班会课，主题是让学生画出自己的情绪感受。不久前，她们曾在一所重点中学组织了相同主题的班会课活动。相比那所重点中学，她们认为这所学校的学生并不能很好地表达自己的情绪。当我进一步询问她们说的"好"指的是什么，安心无奈地告诉我，她不想对孩子的画进行评价，但是那些画带给她直观的感受就是空洞。"学生们画出来的小孩都是火柴棍"，她边说边皱眉。这个活动设计以及她们对于活动的看法引起了我的好奇，到底是什么原因让她们感觉这些学生不知道如何表达自己？我们自身所处的背景和我们对于表达方式的理解，会不会影响我们对于学生表达方式的判断？这些问题都与我们提到的，被忽视的"教育"时刻相关。

何以达成真正的反思

在另一次学习小组中，我们针对两次班会课和家长工作坊进行了反思。那次，我们提到了 SEL 中的自我意识。若水认为，在她组织的班会课上，学生有很强的自我意识。在她看来，过强的自我意识会影响学生之间的合作。面对这样的学生，她有种无力感。她想知道学校老师在课堂上会怎样回应这样的学生。自我意识是 SEL 五个核心概念之一。从自我开始，延伸至他人，积极的自我意识有助于我们了解自己，而了解自己是了解他人的基础。若水在课堂上的感受是真实的。我们继续讨论，为什么她在面对这样的学生时会有无力感？她自己用来衡量学生具有自我意识的标准是什么？作为教育者，对自己视角的反思比为学生下定义更重要。这样的追问与反思是构成教学的重要组成部分。

安心认为，我们的探究从反思开始，意味着选择了一个艰难的起点。艰难的原因就在于，每个人都很难跳出自己的视角。她认为，这涉及三个问题：首先，我们能不能意识到自己戴着一副有色眼镜。其次，我们有没有能力把这副眼镜摘下来。最后，当我们摘下眼镜之后，是不是还愿意去看看我们所处的世界。如果我们没有合适的机会做出改变，或者长期处在舒适圈不愿意改变，这样的结果都无法达成最终的反思。《促进儿童社会性和情绪的发展》书中对反思进行了定义："反思既包含了洞察自我的能力，也包含了深入看待孩子的能力。"[1] 教育中的反思性实践是一个周期，它包括停下来思考（教学）实践及其原因，对不同的观点和不断变化的做法（做法基于新的理解）进行批判性思考等过程。[2] 这个定义促进了我们对目前探究工作的认识。最终，我们认为 SEL 不仅是探究的对象，也可以作为教育者反思性实践的视角。

当然，让我有点意外的是，虽然在我看来，《促进儿童社会性和情绪的发展》这本书为我们提供了丰富的案例来指导教师的工作，但是，她们都认为作者的语言和逻辑有点晦涩难懂。田纳认为那张描述分层级

---

[1] 〔美〕珍妮丝·英格兰德·卡茨著，洪秀敏等译：《促进儿童社会性和情绪的发展：基于教师的反思性实践》，机械工业出版社 2015 年版，第 6 页。

[2] 同上。

关于 SEL 开展情况的图表不够明晰，让她很难明白作者的意图。我们花了些时间对这个图表进行解读。她还认为，过去一直顾虑自己在工作坊中分享个人经验的做法缺乏理论依据。学习了理论知识使得自己的经验得到了支撑，这让她感觉更加踏实。田纳特别在笔记上对书中的内容做了标注（如图 2-1）。

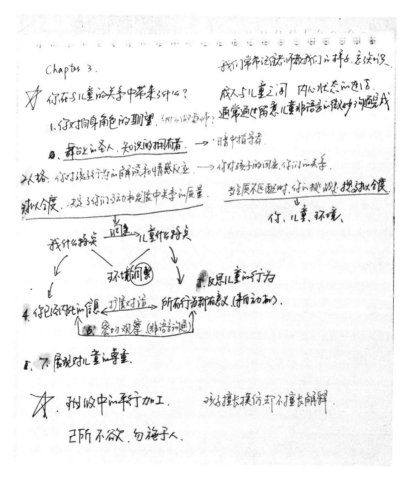

图 2-1　田纳的阅读笔记

在讨论中，田纳讲到前几天去一所小学参加的班主任大会。在班会展示的环节，老师让学生给家长写信。有个学生说自己的妈妈不识字，她担心自己写的信没有办法让妈妈读。说到这里，田纳哭了。她说："学校有很多这样的孩子，他们把自己包裹得特别好，是我们根本看不到、也帮不到的。"说完这个场景，她又提到之前组织的班会课。她开始理解，当时很多学生表达出挣钱的愿望并不说明他们拜金，而是表达了他们想过上体面生活的愿望。每个孩子都有这样的故事，看似不合理的逻辑对他们自己而言却是合理的。在宏大的社会文化叙事中，我们需要听见那些容易被淹没的声音。这并不是个体学生的问题，而是我们所处的社会文化如何接纳不同的学生并为他们提供公正、公平的教育机会的问题。

反思性写作和访谈提纲设计

在这项叙事探究中，把三位参与者的反思性写作作为实地文本[1]，这也是我倾听三位参与者讲述经验的方式。我们第一次的题目是关于她们自身的教育经历。若水和安心的写作风格比较接近，用相对抽象的概念描述了自己的经历。田纳则举了一些具体的实例。教育经历对她们来说，更多地意味着学校学习的经历。对于这点，我并不感到意外。

其实，这个题目是我读博士时完成的第一个作业。我当时洋洋洒洒写了好多页，特别期待能够得到美国教授的认同。然而，让我没想到的是，作业发下来，教授问我："为什么你写的都是在学校里发生的事情？"当时，我愣住了。我也问自己：为什么教育对我来说被限定在了学校？我好像从来没有想过教育经历可以是在学校边界之外的经历。虽

---

[1] 第四章有对于这项研究"实地文本"的说明。

然，我研究生读了教育学，但是却从来没有认真思考过"教育的边界到底在哪儿"这个问题。后来，我接触到不同的教育理念，才慢慢拓宽了自己的思路。很多时候，我们会不自觉地把一些概念以自认为合理的方式规范化，以为那就是对它的定义。然而，这个定义却局限了我们的思维。那位教授的提问对我来说，是一种点醒。这些我以为熟悉的概念，仍旧是陌生的。我们的反思性写作就是要触碰这些被限定的理解，拆除掉限定的框架。这样属于自己的思维方式、价值观、理解世界的角度才能慢慢生长出来。这个不破不立的过程也是冒险的旅程，让我们意识到自己的力量，因为这是从内部生长出来的，不是外界给出的定义，是必须要去主动为自己进行的定义。

在学习小组中，我和她们分享了我自己的经验，也解释了反思性写作的特点。写作本身就是反思，同时，对于过程和细节的描述是构成反思性写作重要的部分。当天，我给她们布置了另一个写作题目：关于自己的一天。我特别期待她们可以深入观察自己的角色，了解这些角色如何被塑造又怎样给他人带去了影响。

由于这项叙事研究要求参与者进行自己的研究项目设计，在开始几次的小组学习中，我们也围绕访谈提纲的设计进行了讨论。若水和安心都有比较明确的研究问题，田纳的问题不是特别清晰。我和她在微信上讨论过几次可行的研究方向，也提出了很多问题，帮助她从不同角度进行思考。

安心计划从教育建筑的角度研究一家自然教育幼儿园。她已经访谈了园长。在小组学习中，她给我们展示了两张设计访谈提纲的海报。她认为，教育建筑的设计需要设计师从 SEL 的角度去理解。我欣喜地发现，相比之前的题目，现在的这个题目"教育建筑的生命观"融入了她更多对于教育的理解。当研究问题和自己的生命发生关联，研究方向也会变得清晰。这是安心第一次设计访谈提纲。教育者在学习者和研究者角色中的转化，也为她带来了探究的热情。

个体选择和教师角色

当我们带着在学习小组讲述的故事回到各自的生活，我们就在经历讲述—生活这个过程。当我们带着生活的经验，再来到学习小组，又继续完成各自的再讲述。安心这段时间都在忙着照顾刚刚做完癌症化疗手术的弟妹，我们的话题一直围绕着情绪对于癌症病人康复所起的作用。这时，田纳说起她的父亲曾经被检查出胃癌，在慢慢调整了自己的负面情绪之后，到现在已经过去了六七年。我们又说到身边几位老人乐观、积极地面对身体病痛的例子。对任何人来说，癌症都是一个沉重的话题，而我们创造了这个空间，让彼此相互鼓励和支持。我希望这个空间，对于每天要处理生活琐事的她们能有不同的意义。

在老家为父母买了房子的若水，似乎也不再纠结目前她的家庭分居模式，坦然接受了自己带着孩子在北京生活，先生在四川农场工作的方式。家庭的形态可以是多样化的，个体并不需要把满足社会的期待作为前提，作为女性的我们是可以做出自主选择的。安心对家庭模式却抱有相对传统的态度，她认为家庭与道德问题捆绑在一起。这个角度，在我看来，有可能会让很多不符合这种家庭模式的人感到内疚和自责。当我们以单一的标准来衡量所有的家庭形态时，也会无形中助长对于社会单一规范的认可。作为教育者，我们需要对多元化的社会观念和模式保持开放的心态，同时也要接纳并且尊重个体的选择。

安心还提到，我们的社会文化对于教师角色的理解与美国社会对于这个问题的看法不同。传统儒家文化把教师看作权威，老师的角色在于"传道授业解惑"，肩负责任和使命，所以我们会被老师的人格魅力所吸引。然而，教师角色不仅仅被个体塑造，同时也被社会文化建构。当我问她正面管教所依托的个体心理学是否探讨社会文化因素对于教师角色的理解时，她认为这方面的讨论是不足的。

SEL 知识的重组

文本阅读与讨论

我选择了两本书和 15 篇中英文论文 [①] 作为学习资料。通过文献阅读，我们建构起关于 SEL 的知识。同时，通过讲述各自的经验与生活，我们再次解构了关于 SEL 的知识。

《促进儿童社会性和情绪的发展》是主要讨论的文献。这本书的作者是在美国常年从事教师教育工作的卡茨（Janice Englander Katz）教授，也是一位心理咨询师。选择这本书基于两点考虑：首先，它是我在国内能够检索到的跟 SEL 直接相关的中文书；其次，这本书通过丰富的教学案例，讲解教师如何促进幼儿社会情感发展。由于三位参与者也在为幼儿园和中小学教师提供教师发展课程，因此，这本书正好符合我们设定的学习和研究目标。虽然，作者的研究领域聚焦在学前阶段，但是我们对于幼儿发展的了解并不陌生。三位参与者都是母亲，其中两位参与者的孩子都在上幼儿园。对于我自己来说，我一直计划把学前作为 SEL 研究的起点，毕竟这是个体形成认知和性格发展的重要阶段。除此之外，我还建议阅读中文版《被压迫者教育学》，有助于更好地理解这项研究的理论视角。虽然，女性主义教育学也是其中一个视角，但遗憾的是，

---

① 2018 年至 2019 年，通过谷歌学者（Google Scholar）搜索引擎和国内高校数据库，我搜索到 7 篇英文文献和 42 篇中文文献，选择了其中的 15 篇作为学习资料。

我只检索到一篇台湾地区学者的中文论文。因此，在我们的学习小组中，我把英文著作 *Feminisms and Critical Pedagogy*（《女性主义与批判教育学》）与她们进行了分享，在讨论中也有关于这个理论的探讨。由于她们都是第一次听说这个理论，也向我询问了关于它的各种问题，虽然并不是这项研究的重点。

《促进儿童社会性和情绪的发展》这本书共十章，每周由一位参与者负责阅读并分享其中一章。通过六次小组讨论，我们完成了这本书的学习。在讨论过程中，我们会对书中涉及的概念进行澄清，对书中引用的案例进行解读，最后再结合自己的教学和育儿经验，讨论在中国社会文化叙事中有可能遇到的相似或不同的情况。她们讲述的经验也折射出各种教育问题。下面的这段对话来自我们第三次的学习小组。安心分享了她对书中"自身角色的期望"这一节的理解。

安心： 第三章第37页有两个问题，一个是在班级中你认为你主要的角色是什么？还有一个是作为教育者，你最重要的价值是什么？我觉得这两个问题挺重要的。这个特别关系到幼儿园的精神世界，比如价值观。怎么把握这两个问题，可以在访谈中帮我去了解，无论是对园长，还是对老师来说，当你去了解这个幼儿园的时候，就是在精神维度上进行了回答。

我： 精神维度指的是什么？

安心： 比如，幼儿园的灵魂是什么？幼儿园的文化是什么？我还觉得第36页那个"舞台上的圣人"的说法挺有意思。你对自身角色的期望，就像舞台上的圣人。教师和学生之间传统上都是垂直关系。现在越来越多的教师和学生之间变成了水平关系。它变成了一种平等的关系，尊重啊、平等啊、相互陪伴成长的这种关系。但实际上，今天访谈茜茜老师，她提到教师一定要有一个上帝的视角，这让我想起了"舞台上的圣人"这个说法。教师一定还要有那种从上面俯瞰学生的视角，不是说水平关系就都是水平关系，一定也有这种上帝的视角，引领学生的那个角度。

我：是教育者的多重身份吗？

安心：就是教育者的权威性吧。我们跟学生说是水平关系，这可能是一种大趋势，但并不是就没有权威了。你的权威还存在、引领还存在，你还是有一个从上面俯视、带领的那个角度。

我（转向若水）：你觉得上帝视角和圣人角色，在你的教学中占多大的比例？你是怎么理解这个词的？

若水：幼教我没有什么经验，以前我在教中学孩子的时候，我尽量避免变成舞台上的圣人。因为我教的孩子一般是16到18岁，甚至也有20岁的。我基本上跟他们商量着来，尽量是平行的关系。因为我教的是韩国孩子，本身他们国家的文化就是很权威的。老师就是权威，我即使说错了，你也得听着。但是我不喜欢那种方式，所以我觉得，如果要想让他们有自己的想法和意愿，我就不能把自己塑造成一个舞台上的圣人。我们在开会的时候，校长就介绍说"若水老师是北大毕业的"，我就会告诉他们，北大毕业的人很多，也没有你们想的那么特别。所以，我在教学中就不太会这样，如果这样的话，孩子有什么话不会跟你讲，你跟他们私下的关系就不会很好。

安心：我还想到一个就是华德福教育，幼儿园的老师为什么都要穿那种大裙子？他们有个圣母斗篷的故事，孩子钻到斗篷里，受到呵护和庇护。所以我就觉得，这个"圣"字特别是在0到6岁的孩子中，这种神圣性，有一种精神性。

我：把教师的角色浪漫化、神圣化了。(2018 年 5 月 29 日小组
讨论)

从这段对话中可以看到，我们从基于文献的讨论，逐渐转向个体
经验的讲述。安心一开始就确定了自己的研究方向是自然主义教育幼
儿园的社会情感空间设计。在这次学习小组之前，她已经与幼儿园园
长进行了一次访谈。这也是她对书中提到的"圣人角色"深有体会的
原因。后来，我们从"圣人角色"又转向教师权威的讨论。若水对教
师权威提出了她的看法。她曾经教过韩国高中生的经历，让她有机会
反思儒家文化对于教师角色的定位。她甚至还提到自己作为名校毕业
生被当作典范的例子。从我们的讨论中可以看出，不同文化情境对于
教师角色的期待不同，反思自己的角色期待可以帮助我们理解自己与
学生关系的建立。

对于 SEL 相关论文的阅读和讨论，我们也遵循了类似的方式。其
中，中文论文可以归纳为三个主题：SEL 在中国的实证研究、SEL 概念
及实践概述、教师参与 SEL 项目的心得体会。其中，23 篇论文是关于
SEL 内容的概述文章，探讨了 SEL 概念，美国非营利性组织 CASEL 的
历史发展，SEL 在美国、英国和澳大利亚实施的不同模式，以及 SEL 课
程的内容，同时也为中国基础教育的改革提出了建设性意见。

我们都认为，在概念层面，中文论文对我们的学习和研究提供了一
定的帮助，但是在实践层面，大部分论文只提出了建议，缺少具体记录
和分析过程。例如，我们在讨论《美国中小学"社会与情绪学习"课程
开发的现状及策略》这篇论文时，都比较认同作者的观念："我国心理
教育课程化很难在实践层面保障其实施效果，课程化更适合的是心理健

康教育的知识范畴，而不是包括情绪、行为等在内的一切领域。"[1] 在对这篇文献讨论的基础上，我们又进一步谈到目前国内中小学社会实践过于注重形式的现象。

> **若水**：你知道现在孩子们初中的社会实践吗？
>
> **田纳**：小树今天就去了。明天一大早还要去社会实践中心，特别没劲。
>
> **若水**：我同学孩子在八中，要去南京社会实践三四天。
>
> **田纳**：那个不是国家的社会实践。北京市的必须去中小学社会实践中心。干什么呢？做一个雪花膏。
>
> **若水**：雪花膏？
>
> **田纳**：嗯，润肤霜。做一个扎染的袋子，做一个小玩意儿。这是什么社会实践？这是把孩子们送出去，远离社会。
>
> **我**：闭门造车。
>
> **田纳**：对。家长都特别高兴。
>
> **若水**：至少不用闷在教室里。
>
> **田纳**：我今天问过他们，他们要求带走一个东西，所以小树今天拿回来一块香皂，明天拿回来……
>
> **我**：那是做手工嘛。
>
> **田纳**：他们都管它叫社会实践。
>
> **若水**：凡是走出学校的都叫社会实践。
>
> **我**：他们把学校排除在社会之外吗？

---

[1] 孙二军：《美国中小学"社会与情绪学习"课程开发的现状及策略》，《比较教育研究》2013年第 5 期。

田纳：但实际上，就是从这个框框走到另一个框框。（2018 年 11 月 7 日小组讨论）

我们的讨论充满了对于形式主义的社会实践的不满。但即便这样，若水的孩子仍旧无法脱离这个大环境。这也是我们一致认为的，体验式学习是 SEL 的有效途径。我们这里所说的体验并不是知识的对立面，而是属于知识的范畴。如果学校把自己和社会割裂，就是把知识和实践进行了二元对立的划分。学校如何定义知识，影响到学校自身如何被定义以及如何理解课程。这也是之前说到的，目前心理健康课程化注重的是 SEL 的知识，而不太注重教师的言传身教，这与让学生体验到社会情感，在我们看来存在根本区别。

活动翻译与讨论

我们读完《促进儿童社会性和情绪的发展》这本书之后，决定讨论具体的 SEL 活动。这也是最初我们一起商量过的，她们都希望了解美国学校和机构设计并实施的 SEL 活动。通过搜索关键词"SEL Activities"（SEL 活动），在对比了一系列的活动后，我们确定把 Inspire ED（启发教育）非营利机构在网站上列出的 SEL 活动作为讨论内容。选择这家机构主要有两点原因：首先，他们设计的活动内容丰富，涉及 SEL 五个领域；其次，每个活动都有详细、清晰的指导说明，为我们的学习和讨论提供了思路。唯一让我们担心的是，这些活动都是针对青少年设计的。在我们的 SEL 实践中，既包括为中小学生设计的班会课，也包括为教师和家长组织的工作坊。因此，我们特别探讨了针对不同群体，特别是成人，如何对这些活动进行再设计。同时，我们也希望透过社会文化视角，对这些活动进行反思。最重要的是，通过反思深入了解基于美国社会文化背景提出的 SEL 概念，以及这个概念所倡导的价值观。这样做可以更好地帮助我们，在设计体验式活动的时候，意识到这些观念对教师的影响，避免把复杂的教育问题进行简单化的处理。

在学习小组中，我们共讨论了六个活动。讨论的具体环节包括：确定活动、口头翻译、调整建议、讨论录音、文字转写、文字翻译。除此之外，三位参与者也把六个活动带入她们的课堂。实践之后，我们再进入第二轮讨论，反思活动的过程和效果，最终确定适合国内教育者的活动方案。下面分别列出六个活动的中文翻译以及我们的讨论与反思。

活动（一）：我是一首诗 [①]

SEL 技能：关系技能、自我意识、社会意识。

学生通过使用描述性语言，表达感受的细节、个体的特性、情绪和行动，创作并且分享一首自传体诗歌。

目标：1. 认知：学生将能够确认和沟通他们个体的特性。

　　　　2. 情感：学生将发展出积极的关于独特性的自我概念，确认并接受同伴的多样性。

材料：日记或纸、笔。

教师准备：准备一首你自己想分享的"我是"的小诗作为例子。

[①]　活动内容来自网站：https://inspiredstudents.org/activity/i-am-poem/。

活动：

时间	活动	备注
1 分钟	• 向学生解释他们将用想象力、描述性语言和个人特性来完成自传体诗歌。 • 他们将匿名分享他们的诗，目的是与班里同学互相分享。	提醒学生每首诗都会不同。创作诗的方式没有对错。
2—8 分钟	• 用"我是一首诗歌"的提纲来引导学生，让他们写下自己的诗歌，鼓励他们写出感受的细节。 • 让他们不要把自己的名字写在诗歌上。 **第一段** 我是（你的两个特点）， 我想（好奇的事情）， 我听到（一种想象的声音）， 我看到（一个想象的场景）， 我想（一种期望）， 我是（重复这首诗的第一行）。 **第二段** 我假装（你假装要做的事情）， 我感到（想象的一种感觉）， 我触摸（想象的一种触摸）， 我担心（困扰你的事情）， 我哭泣（让你感到难过的事情）， 我是（重复诗歌的第一句）。 **第三段** 我理解（真实的事情）， 我说（你相信的事情）， 我梦想（你梦想的事情）， 我尝试（你真的付出努力去做的事情）， 我希望（你真心希望的事情）， 我是（重复诗歌的第一句）。 可选择： • 介绍诗歌的结构，让学生完成草稿，作为家庭作业。 • 每节课让学生完成一节，给学生机会检查和修改。	可以发给学生打印好的或者在板子上写好的结构，让大家都能够看到。鼓励学生仅仅分享那些他们自己感觉舒服的内容。可以考虑把每段内容作为问题，贴在板子上，获得回复。比如，"你在想什么？""你希望看到什么？" 可选择：可以提供测评英语课的标准或者专门为这节课设计的标准。

时间	活动	备注
9—10分钟	• 收集学生匿名的诗歌，在班里读出一部分，让学生给那位同学（你读的那首诗）说出或者做出一件帮助其感到更有安全感和舒适感的事情。 • 总结这个活动可以通过强调每个学生的特性，让我们的社区充满多样化。开放的对待别人并且互相支持彼此不同的地方，能帮助我们所有人在我们的社区感到更加安全和舒适。 可选择：在收上来诗之后再发下去，这样没有学生会有他或她自己的诗歌。 • 绕着房间走（一天或者分成几天）并且让学生 1. 读出他们拿到的诗。 2. 让学生给那位同学（你读的那首诗）说出或者做出一件帮助其感到更有安全感和舒适感的事情。 3. 全班讨论这个过程如何能够帮助我们更好地理解和接纳他人。	描述自己与同伴分享的感受是怎么样的？这个活动能够如何帮助我们改善学习环境让人感到更加安全和舒适？ 可选择：把光线调暗或者创造匿名阅读的环境。

教师反思：完成这个活动你的感受如何？学生参与并且看上去积极吗？记着让学生分享他们做活动的反馈：哪部分做得不错？他们哪些建议让这个活动变得更好？想想你下次如何可能会做得不一样？

情绪智力小窍门：

• 如果学生觉得思路受阻，给他们的内容提些建议。

• 鼓励学生保持耐心、尊重和开放的心态，保留他们对自己、他人和他人作品的评判。

我们一致认为，在情绪智力小窍门中提到的教师保留评判的方式特别好，尤其是使用了英文 reserve（保留）这个词。对于老师来说，评判是我们看到学生作品之后本能的反应。但是，我们都认为，这时候需要提醒老师，先沉淀自己的想法，不要迅速表达出对学生作品的看法。

老师经常做这个活动，可以帮助学生形成类似的习惯。若水特别认同这个方式，她说，老师不会脱口而出自己的评判，比如，"你这样做不对""你这样做不好"。创作这首诗，老师不是去评判学生是个什么样的人，而是让学生感受到来自老师正向、温暖、有安全感的鼓励。在这样的氛围里，学生得以表达自己的感受。我们都认为这个活动可以用到班会课上，尤其是针对初中生，可以促进他们发展自我意识。

我们也意识到这个活动可能带来的问题，特别围绕"真实性"这个问题进行了讨论。田纳认为，这个活动可能无法让学生真实地表达自己。写作就像给自己穿上衣服，学生通过这个活动，对自己进行重新塑造。若水也表示同意，举出了自己儿子的例子。她说，儿子不太喜欢打扫卫生，但是如果让他写，他可能会写自己喜欢为班里打扫卫生，因为这首诗要给其他人看。再加上他写字潦草，可能会想，即使不写上自己的名字，谁看了都知道是他写的。若水接着说，即使这个活动强调了写作的真实性，但是在目前国内的教育环境下，孩子已经习惯了按照老师的要求表达自己。有时儿子会告诉她："写作文不能说实话，说实话老师就给低分。"他并不希望由于这个原因被老师找去谈话，更不想被老师批评。田纳也同意她的说法，认为这个活动本身就是对学生的重新塑造，有可能会让学生隐藏真实想法。

我们接着讨论，通过写作这首小诗，学生是否能够尝试做一些他们平时不会做或者不喜欢做的事情。我们都认为从积极的角度，这是可行的。但是，因为老师要在班里进行分享，学生就会考虑如何分享，而且学生彼此熟悉、相互了解，分享的话能够猜到诗歌的作者。所以，我们建议老师上课给学生一个模板，让学生回家之后用模板在电脑上写出来，再用 A4纸打印出来，第二天带到学校，而且不用署名。若水认为课堂上写作这个环节本身就带来了不真实性。她建议先让学生回家准备，下次回到课堂再完成。这样至少能够避免条件反射式的回答，也避免不充分的思考。

此外，我们又讨论了老师先写再给学生看的方式。若水建议这样做，是为了表明老师在要求学生创作之前，能够真实地描写自己。因为老师和学生朝夕相处，学生一眼就能看出来老师写的是不是自己。同时，老师写本身也是一种平等的参与。否则这样做与要求学生写作业没有区别。我们建议老师先在课堂上写，写完之后给学生看。我们也认为这个活动可以用在教师和家长工作坊的自我介绍环节，也可以用在新学期学生之间的自我介绍。由于刚刚认识，彼此不是特别熟悉，通过这个活动能够增进彼此的了解。同时，我们也意识到，即使同学彼此熟悉了，这个活动也可以帮助他们更好地了解别人，比如，他们的梦想和愿望。这个活动是可以在多种场合使用的。

我在几次中小学教师工作坊中，也实践了这个活动。活动开始，我会先让老师按照模版完成一首诗，然后匿名把他们的作品收上来，再请他在全班读出来。每读完一首诗，我都会说："让我们来鼓励一下这首诗的作者。"我的话音刚落，就会听到热烈的鼓掌声。这样的反应在几个学校都出现了。等大家安静下来，我都会提出相同的问题，让老师思考：除了鼓掌，我们还能想到其他的鼓励方式吗？每次都会有一到两分钟的沉默。沉默过后，大家会进入热烈的讨论。有的老师会说，如果我知道是谁，我就会给他／她一个大大的拥抱。有的老师会回想刚刚听过的诗句，找到一些闪亮的关键词，然后具体地表达出自己的理解和鼓励。这个活动也可以启发老师反思我们常用的赞美和鼓励方式。就像马歇尔·卢森堡在《非暴力沟通》书中指出的，有时候我们的赞美或者鼓励，不但没有带去我们希望的作用，反而会让对方误解我们的意思，因为很多时候我们是在利用赞美，向对方施加我们的影响力。

活动（二）：匿名赞美板[①]

SEL 技能：关系技能、负责任的决策、自我意识、自我管理、社会意识。

学生使用匿名赞美板来庆祝他们看到的、彼此表现和说出来的积极行为和话语。

目标：1. 认知：学生将能够确认同伴积极的努力和行动。

　　　　2. 情感：当被他人注意到自己的积极行为和话语时，学生会感觉到更加被尊重和认可。

材料：白板／海报板／选定区域、便利贴、钢笔／马克笔。

教师准备：在你的教室里，在墙上钉一块板子作为班级的赞美板。

活动：

时间	活动	备注
1—2 分钟	向学生解释每个人将会给赞美板做出贡献。	鼓励学生庆祝小"成功"。
3—5 分钟	每当学生看到班里其他人积极参与的方式（友好、有思想、友善、有同理心等），他们就应该在板子上写下来，他们看到和听到的内容——他们不用写自己或其他人的名字，只是简短地描述他们看到的积极行为或者听到的言语。 可选择：建议学生每周至少一次写到赞美板上。	建议学生考虑他们看到的教室内外的行为。
5—10 分钟	在做好预先确定的便利贴之后，或者在一个固定时间，通过大声读出一些或全部来庆祝班里的积极行为。 让学生写下来或者讨论：寻找积极行为和话语的感觉是怎么样的？当你在做或者说积极的事情时，被别人注意到是怎样的感受？这些如何积极地帮助我们感受到被尊重和价值感？	可选择：如果让学生把便利贴贴在板子上要花更多的时间，可以考虑做一个匿名盒子，每个学生每天往里边放一张纸，纸可以是空白的。作为老师，你在一天结束的时候，可以把便利贴贴在板子上，或者让一个学生来帮忙贴上。

教师反思：完成这个活动你的感受如何？学生参与并且看上去积极

吗？记着让学生分享他们做活动的反馈：哪部分做得不错？他们哪些建议让这个活动变得更好？想想你下次如何可能会做得不一样？

情绪智力小窍门：

- 当你注意到学生积极的行为和话语时，把它们加到板子上。
- 鼓励学生鼓励他人并且经常来读读赞美板。

　　首先，我们都对什么是"积极的行为"这个概念提出了各自的看法。我们建议，在活动之前可以让学生围绕这个概念进行讨论。比如，可以引导学生思考，在我们的社会、文化、学校和家庭叙事中，哪些行为和言语能够被接受和认可？可以让学生举出日常生活中具体的案例。在这些被认可的行为中，哪些被认为是"积极"的行为？同样，老师还可以让学生思考：哪些行为和言语是不能够被社会、文化、学校和家庭叙事所接受的，其中的原因又是什么？我们都认为，相比简单地让学生进行记录，老师引导学生进行这样的思考和讨论，更加能够促进学生思考关于 SEL 的话语与社会文化叙事的内在关系。在我们看来，不同社会文化，对于"积极"的定义是存在差异的。那么，学生可以通过具体案例，比较并且理解不同的定义对于他们言语和行为的影响。

　　另外，我们也讨论了，如果让学生对他人的言语和行为进行记录，会不会让他们名正言顺地获得对他人贴"标签"的权力，即使贴上的有可能是积极的标签。此外，这个活动如果在高中开展，可能会让他们感觉具有很强的说教意味。如果学生为了做而做，为了讨论而讨论，更容易让学生认为 SEL 只是改变形式的另一种道德说教。因此，我们又讨论了 SEL 的教学到底应该针对学生进行单独授课，还是应该把它融入其他学科的教学之中。

活动（三）：小组跳 [①]

SEL 技能：关系技能、自我意识、自我管理、社会意识。

学生尝试同一时间起跳和落地并发展出团队合作能力。

目标：1. 认知：学生将确认与他人连接以取得共同目标的需要。

2. 情感：学生将感受到与周围人合作的挑战和动力，从相互支持的环境中受益。

活动：

时间	活动	备注
1—2 分钟	• 让学生围成一个圆圈。 • 讲述该活动，向学生解释活动，学生要同时跳起来。 • 目标是同时起跳和落地。	鼓励趣味性、坚韧和努力。
2—4 分钟	• 引导学生用胳膊围成圆圈。 • 建议学生使用词语开始。 可选择：让学生挑战不用语言而同时起跳落地。	听觉上的暗示，比如"一起来""再来一次"。 注意学生互相支持和鼓励的例子。
4—5 分钟	• 通过总结每个学生相互的努力来结束活动。 • 提问：相同的目标如何激发社区的活力？ • 在同一个目标下共同工作的感受如何？	强调共同目标能够如何成为动力。

教师反思：完成这个活动你的感受如何？学生参与并且看上去积极吗？记着让学生分享他们做活动的反馈：哪部分做得不错？他们哪些建议让这个活动变得更好？想想你下次如何可能会做得不一样？

情绪智力小窍门：鼓励学生冒险，再尝试。

一开始讨论的时候，我们都认为这个活动难度很大，特别是对那些人数比较多的班级。因此，我们建议把活动从一人逐渐扩展到三人、五

[①] 活动内容来自网站：https://inspiredstudents.org/activity/group-jump/。

人、十人。我们分别用"一"和"二"代表起跳和落地。除了讨论，我们也尝试做了这个活动。首先，我们尝试了一个人自己起跳落地。然后，我和若水尝试了两个人手挽手，同时起跳落地。最后，若水、田纳和我三人共同手挽手，同时起跳落地。我们发现，两个人一起跳的时候，一个人喊口令，就会有反应延迟，很难做到同时落地。三个人一起跳的时候，田纳建议我们同时喊出口令，果然，我们做到了同时落地。我们都发现，一个人跳的时候，会有很强的自我意识，明确知道自己什么时候起跳、什么时候落地。三个人一起跳的时候，会有比较明确的集体合作意识。若水认为，如果我们一起先喊"一"，然后起跳，落地的时候再喊"二"，就比较容易做到同步。

三人同步跳这个活动，我们都认为更像是确定目标，再进行集体合作。我们也说到合作时指令的重要性。学生一起商量起跳和落地的指令，也可以确定起跳和落地的方式。我们还发现，在协商的过程中，单音词，比如"一"，比起多音词，比如"一起跳"更能够让我们的动作保持同步。除此之外，我们还讨论了活动本身存在的问题。当我们说到这个活动可能会让学生意识到，只有服从命令听指挥，才能够统一完成任务。但是，统一并不能说明我们具有社会意识。最后，我们对 SEL 折射出的美国主流价值观和意识形态进行了讨论。

> **我**：我们要服从命令听指挥，所以才能够统一。这样是不是也会有问题？
>
> **若水**：对，我觉得孩子们会认为我们就想让他们得到这个结论，是吧？
>
> **我**：因为只有这样才能统一。
>
> **若水**：统一就代表你有社会意识吗？其实不是这样的逻辑。谁

说你们动作一致就说明你是一个有社会意识的孩子？

田纳：刚才若水说的这个，就是统一才是社会性。

我：统一之后，我们才有社会意识吗？

田纳：你跟别人统一了，才说明你是个有社会意识的人吗？

我：是这样吗？我觉得并不是这样的。

田纳：但是我觉得也可以，它到不了这个程度。

我：它设计的这个活动，可能潜意识当中，就认为我们有社会意识，就是希望达成一个合作团队，我们必须进行统一才能达成目标。

田纳：对。

我：它会不会忽略了多元性？比如说，班里有一个残疾小孩，没法跳怎么办？

田纳：那换一个目标呗。

我：是不是这个活动在设计的时候，并没有考虑各种复杂的情况？

田纳：那肯定。任何的活动，我觉得都是小活动，它都是有侧重的。

若水：但是我觉得，这样是考虑不完的。

田纳：对。

我：就是在设计社会情感课程的时候，我觉得可能需要考虑。

若水：我现在越来越感觉，社会情感是外国人，或者说就是美国人，在缺乏集体意识的情况下，希望让更多的人能成为大众，所谓大家认为的正常人。

我：是意识形态吗？

若水：对，社会情感课程并不是像我们想的，比如说，鼓励特立独行，鼓励成为真正的自我，其实也不是。它是为了让你成为一个合格的公民。

我：咱们第一次讨论不就说到这个问题吗？

若水：是啊，所以它也是有缺陷的。就是我们说的，教育不会考虑多元，不会考虑特殊性。它考虑的是如何统一，如何有集体性。

我：对，这个活动正说明了这种思路。社会情感，基本上都是白人、男性、心理学的角度。缺少丰富的、多元化的，或者是从边缘人和少数族裔考虑的视角。

若水：对，因为它考虑的是大多数人。如何让社会在我们认为正常的情况下运转，符合社会要求的并不一定是好的教育。我觉得社会情感不是我们想象的西方那种鼓励个人的发展，鼓励个人坚持自己的想法那种。

我：缺少批判性。

若水：没有什么特立独行。很多活动都是让你往它的那个方向去思考。我们要合作，要维护良好的关系。但是有人说，我搞艺术，我就不，我就要活在自己的世界里，那它认为，他／她就是一个社会情感不合格的人。

田纳：对，没错。

我：所以它是主流的意识形态和价值观？这是我们可以提出的问题。

田纳：最后可以留一个开放性问题。

我：我们在接受任何一个课程设计的时候，都要探讨它背后的价值观。

田纳在一次小学班会课上尝试了这个活动。令她惊讶的是，她发现学生跳得特别整齐。当她回到我们的学习小组，分享她的经验时，我们更加确信，SEL 所倡导的理念不能脱离学习者所处的社会文化背景。

> 我说咱们 40 个人一块儿跳，你们想办法啊。"123 跳——"，只有一个声音落地。因为三个人一块儿落地的时候，我就挺吃惊的，特别整齐。后来五个人也特棒，到七个人仍然特棒。那一起吧，也没有想到 40 个人。

这样的结果有些出乎她的意料，她立刻向学生询问成功的"秘诀"。学生告诉她，大个子跳矮一点，小个子跳高一点，然后手拉手，身体一碰就知道了。她说，小孩都特别灵，特别敞开。后来，她也让老师跳。虽然只有两位老师，但是他们却跳不齐。我非常理解她的感受。在为教师组织的一次工作坊中，我也尝试了这个活动。当时来参加活动的 25 位老师有中小学老师，也有大学教授。我们尝试了三次，都没有成功。当时，每个人都孤零零地站在原地，我提醒自己，先不去提醒他们手拉手或者进行肢体触碰。我想看看，老师会不会有这样的意识。结果，只有很少的老师试图拉起同伴的手，大部分老师都与同伴保持了一定的距离。我们发现，这个现象背后反映出我们的社会文化对于人际互动，特别是成年的陌生人之间距离的规范。从这个角度再理解这个活动带给参与者的意义，或许可以超越自我意识和社会意识的范畴，进入更宽泛的对于社会规范的讨论。因此，在这些经验基础上，我们对活动目标也进行了调整。我们希望这个活动能够促进老师思考协商的过程和个体使用的策略，最终的方案详见附录。

活动（四）：七个问题 [①]

SEL 技能： 负责任的决策、自我意识、自我管理、社会意识。

学生回答写下的七个问题，有助于培养目标感。

目标：

　　1. 认知：学生将回答关于他们个人兴趣、长处和其他与目标感有关的问题。

　　2. 情感：当学生在思考每个问题时，会感受到目标感和自我意识。

材料： 活页纸或日记、铅笔。

教师准备： 准备好引用的话和问题，每次给全班学生展示一个问题。

活动：

时间	活动	备注
1—2 分钟	• 让一个或几个学生读出下面的话：当你被一些伟大的目标和杰出的项目所激励时，你的所有想法会突破边界；你的想法会超越局限；你的意识向每个方向延伸，你会发现自己在一个全新、伟大和美好的世界中。沉睡的力量、能量、才华将充满生命力，你会发现自己正在成为比想象更伟大的自己。——帕坦加利（Patanjali） • 向学生解释他们在接下来的 7 分钟要写下 7 个问题的答案，每个问题在学生面前展示 1 分钟。	

[①] 活动内容来自网络：https://inspiredstudents.org/activity/7-questions/。

时间	活动	备注
2—9 分钟	• 在每个学生面前展示活动，在进入下一个问题之前，给他们 1 分钟的时间写下： • 什么地方让你感到开心？ • 什么类型的活动让你对自己感觉良好？ • 你有哪些天生的技能或者能力？ • 哪种类型的人会让你面带微笑？ • 你认为什么品质最受尊敬（朋友、家人、明星、历史人物等）？ • 哪些事情是你生命中不可或缺的？ • 在你生命中你最珍视的是哪些地方、活动、人物？	当把这些问题展示给所有学生时，你可以说些相关的想法来引导他们。比如，在提出第一个问题时，你可以加上类似"哪些是你去过而且喜爱的地方"或者"如果你能回到你曾经去过的任何一个地方，会是哪里"。对第三个问题，你可以加上，"哪种类型的事情你认为你擅长教别人"或者"什么类型的活动可能符合你的性格"。
9—10 分钟	• 通过让学生反思他们对于问题的回答来结束活动，并且看看这些回答有什么共通的地方。	强调共同目标能够成为动力。

教师反思：完成这个活动你的感受如何？学生参与并且看上去积极吗？记着让学生分享他们做活动的反馈：哪部分做得不错？他们哪些建议让这个活动变得更好？想想你下次如何可能会做得不一样？

情绪智力小窍门：

• 不是所有学生都能够容易地回答这些问题。如果你注意到有些学生写下来很困难，可以用备注里边提到的问题来和他们聊聊。

• 鼓励学生保持耐心、好奇心和开放的心态，尊重他人，对自己的判断持保留意见。

我的加拿大籍朋友小雪也参加了这次小组学习。那段时间，她在一家补习机构当英语老师，在听说我们讨论 SEL 之后，希望可以加入我们的学习小组。对于这个活动，我们都认为用十分钟的时间，让学生写下七个问题的答案，效果不会太好。如果可以把问题减少到两三个，再引导学生进行全班讨论，这样能够让活动进行得更加深入。

　　若水和小雪一致认可"你有哪些天生的技能或者能力"这个问题。若水说，这个问题能够帮助学生更好地认识自我，因为每个人擅长的领域不同，比如有些学生天生嗓子好、跑得快。如果我们可以让学生，甚至让老师深入思考不费力就可以做好的事，也是让老师能够有意识地培养学生这方面的才能，而不是以标准化的方式，让所有人平均发展或者修补自己的短板。在她看来，现在的学生可以很容易地回答出"你认为什么品质最受尊敬（朋友、家人、明星、历史人物等）"这个问题，因为他们平时常常要写类似的命题作文，深知其中的套路。相反，如果让学生思考自己擅长的方面，可以帮助老师发现学生的亮点，鼓励他们发挥自己的优势。

　　若水想起来前几天家里女儿被哥哥说哭的事情。女儿被哥哥骂了之后，不断说自己没用。尽管若水劝她说"爸爸妈妈看到你就高兴，你很有用"，但是女儿还是不停地哭。"女儿这么小，刚刚上幼儿园，就已经知道自己不够好，因为这个还特别伤心"。若水试着鼓励她："你可以帮姥姥端饭，帮妈妈打扫房间，妈妈有不高兴的事情也愿意跟你说。你能够抱妈妈，安慰妈妈。"她告诉我们，当她说完，女儿马上跑到身边跟她说："真的吗？我好感动。"她发现女儿的情商挺高，可能跟女孩更在意社会的评判有关。即使女儿才上幼儿园，但是若水能够明显感受到女儿对这些评判表现出比儿子更敏感的反应。围绕这个话题我们又接着讨论。由于幼儿园和中小学大部分都是女老师，如果我们把这个活动用到教师工作坊中，可以让老师思考男生和女生在认识自己天赋方面的不同，讨论社会对于性别的不同期待。

小雪：我看过一个研究，女孩会更在意别人对她的看法，因为在很多家庭里，父母对于女孩的爱是非常有条件的。你只有当个好孩子，我才对你可以表现更多的爱。但是父母对男孩有预期，男孩就应该调皮，所以男孩知道，即使打破规矩，我还是依然会被爱。所以女孩就只能乖乖的，因为她知道，不乖就不会被爱。

田纳：对，天然有一个框框。

若水：就像我儿子现在就会说："以后一定得有个儿子，这样我的儿子就姓徐，妹妹生的孩子肯定不能姓徐。"（笑）我说这么小不能这样，男生女生都好。他有点像妹妹的家长，他不想当妹妹的哥哥，那样就好像是平辈人。他觉得自己可以管妹妹。

田纳：长兄如父。

若水：我说即便你有这种感觉，你也只能算半个家长。

我们从这个话题又讨论到性别和情商，以及社会对于性别的不同期待。李明蔚（2017）对国内实施 SEL 项目县中小学的调研发现，女生的社会情感能力高于男生。我们都认为，这样的结论容易简化性别和社会情感能力之间的关系，同时也强化性别带来的刻板印象。我们希望在为老师设计的体验式活动中，可以让老师参与这个话题的讨论。

除此之外，我们也发现若水说出的关于女儿的价值，仍旧是家长眼中观察到，甚至认可的价值。而我们更需要老师意识到，让学生思考自己的价值所在，鼓励学生更加开放地、对他们认可的价值开诚布公讨论的重要性。我们都认为，可以把"什么类型的活动让你对自己感觉良好"和"哪些事情是你生命中不可或缺的"这两个问题加入到将来的活动设计中。

活动（五）：寻找银线 [①]

SEL 技能： 关系技能、负责任的决策、自我意识、自我管理、社会意识。

学生通过聚焦事物的积极方面，重构负面体验。

目标：

　　1.认知：学生将能够发现负面体验中的积极方面。

　　2.情感：学生将体验一种幸福感和释放感。

材料： 日记本、钢笔／铅笔。

教师准备： 无。

活动：

时间	活动	备注
1—3 分钟	为了开始一种积极的思维方式，教师让学生列出五件让他们感觉愉悦、丰富和有价值的事情。	教师向学生解释，这些事情可以是宽泛的，比如"我很健康"或者"我有几个好朋友"。或者更具体些，比如"我正在看一个电视剧"或者"昨晚我去了最喜欢的餐厅"。
4—6 分钟	• 让学生把纸翻过来或者关上电脑，思考最近一段时间有哪些发展不太好的事情，或者是他们感受到挫败、失望和厌烦的那段时间。 • 让学生用几句话把那个场景描绘出来。 • 让学生反思并且写下能够帮助他们看到那个场景积极方面或者"银线" [②] 的三件事。	

---

①　活动内容来自网络：https://inspiredstudents.org/activity/finding-silver-linings/。

②　"银线"的英文是 silver lining。在英语里，这个说法用来强调那些表面上看起来不太明朗的事物也有积极明朗的一面。

时间	活动	备注
7—10分钟	例如：如果他今天早上错过了公交车，我们可以把这个场景重构为积极的方法： • 虽然我错过了公交车，却能够跟送我上学的阿姨进行一次很棒的对话。 • 我很幸运有一位住在附近的家人，能够开车送我上学。 • 五年之后，我可能不记得或者不会在意错过公交车这件事。 可选择：让学生做一个"银线"日记本，这样他们每周或者每个月都能够进行这个日常活动。	鼓励学生闭上眼睛专注在他们经历中可能的银线上。 问一些能够帮助学生聚焦经历中积极方面的问题： 我能从这次经历中学到什么？ 事情如何可以变得更糟糕？
10—12分钟	• 在班里走一圈，让学生分享他们的经历和他们的银线。 • 或者他们对这个活动的感受（两人讨论、小组讨论或者全班讨论）。	教师可以问：你在活动之前和之后注意到自己有什么样的感受？在我们消极的经历中，什么时候思考"银线"最有帮助？ 可选择：给出教师自己的亲身经历，让学生给出他们的例子或者带来一个游戏盘，从上边选择已有的问题，让学生提出问题作为例子。一旦学生适应了这个节奏，并且养成了做这个活动的习惯，你可以准备一个匿名问题箱，让学生每天都增加一些问题，你可以从箱子里拿出问题。

教师反思：完成这个活动你的感受如何？学生参与并且看上去积极吗？记着让学生分享他们做活动的反馈：哪部分做得不错？他们哪些建议让这个活动变得更好？想想你下次如何可能会做得不一样？

情绪智力小窍门：

• 要认识到对于一些学生来说，想到消极经历的积极方面会有难度。给他们一些上面列出来的问题可能会对学生有帮助。

• 如果学生反复把他们的注意力放在消极的感觉上，他们可以学着重新让感受聚焦到积极的方面。开始的时候可能会很有挑战，但是练习之后可以变得简单。

我们都认为这个活动具有明显的说教意味。小雪认为它的问题在于，虽然老师让学生回忆了一次负面的经历，而且希望引导学生从正面的角度理解自己的经历，这个方式听上去可行，但是深入分析，就会发现这样做仅仅转移了学生的注意力，并没有触及经历本身所反映的问题。她认为，活动中举出学生错过公交车的例子，目前的方式并不能直接解决错过公交车这个问题，如果能够找到解决办法，这个活动会更有意义。

> **小雪：**你得先解决，为什么这是一个负面经历？然后呢？所以呢？它对我的意义是什么？如果你不解答这些问题，只是单纯地转移到另外的话题，"It can be worse（可能会更糟）"，就没有太大的意义。假如说，我错过公交车，我会很焦虑，可能因为如果我回家，我妈就会给我甩脸子，她也不会送我上学，这样我就会迟到，我妈更不爽，它有这么一套逻辑在里面。如果你不能把这个逻辑择出来的话，只是说错过了车这个事，没有意义。
>
> **田纳：**我也觉得是。这个活动想象的是可以解决孩子的悲观问题，从绝望中找出一点希望。就是说，这个问题发生了，还有好多好处。可能咱们大人会觉得这个太小儿科，对孩子没准是有效的。
>
> **我：**更像是把这个事暂时放一放，然后从正面的角度，培养孩子的一种思维方式。
>
> **小雪：**它是提供一个思路，有它的好处。
>
> **我：**但是原来那个问题还在，还没有解决，下次有可能还会

出现。

小雪：我还是会很难受，但是我不知道为什么难受，我再怎么想，今天天气好什么的，也不管用。

我们继续讨论如何对这个活动进行一些调整。田纳提议用她在"非暴力沟通"和"正面管教"课程学到的句式：我感到 _____ 是因为 _____，我希望 _____。她认为这样做可以帮助我们进入到经历本身，找到一个解决方案。她唯一的顾虑是，这个句式可能不符合我们的说话习惯。我们接着讨论：

我：这个活动放在负责任决策里面，是想培养出孩子的一种决策力，或者在遇到困难的时候，能够更好地把控自己的情绪，不陷到负面情绪里。

田纳：解决不了的话，家长干着急。

小雪：需要很高的自我反思能力，所以挺难的。

田纳：如果让我这么想，我都挺抵触的。非得让我想一个最近不愉快的事干吗？有的鼓励咨询就是这样的，一上来就是，说一说这个星期有没有一件让你特别受不了的、难过的事。我其实特别不喜欢这个。我们做活动的时候，确实上来就让他们说。有些家长特别迫切，就想解决问题，怎么回事，讲好多好多。确实有些人就是需要讲很多，才能梳理清楚，大家都陪着听。所以像这个活动，讲一遍可能是可行的。讲完以后，你看它问，有什么一线生机？然后翻过来再讲，还有好处吗？没赶上公交车你还可以得到什么？

小雪：但这个没有让你讲，只让你描述。但你自己描述，如果没人追问的话，你就不想回答。

我：我觉得这里面还有一个问题，就是把积极和消极二元划分出来，让孩子从小就知道，这是影响我心情的，那是让我高兴愉悦的。其实这本身也有点问题，因为一件事情还是比较复杂的，不可能明确地说，这是负面的，那是正面的。这样的话，就有点说教的感觉。

小雪：评判式思维。

田纳：没错。

我：我们之前讨论的几个活动都有这种感觉，就让孩子知道什么是好的、什么是不好的。

田纳：只不过告诉的方式不一样，其实最后的逻辑都是"我告诉你"，有的直接说，有的通过一个活动说，我就想告诉你。

我：这就是社会情感里面最难的。如何去避免这种道德的评判？至少在这几个活动里面，我感觉是有强烈的道德意识，告诉孩子哪些该做、哪些不该做。有些研究者认为这样是有问题的。你是一个道德的标杆、楷模、标准，然后去评判他们。

如何避免对学生进行说教，同时避免二元化道德评判是 SEL 活动设计特别需要深入反思的地方。视角的转换可以让学生暂时跳出所处的现实困境，但是，仅仅这么做并不能替代问题的解决。如何提高学生的问题解决能力，也是老师希望学习的方法。我们希望帮助老师发现学生的困境，共同找到解决方法。因此，在附录的活动设计中，我们也加入了"解决问题"这个主题。

活动（六）：两颗星星和一个愿望 ①

SEL 技能：关系技能、自我意识、自我管理、社会意识。

这是一个关于学生如何在支持和连接中做事的反思性活动。

目标：

1. 认知：学生将确认两种让他们感受到被支持（星星）和使用更多支持（愿望）的方式。

2. 情感：学生在表达需要和愿望时将感受到支持和赋权。

材料：日记本（便利贴）、写字的笔，备选：背景音乐。

活动：

时间	活动	备注
1—3 分钟	向学生解释我们将反思我们目前已经拥有的／需要的／想要的支持。这个活动也是一个快速进行学生点名的方法。	提醒学生每个个体的需求是不同的。
3—8 分钟	让学生在纸上写下两件他们感受到支持的事情（星星）和一件他们希望能够得到帮助的事情（愿望）。可选择：学生也可以把两颗星星和一个愿望写在便利贴或者用一种有创意的方式写在墙上。然后学生能在"画廊"中漫步，互相提些建议。	鼓励（对他们自己和别人）诚实、友善。鼓励学生跳出学术领域（关系、家庭、兴趣班、健康、组织）来思考。
8—10 分钟	通过鼓励学生寻求支持来结束活动。可选择：让全班头脑风暴找到支持的办法。或者你能够用这个活动作为开始，然后达成把重要愿望付诸行动的一致看法。在教师的认可下，这些行动也可以超出这个特别课程的范围。	强调自我意识和采取主动的方式。可选择：把这个活动改成"两颗星星和一个愿望"来强调你热爱和希望做的事情，把你热爱的写在心形纸上。

教师反思：完成这个活动你的感受如何？学生参与并且看上去积极吗？记着让学生分享他们做活动的反馈：哪部分做得不错？他们哪

---

① 活动内容来自网站：https://inspiredstudents.org/activity/2-stars-and-a-wish/。

些建议让这个活动变得更好？想想你下次如何可能会做得不一样？

情绪智力小窍门：

- 确保所有学生有分享的机会。
- 鼓励学生尊重他人、保持开放心态并保留价值判断。
- 保持好奇心。

在讨论中，若水提到这个活动是国内学生和老师特别需要的。在她看来，中国人不太善于表达自己，特别是当需要他人帮助的时候，因为寻求帮助必然会显示出自己的软弱。而我们的孩子在目前的教育环境下，不敢示弱，因为那样会被看不起、被嘲笑。若水曾经在小学班会课上，用正面管教课程中"瓢虫和魔法棒"的活动，鼓励学生通过语言，表达自己的烦恼和愿望。

她说起有一次，给女儿买了一双新手套，女儿分别给两只手套起了名字，一个叫小左，一个叫小右。一天，若水去幼儿园接女儿，原本答应给她带来新手套，却忘带了。女儿告诉她："妈妈，你知道我现在有多难过吗？我非常难过。小左、小右也会生气的，他们两个在家会觉得我不喜欢他们。"她也提到，虽然女儿懂得表达自己的情绪，但是很多时候，她却不知道如何对女儿的情绪表达进行回应。特别是当她学习了正面管教课程中"瓢虫和魔法棒"的活动后，才了解对于回应的学习也是特别需要的。当别人表达他们的情绪和需求，我们又如何以尊重的方式进行回应？这样做不光是让孩子学会表达，而且作为人，我们应该学会以尊重的方式回应别人的需求。很多时候，我们会表达，却不知道如何回应。围绕这一点，我们继续讨论：

田纳：我们中国人不喜欢这样表达，就觉得特矫情。

我：那我们的习惯是什么呢？

田纳：习惯是藏而不说。

我：对方不说，你也能明白。

若水：对，如果是亲密关系就更是。

我：我不说，你也应该记住结婚纪念日，不能忘记。

若水：对，说出来就没意思了。

田纳：对，没意思了。

我：喜怒不能形于色。

田纳：对，这样才是真正做大事的。

　　我们意识到，不同文化对于表达的规范和期待是不同的。同时，每个人的需求也是不同的。这个活动可以帮助老师去发现，当学生遇到困难时，他们可以通过表达自己的困境从而寻求帮助。但是，我们并不希望老师对学生的表达方式进行评判。就像若水说的，尽管她认为中国人都不太善于表达自己的情感，但是她女儿却清楚地说出了自己的情绪和想法。作为老师和家长，我们更需要了解如何对表达进行回应。因此，我们都认为对于将来的体验式活动设计，我们需要关注到老师的不同表达和回应方式，让他们意识到学生也会有不同的表达和回应方式。

反思性写作

　　除了对于 SEL 文献和活动进行讨论和反思，这项叙事探究的实地文本还包括了三位参与者的反思性写作。通过写作，她们各自讲述了作为学习者、教育者和母亲的经验，建构了个体的 SEL 知识。三次写作的主题及具体问题如下：

2017 年 5 月 21 日主题：SEL 核心概念

1. 通过 SEL 五种技能，反思自己作为教育者的经历。它们如何贯穿在你曾经的教学活动中？

2. 通过 SEL 五种技能，反思自己作为受教育者的经历。你还记得哪些活动涉及了这五种技能的培养吗？

3. 作为教育者，你在教学和工作坊中的角色是什么？如果让你形容目前的角色，你会如何形容？你目前的教育理念是什么？

2017 年 5 月 30 日主题：我的一天

1. 选择这星期的任意一天，尽可能详细记录你在这一天内的生活和思考。

2. 使用任何让你感觉舒服的形式来进行记录，可以是文字，也可以是图片、音频、视频，甚至综合几种形式的记录。

2018 年 6 月 5 日主题：SEL 机构和课程评估

1. 这个机构的宗旨是什么？你从哪里了解到这些信息？

2. 这个机构如何对 SEL 进行定义？基于你理解的 SEL，你认同它的定义吗？还是你觉得有什么问题？比如，概念不清晰或者维度过于单一？

3. 这是一个什么类型的组织？是非营利还是营利组织？是公司还是隶属于某大学或者研究机构？这个机构的组织结构是怎样的？

4. 这个机构是否接受资助？你可以了解到资助的来源吗？

5. 这个机构的 SEL 课程的设计和实施是怎样的？课程受众是哪些人或者哪个具体的群体？

6. SEL 课程在实施过程中，是否有相应的研究支持？如果有，研究的结果是怎样的？

7. SEL 课程是否有测评？如果有，测评的详细说明是怎样的？

8. 你还想到哪些方面可以帮助你对于这个机构进行分析和评估？

通过她们的记述，我们可以深入了解个体已有的与 SEL 相关的经验。[①]

反思性写作主题：SEL 核心概念

截止日期：2018 年 5 月 28 日（周一）晚

字数：500—1000 字（可以附加图片）

格式：Word 文档

问题 1：通过 SEL 五种技能反思自己作为教育者的经历。它们如何贯穿在你曾经的教学活动中？

自我意识：在我们的"教学"活动中，帮助学员"觉察"经常是课程的第一步。所以，在每期课程开始的阶段，我都会设计以"自我觉察"为课程目标的活动。在活动带导中，我在全然接纳的心态下，通过活动流程陪着他们一起"看自己"，我自己也常常会在活动中对自己有新的认识。在整个课程周期中，我都能明显感觉到大家一起不断地反思自己，我觉得这个不断反思自己的过程，也是培养自我意识的一个过程。自我管理：在过往的教学中，我常常

---

① 在写作说明中，我对格式没有特别要求。但是，为了方便阅读，我对她们反馈的写作格式进行了调整。

对自己的"自我管理"能力懊恼，因为我在自制力方面有很大欠缺。所以在教学中，我常常能够捕捉到学员表现出的体现自我管理能力的瞬间。我想，正是因为我个人的这个特点，也许我的学员在这方面会生出一点自信。社会意识：我觉得这个题目有点大，我想不出如何有条理地表达。我想到的关键词有历史、制度、阶层、认识、和谐、差异和适宜。这些关键词，都会在我的教学中提出来和大家讨论。只是我对结果从没有预设，所以也从来没有记住过每次讨论最后的结果。人际关系技能：由于我们的文化使然，在我的课堂上，学员对我是非常信任和尊重的，那种天然的纵向关系模式，常常让我感到压力。课堂上，学员常常会提出一些关于人际关系的困惑，我非常希望他们能够通过学习、讨论、分享找到一点答案。可实际上，技能是需要持续练习的，我只能相信他们会有改变。负责任的决策：我想不出在曾经的教学中是如何贯穿的，但是我自己常常因为"责任"而感到压力，我想这个谨慎的态度本身就会让学员体会到负责任的态度。（田纳）

自我认知：作为教育者，当我们自己的自我认知存在过高或过低的评估时，会影响到教学的长远效果。自我管理：我自己每节课的时间安排，要让学生能明显感受到模块的转换。因此我会要求学生，安排好自己的学习时间，尤其是在校学习的时间，并且会在课堂中，讨论将来如何安排好自己的生活、学习和工作。社会认知：我会安排和学生一起讨论文章的内容，并结合我所了解的社会，给予学生我的认知和经验。我会告诉学生，我有我的局限，也愿意听他们的表达。人际交往：我会安排一些小组活动，或者一些协助工作给我的学生。负责任决策：我一般不会安排惩罚性作业，如果学生的作业太多，他们可以根据当时的情况，决定他们在最后期限之前，什么时候交作业，我也会给出建议。有时候重复练习会提高学习效果，但是他们可以自己决定学习中出现的错误要不要写、写多少，我需要的是他们在出现错误以后总结，并尽量减少错误的重复出现。（若水）

作为一名社会情感课程的实践者，我工作的很大一部分是和孩子们一起工作，进行社会情感班会的活动。通过班会，当孩子们可以有效地一起工作时，他们就掌握了"七项重要的感知"，包括：（1）我能行；（2）我的贡献有价值，大家确实需要我；（3）我能够影响发生在我身上的事情；（4）我有能力理解我的个人情绪，并能利用这种理解做到自我调节以及自我控制，并从获得的经验中学习；（5）我有能力和其他人合作，并且在沟通、合作、协商、分享、共情和倾听的基础上建立友谊；（6）我有能力以有责任感、适应力、灵活性和正直的态度来对待日常生活中的各种限制以及行为的后果；（7）我有能力运用智慧，根据适宜的价值观来评估局面。这七项重要的感知，贯穿在班会的八大模块之中，是串起珍珠的线绳，同时也呼应了 SEL 的五项基本技能：帮助儿童建立自我意识；进行自我管理，特别是情绪管理；构建社会意识；积极地与他人合作沟通；做出最终的负责任决策。班会的八大模块为：（1）围圈：约定和指导原则；（2）致谢与感激：尊重与感谢；（3）尊重差异：尊重；（4）沟通技能：沟通；（5）关注于解决问题：自我调节，有意义的工作；（6）头脑风暴与角色扮演：同理心、感受、决策；（7）班会的形式：支持班会；（8）错误目的：理解错误并知道如何修复。基本上五项基本技能，都能在八大模块中进行涵盖。（安心）

通过她们对自己教学经历的讲述，我们可以看到，SEL 的五种技能都体现在她们的教学设计和实施过程中。特别是安心提到的，七项重要感知直接与五种技能呼应。此外，她们分别提到曾经使用过的具体策略。田纳提到，技能需要持续练习。她认为自己谨慎决策的态度本身也会影响学生做决策。若水也提到，她不会给学生布置惩罚性的作业，而是让他们自行决定交作业的时间。这也是有意识地培养学生的决策能力。这些技能的习得有可能是她们各自教学经验的积累，当然，也有可能是在她们成长过程中不断学习获得的。这也是我提出第二个问题的原因。我希望了解这种经验的积累是否也是在接受教育的潜移默化中完成的。

问题 2：通过 SEL 五种技能反思自己作为受教育者的经历。你还记得哪些活动涉及了这五种技能的培养吗？

自我意识：作为学生，我常常会在自己和别人的不同中意识到自我。在过往的带导活动中，"自画像""我妈妈总是说""童年记忆"等都和自我意识有关。自我管理：我至今都在自我管理方面没有什么好的习惯和方法，这种不自信限制了我很多。日常管理表是个对自我管理非常有帮助的活动。社会意识：我想不出作为一个受教育者的社会意识与教师的社会意识之间的差别。人际关系技能：作为一个受教育者，在人际关系上，我常常会对教师有所依赖。启发式问题、表扬与鼓励、倾听等活动都是对人际关系技能有帮助的活动。负责任的决策：作为一个受教育者，我常常会盼望教师对我做出一些指导和帮助，也许对"受教育者"身份的认识限制了我这项技能的发展。（田纳）

自我认知：不太记得了，但是我回忆自己作为受教育者（幼儿园到高中），对自己的认知和思考更多是来自于外界的评价。所以，当我意识到这一点后（大约在大学时代），我尽量告诉我的学生，"请为自己而生活"。自我管理：学生时代，我的老师只是告诉我们，人要学会自我管理，至于如何自我管理、有哪些技能可以提高，好像也没有具体的内容。可能每周的检查活动、每天的作业成了自我管理的外力。只是到了大学，当我们的生活不再被人为地分成一天十几节课时，我突然感到不知道如何处理我的业余时间，如何管理好自己的时间，如何系统又大致有计划地安排好自己的生活。社会认知：小学到中学除了思想政治课会谈到社会，好像没有什么活动。可能更多对社会的认知，都来自于父母和媒体，他们会把他们的社会经验告诉我。我小时候，曾经给老山前线的英雄们写信，看到有人抓了许多青蛙来吃，就组织小朋友们写信给报社。这些信无疑都石沉大海。人际交往：比如说，小时候当班委、少先队干部，会有许多组织班级活动和学校活动的机会，另外还有运动会、合唱比赛和集体演出。负责任决策：不记得了。好像我受教育的年代，只是听从老师和家长的安排，不需要自己做什么决策。（若水）

教室里的约定和指导原则"开始几乎完美的学年"①：自我管理、社会意识、负责的决策。"班级惯例表"：社会意识、合作沟通、决策。"选择轮"：自我意识、自我管理、解决问题。"有效和无效倾听"：同理心、社会意识、合作沟通。"查理，尊重差异"：社会意识、合作沟通、决策。"外面是丛林"：同理心、自我意识、社会意识。"试穿我的鞋"：同理心、自我意识、社会意识。（安心）

---

① 这段中所有带引号的内容都是活动的名字。

当我收到她们的邮件时，我发现问题中提到的"受教育者"这个概念的范围过广，尤其对于安心来说。这些活动大部分来自她参加过的正面管教课程。其实，我想了解的是她们在中小学受教育阶段的经历。不过，从田纳和若水的讲述来看，她们并没有参加过特别多涉及这方面的活动。在自我意识上，田纳和若水都是通过他人意识到自我的价值，特别是若水，自我的评价标准更多来自外界。在自我管理上，田纳认为自己一直没有好方法，而若水的自我管理更多来自老师的言语和布置的作业。在社会意识上，田纳没有明确的感受，若水认为基本上来自思想品德课、家长的经验和媒体的报道。在人际关系技能上，田纳和若水都认为学校老师设计的一些活动对她们这方面的培养有促进作用。在负责任决策方面，田纳和若水也都提到，她们会听从老师和家长的安排与指导。看得出来，她们都在自己受教育的经历中，感受到 SEL 技能的学习与我们所处的社会文化息息相关，例如，思想品德课、班干部选举、作业布置、教师和家长权威引导等。有意思的是，这些带有中国本土特色的 SEL 学习经历，虽然没有直接用到她们的教学实践中，但是她们的教学方式也明显受到过去经历的影响。

问题 3：作为教育者，你在教学和工作坊中的角色是什么？如果让你形容目前的角色，你会如何形容？你目前的教育理念是什么？

我的角色常常是带导者。我目前的角色像一盏灯，有时照亮道路，有时照亮脚下，有时指引方向，有时也因为散发出热量而让别人感到温暖。理念这个词有点大，我在教育过程中更相信"无为"，我相信敞开自己就会对别人产生影响。（田纳）

更多的是分享者、陪伴者，引导者好像还谈不上，因为自己也在学习提高中。我目前的角色可能是有了一定的自我认知和社会认知，也发现了自己在人际交往中的一些优势和劣势，愿意和大家分享、共同探索的陪伴者。我目前的教育理念：教育在生活中，在做中学。身体和心灵的健康，要和谐平衡。艺术与体育不可缺少。所谓的学业、工作成绩，没有想象的那么重要，也不一定就会给人带来幸福。（若水）

我在工作坊中的角色是倾听者和启发者。在相互尊重的基础上，和孩子们一起工作，体验、感受、倾听他们的内在需求，通过提问进行梳理和启发。教育是教师和孩子共同成长的过程，帮助每个人成为他们自己的过程，选择一条阻力最小之路的过程。（安心）

在自己作为教育者的角色认识上，可以看出她们的定位都比较清晰。她们分别使用了带导者、分享者、陪伴者、倾听者、启发者描述自己的角色。其中，若水特别区分了引导者与陪伴者两种不同的角色身份。可以看出，她们的这种角色定位也影响了她们的教育理念。在她们看来，教育是与他人的连接，在做中学，促进身心的平衡发展。同时，教育也是老师与学生共同探索、体验、成长的一个过程。

研究项目

在我和安心的一次访谈中，她提议如果可以在学习过程中实施一项与 SEL 相关的研究项目，能够有助于我们的学习和实践。我非常同意她的提议，于是，在征求了另外两位参与者的意见之后，我们确定研究与学习同步进行。由于三位参与者的工作背景和研究经验各有不同，在学习小组中，我们也加入了研究方法，特别是质性研究方法的学习和讨论。在项目实施的过程中，我们参考了《质的研究方法与社会科学研究》这本书。同时，我也向她们强调，虽然这是基于个人兴趣的研究，没有来自获取学位或学术机构的压力，但是我们也要尽可能地遵循质性研究的学术规范，完成这项为期一年的研究。由于质性研究自身具有复杂性、多样性、灵活性、不确定性等特点，再加上田纳和安心都是第一次接触这种研究方法，在短期内完成这项研究的难度还是比较大的。特别是田纳几次确定的研究题目，因为各种原因无法继续，不得不改换题目。

到了后期的写作阶段，由于我暂时回到美国，我们的讨论只能通过网络进行，而我们又很难找到彼此合适的时间进行交流。这些不便与困难让我们从最初的跃跃欲试逐渐变得有些垂头丧气。写作带来的挑战，也让我们不得不一再推迟原有的计划。在充满种种不确定性的探究路上，我不得不停下来，反问自己：这个叙事探究的项目一定要采取混杂着讨论、实践、研究几部分组成的方式才能实现吗？三位参与者是否也像我一样，对这种方式产生过怀疑？这种方式会不会对既是教育者也是母亲的她们，起不到支持的作用，反而拖累了她们？这些问题，让我时时感到不安。在研究的后期，我分别和三位参与者进行了对话和访谈。她们的讲述也让我重新思考，这样的探究方式对于教育研究的意义。作为学习共同体的我们既是学习者，也是教育者；既是怀疑者，也是认同者。我们的"草根"研究思路和方法，在没有资金、缺少教育"资源"的条件下，凭借我们对于教育的热情和对于教育现状的不满，自主地开始了理论与实践的探索。

我在这本书的第五章里提出，目前美国大量的 SEL 实践是基于心理学的实证研究。这种实证主义倾向容易忽略社会、文化、结构、制度等其他因素的影响。因此，叙事探究的方式可以帮助我们在宏大叙事下，重新理解 SEL 的理论假设并进行深入的思考。同时，我们也希望通过中国本土的 SEL 实践来重新理解个体所处的教育困境。在我们的学习小组中，三位参与者分别讲述了各自的研究缘起及问题，同时也分别描述了各自研究项目的进展。这些讲述的内容构成了这项叙事探究实地文本的重要部分。

若水在课堂上，时常会跟外国高中生分享自己的人生经验，学生也特别喜欢听她讲自己的故事。她希望帮助更多的学生认识自己，尤其是那些不愿意面对应试，甚至有些自暴自弃的学生。她也希望自己能够给予他们更多的关注，引领并且改变他们。但是，她却发现自己没有具体方法，也缺乏这方面系统的学习。

她特别提到曾经教过的两个"问题"学生。在她的鼓励下，他们分别被中国人民大学和清华大学录取。这两个学生的转变让她重新反思自己的教学方法。在我们的小组讨论中，她认为是社会情感方面的引导鼓励了学生。在做语文老师的十几年里，她深刻意识到，对于生命和自己的认识是需要老师来引导的。她一直认为语文老师有天然的优势，因为语言本身就是一种沟通表达的技能，而且文学也承载着情感。如果能够在语文教学中加入社会情感内容，或许能够帮助她更好地引导学生。她也认为，虽然每个科目都有自己的表达方式，但是语文这个学科具有特别的优势，所以她希望可以进行这方面的研究。

在接触 SEL 的这两年，若水发现，当她回忆过去上课的情景时，还是特别喜欢学校讲师的角色。经过学习，她也不断反思以前上过的语文课。她认为有些课讲到第五年、第六年的时候，只要稍微调整一下内容，就能够适应班里的学生。那样的课就属于"熬时间"，不需要花费太多备课的时间。由于韩国学校的班主任都是韩国老师，她和学生的接触比较有限。尽管如此，她还会尽其所能，凭着热情，对学生进行社会情感方面的引导。即使这样做了，她仍旧感到有些遗憾。对于有些学生，虽然她知道这样的教学会触动他们，但是她不能确定自己是否找到了触动学生的方法。她希望通过研究，帮助语文老师意识到 SEL 这个领域的重要性。她认为自己是带着一份责任感去做研究和实践的。在接触了一些老师之后，很多人都表示认同她对 SEL 的想法，这也让她更加明确了自己的责任所在。再加上，国内对于 SEL 的研究还比较缺乏，如果她可以做些什么，也是对这个领域的贡献。

安心曾经是建筑师事务所的合伙人，做了母亲之后，开始关注教育。她希望把自己对于教育的思考融入建筑设计中。最初她确定的题目是教育空间的生命观。在小组讨论中，她谈到自己的研究缘起来自一位教育局局长。"懂教育的人不懂设计，懂设计的人又不懂教育"，那位局长的话给她留下了深刻印象。她注意到，大部分设计师是以主观的创造性或者对美的理解去做设计，但实际上，教育设计需要设计师倾听孩子的声音和老师的需求，只有这样才能设计出真正的教育建筑。教育建筑应该是一个有生命的建筑，不能只是一个死房子、一个钢筋混凝土的盒子。

田纳是一位心理咨询师。最初她希望自己把心理咨询和教育结合起来，通过研究为学校提供教师指导手册。后来，在经历了儿子中考失利的打击之后，她决定把研究问题换成：个人如何应对大考挫折，来帮助有类似经历的家庭更好地认识自己和孩子。她把自己的想法整理了出来，内容如下：

> 一对热爱教育的夫妇，自信地养育了一个各方面看起来都不错的孩子。虽然当今的教育环境混浊、教育理念混乱，可我们一直尽量以人为本、用心育人、不急功近利，自信而安然地度过了义务教育的九年。在中考这个淘汰分级的考试中，孩子意外地没有取得理想的成绩，全家都面临着极大的考验，自信心受到了非常大的打击。这个挫折逼迫我们不得不重新思考教育的目的，思考孩子的人

生之路，思考我们如何面对挫折、战胜困难。我希望通过研究，从 SEL 的角度能够帮助所有在前进的路上遇到挫折的孩子和家庭，战胜困难，走出困境。考试成绩不理想，本身不应该成为教育中的"挫折"。我想通过研究，与更多的教育从业者探讨，最终找到一些具体的方法，从 SEL 的角度，减轻教师的压力，减轻成绩带给孩子和家庭的压力。（田纳的反思性写作，2018 年 9 月 27 日）

但是，她却无法找到合适的访谈人选，不得不放弃这个题目。最终，她决定把自己在学校进行心理咨询的过程记录下来，探讨其中与 SEL 相关的问题。我们围绕她的研究兴趣和怎样开展研究进行了多次的交流。

有一次，我和田纳约好在咖啡厅见面。她来之前，刚刚结束了一个三小时的讲座，进来时满头大汗。她来找我最主要的原因是，她对于目前的研究问题和方法充满疑惑。再加上，当时她有机会接触大量的一线老师，学校校长也有研究经费，她希望帮助校长做些研究工作。但是，由于没有教育研究的经验，她对自己的研究能力缺乏信心，不知道如何帮助校长开展研究。我建议她把这个作为研究课题，帮助校长完善教师指导手册。田纳有心理咨询的经验，也遇到很多向她求助的个体。这让她认为心理咨询应该和教育相结合，而不是病理意义上的治疗。我很认同她的观点，还推荐给了她一篇从 SEL 角度理解学校心理咨询师角色的文章。她说，这是一直困扰她的问题。很多家长希望她能给出具体的解决方法，但是那样做会超出咨询的范围，属于治疗师的工作。所以，她更希望从教育心理咨询的角度为学校提供服务。我反复向她解释，教育研究更像是一个去除偏见、倾听他人、呈现复杂现象的过程。我记得，当她听到我那样说时，她的眼睛突然亮了起来。当然，我也告诉她，真实的研究远比这个要复杂得多，但是目前，如果这样解释可以让她有些信心，也是积极的鼓励。教育研究常常被我们忽略的是，研究者自身的气质、态度、方式，能否与参与者建立连接，达到双方的信任和理解，这也是教育研究的基础。田纳是一位值得信任而且懂得理解、关注他人的教育者，这点对于教育研究来说是特别宝贵的。

我为三位参与者准备了一份研究项目说明信，告诉她们，如果需要，可以带着这份说明信，向学校介绍自己正在参与的研究项目。在学习小组中，我们对她们设计的访谈提纲进行了讨论和修改。除此之外，三位参与者在小组讨论中，也分享了各自的研究进展，特别是在 2018 年底至 2019 年初这段时间，我们在网络上进行了三次比较集中的讨论。虽然她们讲述的内容并没有全部呈现在最终的研究报告中，但是讲述本身也促进了对于研究项目的理解与思考。

若水的研究希望探讨目前小学语文教学中的德育教育问题，特别是语文老师对于 SEL 的理解。在国内公立学校，大部分语文老师除了教语文课，同时还担任班主任和德育教师的工作。她访谈了三位公立小学的语文老师。在若水向这三位老师介绍了 SEL 的基本概念之后，她们都表示出对于 SEL 带有的西方意识形态的担心，也不太敢盲目接受这个主题。三位语文老师都认为，SEL 和语文学习之间的联系并不紧密。但是，如果组织教师培训帮助他们解决实际问题，他们都愿意系统地学习。

安心希望通过研究探讨自然教育中的情感表达。每个月，她都会去一家自然教育幼儿园进行教师培训。工作期间，她对五位老师进行了访谈。通过访谈，她发现儿童通过与自然的连接，可以缓解与同伴的交流问题，并不需要老师特别的介入。尤其是在室外活动时，环境提供了丰富的素材，帮助孩子排解情绪问题。同时，老师对户外环境会进行危险评估，确定环境的边界。这样做，也是为了确定自我与他人的边界。比如，老师会选择有大型草地、树、假山、石头、沙土、菜地的空间让孩子进行自由探索。她认为，孩子在户外活动时受到的情绪挑战比较小，会呈现出更强的生命力，师生连接也会更加紧密，孩子的情绪也会更加稳定。

在讨论中，她也谈到寒假和若水一起去了农村考察学校的感受。她认为，城市长大的孩子接触自然的机会少，更需要自然教育。相比之下，农村的孩子接触自然的机会多，更需要 SEL 方面的引导。城市环境无法给孩子提供足够的情绪梳理空间，并不表明孩子缺少 SEL 技能。目前 CASEL 关于 SEL 所处课堂、学校、家庭、社区的轮图体现了西方的一种思维模式。从中国"天人合一"的哲学观，她建议把自然环境作为情境的一个维度，加到现有的 SEL 轮图里。安心也谈到对农村新教育的兴趣和继续探索的愿望。她认为城市并不是评价农村的坐标，尤其是对于 SEL 的实践来说。如何从中国农村特有的家族、宗族观念思考 SEL 是更加重要的。

田纳通过回顾在北京南城的公立学校进行心理咨询工作，探讨目前学生的情感和情绪表达方式，以及由此涉及的学校、家庭、社会的相关问题。由于心理咨询的工作性质，为了保护来访者的隐私，田纳无法对现场进行录音，因此她采取咨询过后，使用文字记录来访者故事的方式。

在讨论中，她分享了两个咨询案例。第一个案例是关于一个单亲家庭。孩子的爸爸是福建人，目前生活在福建。孩子的妈妈是东北人，与孩子一起生活在北京。从幼儿园到小学，孩子在学校都表现出异常行为。学校老师要求孩子的妈妈来学校陪读。但是，这位妈妈配合了三周，就不再来了。田纳在第一次接触孩子和他妈妈的时候，因为学校老师也在场，她只询问了孩子的家庭，特别是妈妈的状况以及孩子和家人的关系。田纳发现，学校老师由于工作忙，无法深入了解这个家庭的背景状况，这也是老师无法理解学生出现异常行为的原因。通过这个案例，田纳认为学校班主任和德育老师缺少具体方法，他们的方法只是根据过往经验形成了对于这个孩子的认识和理解。其次，学生的家庭背景差异比较大，学校需要考虑学生由于背景差异而呈现出的多样化特点。如果将来为学校设计 SEL 班会课，老师需要考虑这个现状。第二个案例是关于一个知识分子家庭的孩子。孩子的父母对他的学业提出了非常高的要求，属于"虎爸虎妈"类型。孩子喜欢打人，有暴力倾向。孩子的班主任老师口才好，懂得如何"收拾"孩子。因此，当孩子面对过于强势的家长和老师时，会感到压抑和委屈。田纳认为，心理咨询师的角色让她同时能够看到学校和家庭对于孩子的影响，又能够起到连接学校和家庭的作用。由于学生处在一个多重的文化环境中，学校和家庭需要彼此沟通、协作，为学生创造一个健康的学习和生活环境。

SEL 的实践现场

　　除了组织学习小组，在这个探究空间倾听与讲述，我也把参与观察作为进入三位参与者生活的方式。通过进入现场，切身感受到她们的处境，可以帮助我更好地理解作为教育者的她们，在实践 SEL 过程中的体验。

问题出在了哪里？

　　小山幼儿园位于北京市某景区内部，每年的学费在 25 万元左右。田纳接到园长的邀请，给幼儿园组织了六次家长课。我参与了六次课堂观察，也进行了记录。我和田纳住得不远，每次我们都会一起开车到幼儿园。在途中，我们也会谈谈彼此对课程的感受。

第一次去家长课，我按照导航找到幼儿园。在我进入大门的那个瞬间，恍然置身于世外桃源。映入眼帘的亭台、碧波、仿古建筑，如果不是手里拿着导航，无论如何我也不会把幼儿园和景区联系起来。我顺着孩子们玩耍的地方往前走，来到另一道大门。我试着想象自己是来这里上幼儿园的孩子，当穿过两道大门成为我的日常，当路过两次门卫才能最终走进教室，这样烦琐的设计会不会让我产生一种优越感？身处这样的教育空间，即使在边界，我也正在参与教育的发生。我被门卫再一次拦住，问我找谁，同时给我递过来一个登记本。登记之后，我接过他给的工作牌，才终于来到大厅。

这时，田纳从门口进来，身穿一件黑色外套，金黄色的领带格外显眼。田纳平日的着装风格一向比较随意，稍作打扮后的她看上去更加干练。家长课的教室在走廊的尽头，是一个 80 平方米左右大的多功能厅，投影仪显示了田纳的头像和介绍。田纳简单跟我讲了讲幼儿园的发展历程。她就是在这里给家长上课的时候，认识了若水和安心。那时候，她们只能在地下室上课，这几年幼儿园扩大了规模。

上课的时间快到了，家长陆续进来，大部分都是母亲。田纳建议我们围成圈坐在一起，可以更好地交流。家长坐下之后，向田纳提出各种各样的问题。田纳耐心地倾听提问，并进行简短地回应。一位年轻母亲问她，为什么自己的孩子被另一个孩子打了之后，居然感觉不到疼，被揪了胳膊也不会哭。她怀疑自己的孩子有心理问题。田纳说："如果孩子感觉疼，一定会说出来，至少会哭出来。如果不说，就是家长认为的疼。"还有几个家长也问了类似的问题，田纳并没有直接给出答案，而是让家长思考他们看问题的角度。后来，家长的问题越来越多，为了不影响正常上课，她不得不打断他们，直接表达了自己的"不满"。我理解她的心情，就像她说的，家长提出的大部分问题或许是他们自己认为的问题，不一定是孩子的问题。她直接传递出了自己的理念：教育需要家长反思自己的视角。

第一次来上课的家长有 20 位左右，只有两位父亲。家长年龄从 30 岁到 60 岁不等，其中那位 60 岁的老人是孩子的外祖母。通过这次课堂观察，我对正面管教课程体系有了直观的了解，也更加理解田纳对于正面管教课程认可的原因。正面管教课程使用的体验式活动，帮助家长进入特定的情境，进行换位思考。课后，我和田纳围绕原生家庭对于个体的影响进行了讨论。田纳认为有必要回到原生家庭，倾听那些发生过的故事。和她的看法稍有不同，我更希望个体尝试超越原生家庭的限制，破茧而出，发出自己的声音。这样的讨论也让我们思考正面管教和 SEL 之间的关系。正面管教可以说是实施 SEL 的一种具体方法，而 SEL 则是涵盖了正面管教在内的指导理论和实践的框架。三位参与者都希望超越正面管教课程的局限，从更加多元的角度，带领家长和老师进行教育实践。

课程结束之后，家长跟田纳互加了微信，组建了名为"正面管教"的微信群。家长看上去对课程的形式十分满意。因为我是第一次来到幼儿园，跟着市场总监参观了一下。市场总监曾经在医院工作过，因为儿子要上幼儿园，就应聘了园里医护的职位。因为她在这里工作，孩子可以享受学费减半的福利。目前幼儿园共有十个班，每个班配有一位外教和三位中国老师。外教来自美国、英国、加拿大和新加坡等国家。幼儿园规定外教必须持有幼教资格证。幼儿园目前使用 IB 课程，所有内容都用英语授课。因为是双语幼儿园，中国老师也要求说英语，除非遇到紧急情况，才可以用中文跟孩子交流。出于卫生方面的考虑，我没有被允许进入教室，只能在教室外和市场总监简短交流。我注意到当时教室里有位男外教，他并没有注意到我们，即使从我们身边走过，也没有打招呼。

田纳在家长课中组织了几次体验式活动。我对其中两个活动印象深刻，也和她进行了讨论。这两个活动分别是"我的T-shirt（T恤）"和"我是一棵树"。"我的T-shirt（T恤）"是正面管教课程的一个活动。活动开始之前，田纳先在海报纸上画了一个T恤。她让大家在自己画出的T恤领口下方，写上描述自己的核心词，右上角是兴趣爱好，左上角是自己的一个秘密。在T恤下半部分的　　边，写下自己的性格特点，另一边可以自由发挥。在活动过程中，我注意到，大部分家长在选择描述自己的词汇时，都产生了迟疑。有些家长的海报纸上只出现了为数不多的几个词。我们都认为，即使家长很难找到可以准确描述自己的词汇，我们也不能简单地认为他们不善于表达自己。除了使用语言文字之外，我们也可以增加其他的方式，让家长进行表达。

"我是一棵树"是田纳自己设计的活动。在活动开始之前，田纳解释了这个活动涉及的三个步骤：觉察、接受和改变。她让家长两两一组，根据指令，完成三次角色扮演活动。我也参加了这个活动，直观地感受到家长的热情投入，特别是在分享自己体验的时候。活动结束之后，田纳解释说，两棵树分别代表成人和孩子。在第一次活动中，两棵树呈现的是"界限不清"的亲子关系，扮演孩子的那棵树会感觉无助、懊恼、靠不住和沮丧。在第二次活动中，两棵树呈现的是"坚定和硬朗"的亲子关系。扮演孩子的那棵树会感觉较劲、生气、懊恼、不通人情。在第三次活动中，两棵树呈现的是"充满和谐"的亲子关系。扮演孩子的那棵树会感觉舒服、同步、相互理解。亲身参与活动，让我更加理解她说的，体验式活动让我们通过直观的感受，体验自己的言行对他人产生的影响。她特别强调，体验的最终目的不是为了评判，而是为了改变。这也是对应了她说的三个步骤：觉察、接受和改变。第一步和第二步比较好实施，但是对于第三步，我们可以帮助家长从哪里进行改变，以及如何改变，针对这两个目标，还有待进一步思考。

除了组织体验式活动，田纳在家长课上播放了视频短片。有一次，她播放了心理学家皮亚杰的儿童实验视频。我们对于其中涉及的学习理论也展开了讨论①。学习理论中的认知理论把个体认知划分为不同阶段，孩子需要遵循发展的时间段进行学习，发展自身的学习能力。如果从社会文化的角度看，学习不仅是个体认知的发展，也是一个被社会、文化、历史、政治共同影响和建构的过程。这也在提醒我们，在组织课堂教学的时候，我们需要了解学习者的身份、教育者和学习者之间的关系，以及我们所处的社会文化对于身份和关系的影响。这也是田纳在这六次家长课感受很深的地方。

总体来说，她认为这六次的课程并没有达到自己的预期。由于家长彼此认识，这让他们在表达自己的时候，会有所顾虑。这也是她不得不在课上转换策略，把更多的体验式活动改为案例分享和知识点讲授的原因，因为大部分家长对于讲授的方式更加熟悉。虽然这种方式对家长来说相对容易接受，但是学习还是需要参与者的体验。如果只是接受知识，可能会错过体验的机会。另外我发现有几次，当田纳在课上宣布角色扮演的时候，有些家长立刻露出了迟疑的表情。这样的回应让她不得不选择了相对安全的方式。几次课下来，田纳都会反思自己的教学。她认为，大部分家长很难让自己投入到体验式活动中，很难做到真正的敞开。田纳以前组织的家长课并没有带给她这么明显的感受。对于那些第一次接触体验式活动的家长，他们会充满好奇，渴望表达。但是，小山

---

①　对于学习理论感兴趣的读者，可以参考表4—1。

幼儿园家长的表现却不太一样。

田纳参加过两次"家庭系统排列"①的活动。在她看来，那个场域更像是治疗者对参与者的心理干预和控制。家长课具有的教育意义，让它不同于心理咨询和治疗，但是由于都要从个体入手，就会面临评估这样的体验可以进入多深、觉察可以走多远的问题。田纳也说，这次课的特别之处在于，家长既没有表现出彼此之间的连接，也没有在情绪上（比如大哭大笑）让她看到被疗愈的状态。我问她，是不是把心理疗愈作为家长课的目标，而这些家长也许只是来学习知识的。她表示同意，而且说到在以往的课程设计中，常常混淆这两种目标，分不清到底应该往哪个方向推进。这让我意识到，教育者需要对自身背景进行反思，同时调整课程目标。在设计课程的时候，我们需要深入探究自己的经历、背景、价值观和认识论，因为这些都会影响对课程的理解。如果目标不够清晰，家长也会有所察觉。这或许也是影响他们决定是否参与角色扮演的原因。因此，我和田纳再一次思考家长课的课程目标，如何在进行课程设计的时候，尽可能让实施的效果更加接近这个目标。她也跟我解释说，希望参加课程的家长可以成为好朋友，相互鼓励和支持。我可以感受到她在课程中，把自我定位为教育空间的创造者和体验式活动的带导者。

在参与观察的过程中，我还体会到，社会对于中高阶层家庭形成的刻板印象和我自己对小山幼儿园的定位，都在影响我对家长课的理解。中高阶层家庭的育儿困境，特别是母亲的焦虑，是我们不能回避的问题。以往对于教育公正和公平问题的讨论，更多聚焦在低收入或者边缘群体。中高阶层获得的教育资源让他们可以为自己发声，"优越感"和"特权意

---

① 家庭系统排序是用于心理咨询和心理治疗的一种方法，通过现象学方法探究问题的根源和解决方法。创始人是德国心理学家伯特·海灵格。

识"也会以他们熟悉的方式复制并且维持。但是，我们不能否认，在这个过程中，他们付出的代价会在社会中产生涟漪，波及其他群体。田纳在整个家长课期间的感受也回应了我的感受。每次家长课结束，她都会重复感叹自己的疲惫。她的疲惫，并不是直接来自身体和精神的消耗，而是在心底无法与她面对的群体建立信任。如果我们无法突破社会对于某个家长群体的刻板印象，就会不自觉地切断与对方建立信任的可能。在无法建立信任的课堂里，参与者彼此建立连接的难度也就可想而知。我们必须认识到，家长是一个极为复杂的群体。他们是谁？他们来自哪里？他们属于哪个阶层？他们有着怎样的生活经历？他们如何看待自己的家长身份？他们为什么要来参加家长课？他们彼此之间是什么关系？这些都是作为家长课程的设计者和组织者需要不断追问的问题。

在我们六次关于课程的对话中，也谈到女性主义教学法。田纳的家长课，一方面为家长，特别是为母亲建构了一个公开谈论育儿和做母亲这件事的空间，肯定了她们的自主性选择。另一方面，基于正面管教的家长课也容易加剧社会对于母职的刻板印象。也就是说，育儿是母亲需要承担的工作，同时，母亲的知识是不完备的，是需要提高，甚至改进的，而改进的标准是在美国社会文化情境中发展的育儿课程。当我试图从后现代女性主义视角理解课程以及关于情感的认识，我发现自己对于理解课程的视角更加开阔了，而且对自己接下来的实践者角色也更加清晰了。我希望田纳理解这种视角，以及从事这项研究的初衷。不可否认，我们的反思，从某种程度来说，就是一种"评判"。虽然，我不断告诉田纳要避免成为评判者，但是，当我从自己的视角出发进行观察时，仍旧无法避免陷入自己反对的立场。我特别向田纳推荐了女性主义教学法的文章。她说怕读不懂，而我告诉她，这条路还需要我们耐心地摸索。

　　最后一节家长课结束之后，我和田纳一起来到教委举办的家校协同讲座现场。邀请她参加活动的校长说，这次活动是基于 SEL 理念的家校合作，那位校长所在的小学被选为 SEL 项目试点校，每年需要支付十万元的费用。这次讲座规模不小，到场的老师有一千多人。讲座结束之后，我们一路谈论起 SEL 在国内的发展趋势，以及目前国内教育界的各种现象。田纳认为自己这些年虽然在积极探索教育实践的可能性，但是因为没有进入一家"正规"机构，一直都在外围徘徊，常常感觉到自己被边缘化的状态。不管是从事心理咨询，还是为学校提供教师发展课程，几乎都是公益性质的。她在咨询的过程中，常常会投入到对方的悲痛情绪中。她讲起一位老人自杀的案例。差不多有半年的时间，她都没有向老人收取任何费用。当她看到老人全家的改变时，觉得一切都是值得的。这也是她认为这项工作的意义所在。我再次体会到，作为教育者的她，默默付出对他人的理解也收获了自身的价值感。相比在制度庇护下进行的教育实践，这样的选择更需要勇气。如果没有热情和理想，几乎不可持续。她也跟我说，时常会有逃避的想法，尤其在面对不可能解决的困境时，就会感觉特别泄气。但是，她仍旧选择了坚持。

如何做到真正的理解？

　　若水邀请我参加田纳的另外一次家长课，主题是青春期家长教育。那天下午，我如约来到现场。一进门，我看到若水和安心并排而坐，等待更多家长的到来。田纳坐在靠近黑板的地方，面对着我们。教室里共有十个人，围坐成半个圆圈。这次来上家长课的全部都是母亲，还有两个小男孩，一个看上去三四岁，另一个看上去十一二岁，在一边玩儿。课程开始了一会儿，进来一位父亲。由于他是现场的唯一男士，大家看上去对他充满期待。

课上，田纳从正面管教课程理念的角度，阐释了对于青春期概念的理解。大家对这个概念没有特别的异议。我却想到，玛格丽特·米得在《萨摩亚人的成年》这本书中提出"青春期"被社会文化建构的主张。虽然这个说法仍旧存在争议，但是我们始终无法回避文化对塑造认知的影响作用。如果家庭文化的不同对于青春期理解也是具有多样性的，那么，我们可以进一步思考：不同家长对青春期概念的理解对他们的教养方式会有怎样的影响？他们的育儿方法如何影响他们对于这个概念的理解？作为教育者，我们如何把握概念的理解和具体情境中的实践？当给家长提出建议的时候，如何考虑家庭所处的具体情境和教养方式的多样性？

在课上的讨论环节，一位母亲分享了自己的故事。她的故事并不复杂，主要围绕自己和儿子争吵、先生在其中调解却帮了倒忙这个问题展开。她认为，父亲的角色在她与儿子的互动中起到了积极的作用。虽然他会斥责孩子，但是并不是"恶人"。他的加入其实协调了他们母子之间的互动。这时候，那位在场的唯一男士发表了自己的看法。由于两人都急于表达自己的观点，同时认为对方并不理解自己的立场，结果产生了争执。那位男士认为，孩子父亲并不是有意跟妻子对抗，父亲对孩子的批评是因为他想跟孩子母亲结盟，如果直接和她吵闹，对于夫妻关系来说会构成威胁，所以父亲选择训斥孩子。然而，在场的母亲却提出了强烈的反对意见。她说，自己家里的事情并不存在这位男士描述的情况。同时，她也认为自己的亲子关系存在特殊性。虽然她希望和大家交流自己的想法，但是话题突然就被这位男士掌控，让她感到有些出乎意料，不得不终止话题。

这时，田纳开始调节他们之间的"冲突"。她认为这位母亲有一些特别的难处，在这种状态下，很难做到倾听。她建议双方先把争论的问题放一放。她建议我们意识到不同视角的重要性，以及那位男士在课堂上进行回应的可贵之处。讨论与调节进行了差不多十分钟，有些家长陷入沉思，有些家长开始摆弄手机。我无法判断此刻他们的心情。田纳在课上不断提醒家长，我们不需要对他人的回复进行评判或者建议，只需要理解他们各自的处境。建立同理心的基础，在于我们保持足够开放的心态，倾听对方的故事以及故事发生的情境，同时把理解作为对话的基础。

这次家长课上的冲突让我也会想，亲子交流是否只限于言语的交流？会不会还包括其他维度？当代中国社会文化（比如不同地区、民族、阶层等）对于亲子交流的期待是什么？我们所处的文化是如何期待一个"会交流"的孩子？这些期待对于我们课程和教学又有什么影响？作为教育者，如果让我们形容目前的角色，我们会怎样形容？在课堂组织过程中，基于自己目前的角色定位，如何协调各方观点的冲突？SEL倡导的理念或具体原则，是否可以帮助我们进行有效的协调？当我们听到参与者的讲述时，我们应该以哪种方式进行回应？我们的讨论真的不需要相互给予鼓励或者建议吗？不给出建议的基础是什么？目的又是什么？对于这些问题我们暂时也没有找到答案，但是都跟设计家长课程的目标相关。

被塑造的班主任角色

当关老师收到班主任大赛的通知后，立即找到田纳进行咨询。三位参与者曾经帮助关老师所在的学校组织过教师工作坊，深受监管德育的副校长认可。这次学校再次找到她们，希望能够为关老师的备赛出些主意。当时安心不在北京，我跟着田纳和若水来到学校，参与了咨询。

除了关老师，关老师的师傅和德育副校长也参加了咨询。在介绍完这次大赛的情况之后，她们想知道，怎样以一种创新性的形式展现出关老师的个人魅力。当我们和关老师聊了聊她的个人兴趣之后，建议她采用叙事诗表演的方式参赛。在交流的过程中，我们能感受到学校三位老师谨慎的态度。她们不想触及敏感的教育话题，也不愿意讨好评委，同时还想坚持对教育的独立见解。既要有创新，又能符合评委的审美，这是学校目前最想看到的结果。

关老师的师傅是个很有"权威感"的老师。由于常年跟"问题"学生打交道，她特别认可 SEL 的理念，尤其是培养学生情商的价值。听了她分享对付"问题"学生的经验，我才知道，不管有没有医院证明，国内的公立学校必须接收特殊教育的学生。如果不对学生进行人为的分类，老师会面对更多棘手问题。如果没有经过专业训练，很多老师并不知道怎样应对这个群体的学生。在这个过程中，只有那些"权威感"十足的老师才能够胜任这项工作。然而带有这种"权威感"并不是他们与生俱来的特质，就像关老师，她是被环境所塑造的。在田纳的提议下，关老师为我们简单地描画了自己的形象。她从小就有两个梦想，一个是当老师，一个是当演员。这也是为什么当我们听完关老师的陈述之后，都认为她一定能够把自己的角色表演出来。有研究者认为，教学与表演之间呈现了错综复杂的关系。[1] 这些都和教师的权力、自我认同和身份政治相关。关老师认同教师的权威者角色。她特别提到，如果和学生发生冲突，也能够找到解决的办法，因为学生最终都会听她的。从这个角度看，班主任大赛可以强化她作为班主任的权威定位。

这次学校找田纳来帮忙，目的是想帮助关老师写好三分钟的自我魅

---

① Elyse L. Pineau, "Teaching is Performance: Reconceptualizing a Problematic Metaphor", *American Educational Research Journal*, vol. 31, No. 1 (Spring 1994), pp. 3-25.

力展示。关老师只要把内容背下来，就可以上台表演了。相比她自己在网上找到的教育短文，我们改编的两段叙事诗显得没那么"高端"。第二天一大早，我在微信群里接到若水发来的消息，她把修改好的叙事诗发到了关老师的备赛微信群。从校长到主任，最后到关老师都非常满意她的修改。但是，当我收到关老师在群里的留言，还是感觉有些诧异。她说："想咨询老师们，如果领导问我魅力是什么？那是什么呢？"我似乎看到了她脸上被比赛所驯服的、紧张的表情。她深知，活动对她来说已经是某种形式化的表演，因为比赛需要她把魅力表演出来，而魅力是可以被我们塑造出来的。好在若水一直都从积极的角度启发关老师思考自己的魅力。当天，我在和三位参与者建立的微信群里留言：教育难道不能让我们认识到尊重个体的多样性、尊重日常和生活的重要吗？三位参与者也有和我类似的疑问。我能够理解若水所做的，她从心底希望帮助关老师重新理解教师工作的意义，尤其是她的班主任工作。在若水看来，这是一种积极的推动。但是，我们也可以进一步反思：教师的角色是如何建构的？教师如何在被建构的角色中获益？其中的代价又是什么？如果教师角色是表演出来的，那么在表演的过程中，到底谁在塑造理想中的教师角色？以下是这首修改好的叙事诗：

（一）

十年教师路，

说短不短，

说长也不长

现在，孩子们说

老师，我们喜欢您

因为您
更像我们的家人

现在我也想说，
谢谢孩子们
你们带给了我
太多感悟
也令我成长

（二）
那时的我，初为人师
或许太年轻
还不懂慢慢倾听

那时的他，淘气调皮
时常逃出我的视线
挑战老师的极限

一个午后
我，等候在教室门口
他满头大汗，推门而入
我一把将他拉住
怒气像火山喷出
说，又去哪儿玩儿了？！

他愣了，不知所措

我……我……

我想修好

班里的坏桌子

所以去了总务处……

静默，尴尬

如果可以

我只想回到刚刚

收回那些滚烫的岩浆

直到现在，

我也不愿忘记你的眼睛

即使调皮，

也不会淹没你的善良

她，文静柔弱

她笔下的文字

已是我熟悉的感受

突然有一天

捧起她的作文簿

怀疑，掠过我的心头

互联网的那头

同样的文字
赫然写着另一个名字

面对面的注视
我的愤怒
她并不躲避
我的谴责

追问与证据
让她终于低了头
她承认，确实
那并非她的笔墨

不解与愤怒
为什么？为什么？！
她，抬起头
泪光还在闪烁

老师，我怕
我怕写不好
妈妈会打我……

那一刻，我心底，轻颤
那一刻，我只想，
越过谎言去拥抱她……

他和她，都是我的学生
他们也是
老师夜空中最亮的星……

现在，孩子们说
老师，我们喜欢您
因为您不仅是老师
更是我们的家人

在这里，我也想对大家说
其实，亲爱的孩子们
才是老师心中最亮的星

我们一起流泪
我们一起欢笑
他们让我知道
一名好老师
坚定前行的方向——

理解与尊重
善意与坚定
温暖与包容

我夜空中最亮的星

指引我前行

孩子们才能打开心门

让我倾听……

(三)

在成为好老师的路上

我勇敢攀登

一刻不停

就像我的名字 ——

风值水而潆生

水利万物而不争

可凝聚，能包容

充满灵动

更有，不可阻挡的坚定

仿佛已经注定

简直就是天成

让我 —— 成为一名园丁

今天，我想说，

老师也愿成为

孩子们心中最亮的星

即使迷失在黑夜里

也知道我会与你同行……

是什么让她们感到沮丧？

因为临时有事，我没能参加三位参与者在一所公立小学组织的教师工作坊。在微信群里，我向她们询问活动当天的进展。若水和安心认为效果还可以。田纳发来一张和对方校长道歉的微信截屏。从对话中，我感觉到她有些沮丧。我们通过微信语音进行了一次访谈。她认为课程设计出现了疏忽，再加上现场没有播放 PPT，老师处在一个比较松懈的状态，有些老师甚至还会玩儿手机。完成的三个活动，都没有达到她的预期。她也认为学校老师的年纪偏大，由于第一次接触这种体验式活动，对保持开放的心态、建立情感连接的体验式方式都不太熟悉。在组织活动的过程中，老师"戴着面具"，很难建立情感连接。年轻老师虽然充满热情，但是也能让她细微地感受到，由于环境的压力，他们需要"正确"表现的观念也影响了老师的参与。研究者认为，教师职业的自主性和独立性容易让教师戴上面具，保持情感上的距离（Friedson，1994；Johnson，1972）。[①] 田纳也说，组织类似这种人数比较多的工作坊活动，特别需要教育者具有良好的自我情绪调节能力。

在活动中，她们让老师画出"理想中的老师"和"现实中的老师"两张图。从"现实中的老师"这张图中，我们可以看到反应老师现实状态的一些关键词，包括高血压、失声、失眠、壮年脱发、焦虑、怒发冲冠、无可奈何等（如图 2-2）。

---

① 转引自 Andy Hargreaves, "Emotional Geographies of Teaching", *Teachers College Record*, vol. 103, No. 6 (December 2001), p. 1069。

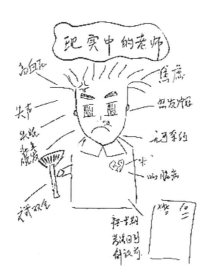

图 2-2　现实中的老师

从很大程度上来说，田纳感受到的沮丧和我们所处的环境有关。老师普遍认为，学校组织的教师培训更像是一种不得不参加的学习任务，很少会有老师把它作为职业发展和自我成长的途径。这样就不难想象，当充满焦虑和不满情绪的老师来到工作坊，不管是否出自个人的意愿，在短时间内敞开心扉都是一种挺难达到的要求。如果无法超越这个稍显逼仄的空间，在面对有着同样情绪的同事，也许就会戴上田纳所看到的"面具"。从情境的角度来看，他们呈现出的这种状态是能够被理解的。

就在当天，我接到小雪的短信和一首被她改编的网络歌曲。她打算在英语课上教孩子唱。歌词如下：

《圣诞老人进城啦》（改编版）

你最好不要评判，不要憎恨

不要欺负或者歧视他人

进步的圣诞老人进城啦

他带来了健康的食谱

还有环保和再生的礼物

进步的圣诞老人进城啦

他来自 50 种族裔

和不同性别

他要保护所有的小朋友

不管他们友善还是淘气

小雪出生在北京，四岁跟随父母去了英国，几年之后回到北京，11岁和父母搬去了加拿大。2017 年大学毕业之后，她又回到北京读硕士。我们在社会学系女性主义研究课上认识，经常一起讨论女性主义和教学方面的问题。她对这项 SEL 研究很感兴趣，知道我们正在讨论 SEL 活动，希望能够加入学习小组。那时，她在一家学前英语辅导机构工作。有一次，她和我讲起自己做英语老师的感触。她说，辅导机构的领导找她谈话，让她把班里比较难管的一位学生换给一位男外教。这让她心里很不舒服，觉得自己的女性角色在这个问题上遭到了否定。她也多次被学校要求，英语课不能讲中文。她不得不随时隐藏自己的华人身份，这让她感觉更不自在。作为双重文化的拥有者，她不知道如何协调自己的多元文化身份，特别是自己的种族和性别身份。

我能够感受到她的沮丧，就像我能够感受到田纳在工作坊中的沮丧一样。教育时时刻刻都会受到来自社会、文化、机构叙事的影响。这些彼此交织又错综复杂的逻辑，不断在影响我们个体的观察与讲述。当我们为个体找到讲述的空间，在宏大叙事面前，让自己的声音被听到，这也是在感到沮丧之后可以尝试的方式。

SEL 是讲出来的，还是做出来的？

我跟三位参与者来到一所位于北京市南城的公立学校，参与了她们组织的两次班会课。这所学校属于公办民助学校，由投资人出资修建，由政府统一发放教师工资。下午两点半，我们准时来到学校。高高的塔尖看上去像是一所国际学校，操场上有学生上体育课。今天班会课由安心负责。她特别带来了海报纸，手里还拎着一个橘黄色的棉布包，里边装满了教具。田纳也从车里取出来一个用篦子做的教具。她的后备厢被书和教具塞得满满的。看得出来，她们十分用心进行了准备。

这次班会课是给七年级学生设计的。班主任老师和我们寒暄了几分钟，让我们在隔壁教室稍作准备，正好也等待学生下课。这时，安心把让学生试穿的白色 T 恤拿出来。她们还给学生准备了小鞋子钥匙链作为纪念品。之前我记得她们说过，因为这次主题是同理心，想让学生懂得站在别人的角度想问题，小鞋子钥匙链有试穿别人鞋子的寓意。若水给我带来了一本英文版《正面管教》，安心给我带来了一本中文版《正面管教》，说是送给我的礼物。

班会从 2 点 45 分上到 4 点 10 分，比原计划晚结束了 25 分钟。结束之后，我们进行大约 20 分钟的讨论。她们告诉我，在过去三年中，虽然组织了大约 50 次类似这样的主题班会活动，但是这次还是第一次给初中学生上"同理心"这个主题。她们对整个课程进展做了认真的总结。当然，我在提出自己的疑惑时，还是有点担心。我知道此刻的自己是学习者，也是局外人，我的角度对她们来说只是一种补充。

我们自己对于知识的理解，以及从小接受的教育，都会影响课程准备和对它进行的反思。特别有意思的是，安心在总结中几次提到她的方式和习惯，这也是实施 SEL 课程最具挑战的部分。如果让学生花费大量时间对"同理心"这个概念进行复述，可能会让他们错过感受"同理心"的机会。安心也认为，这次课上安排的活动有些多，内容有点乱，学生可能不太好理解。整个课堂让她感觉很"躁动"，学生不能很快进入状态。甚至有些学生，不太懂得尊重别人，老师说话的时候会插嘴。我却觉得相比我观察过的美国课堂，这个班的学生算是守规矩了。

当我们对教学进行反思的时候，我们不仅要了解自己的立场，而且要反问自身，我们的对比框架是什么。虽然我们常说不要进行评判，但是，我们往往忽略了评判之后如何对自己的评判进行反思。如果一味把评判当作找错误，就会不断强化"评判是错误的"这个观念，但是仍旧还会进行评判，因为我们总需要一些原则来进行决策。如果我们思考评判的标准，以及是什么在推动评判，或许就不会一味否定评判的价值，而是更加积极地理解他人的立场。作为教育者，我们还需要更多关于反思的练习。比如，什么时间点我做了什么？为什么我会那样做？结果怎么样？这些都是不错的切入点。其次，我们需要反思自己对于知识的理解。尤其是，当我看到一组学生写下他们的特点是"知识改变命运"，这时我们需要思考，知识对他们来说到底意味着什么？教育如何为学生和老师创造机会，让他们重新定义知识？还是我们只能被动地接受某种已经被定义为知识的知识？

在这所学校的另外一次小学班会课由安心负责，主题是情绪表达。那是一节观摩课，有包括校长在内共 20 位老师来听课。安心在班会前告诉我，班主任老师认为学生不太会表达自己的情绪，同学之间也曾因为情绪问题大打出手。班会课结束后，学校老师都一致认为，班里学生其实懂得表达，校长甚至对孩子们的表达能力感到惊讶。

在班会课上，我注意到一个学生，从一开始分组，就自己坐在一边，没有参加小组讨论。后来他被班主任老师叫出门外，进行单独谈话，回来之后一直躲在其他同学的身后。当我看到这个情景，心里特别不是滋味。我不知道校长和班主任会怎么理解这个学生的行为，却觉得这是一个让教育发生的最好时刻。教育并不发生在假设的理想情境中，也不在讨论的抽象概念中，而是我们如何设身处地为那个孩子着想，去了解有可能被遮掩起来的事情。SEL 不应该被视作某个具体的学习任务，也不是强加给老师的教学方法，而应是一种对于教育的理解方式，对于学校和课堂的观察，对于学生的关爱和尊重，对他们处境的感同身受。我仍旧记得，班主任老师的轮廓映照在把孩子关在屋外的玻璃门上，隔着那道厚厚的门我看到了那个孩子的无助、愤怒和失望，我也看到了老师的无奈、烦躁和疲惫。

反思的确是一个费心费力的过程，需要跳出原有的视角，重新看待自己，把那些理所当然的问题不再看得理所当然。教育学研究提出了"知识资金"（Funds of Knowledge）的概念，帮助老师转换视角，重新理解学生的处境。"知识资金"的概念早期由美国人类学家提出，指的是家庭为了满足经济需要而掌握的资源和知识。教育研究者用这个概念理解学校教育，特别是美国少数族裔学生的家庭文化和学业表现之间的关系。知识资金这个概念框架打破了"缺陷理论"的思维模式，从社会正义的视角重新理解学生、他们所在的家庭和多元文化。[①]

从这个角度，我们看到的"问题"学生，只是从我们认为正确的标准给学生贴上的标签。这样做的危险就在于，学生也会以这种简单划分的方式看待自己。教育是一个看似专业化程度不高、任何人都能够参与的领域，但是，对于教育者来说，如果不能深刻理解教育其实就是言传

---

① Linda Hogg, "Funds of Knowledge: An Investigation of Coherence within the Literature", *Teaching and Teacher Education*, vol. 27 (2011), pp. 666-677, https://doi:10.1016/j.tate.2010.11.005.

身教，那么很可能传递出连自己都没有意识到的"错误"信息。我这么说，并不是说我们的判断一定是正确的，也不是说，我们掌握了某种标准。从事教育工作，需要对自己和他人，产生情感上的理解。这样做，主要基于认知的常识，同时又能超越认知的局限。每一次的实践和探索，都是重新看待教育，甚至重新定义教育的宝贵时刻。

难道学生在配合我们吗？

田纳儿子的初中班主任，请她帮忙组织一次班会课。班主任告诉她，几周前的一次秋游活动中，所有人都在玩儿手机，有些学生还用手机联网一起打游戏。由于没有用心感受秋游，学生都没有完成老师布置的作文。班主任希望通过班会课，让学生体谅老师的良苦用心，认识到尊重老师的重要性。她们定在周三上午一起备课，由于我的时间不合适，没能参加她们的讨论。周四我直接来到学校和她们碰面。

这次班会课的主题是"尊重"，田纳和安心自主设计了其中的体验式活动。总体来说，大家都认为这次班会课比较成功，学生更好地理解了老师的意图。但是，田纳认为这次班会课的主题有些浅显，一下子就被学生"识破"了。若水也说，班会课到最后又变成对学生的说教。我们意识到，如果把 SEL 单独设计成一节课，就会有这样的问题。但是，怎样避免生硬地说教，我们都没想出更好的答案。

总体来说，班主任老师认为体验式活动不同于传统的课程，能够让学生接受而且积极参与。在微信群里，她特别感谢这次班会课的设计，让学生体会到尊重老师的重要性。同时，她也表达了自己对于这种创新授课方式的认同。在我们看来，这次班会课更像是替她出了一口气。当然，学生能够很快意识到老师想让他们理解的关于尊重的主题。这也是班主任老师说的，这些学生很机灵。另一方面也说明，学生仍然愿意服从老师的安排。

我们也观察到，学生在活动中毫不掩饰地表达出"玩"得过瘾。班主任老师也认为，他们可以直白地表达出来，特别难得。看得出来，学生和老师之间的关系还是比较平等的。面对权威感十足的老师，学生会害怕袒露自己的想法。所以我们都认为，班主任老师感受到的不尊重或许是学生对破坏规则的好奇。这恰恰也说明，在他们的生活中，破坏规则是很少能够被接受的。所以，我们都认为这个问题其实和规则密切相关。如果我们想让学生理解，除了尊重他人、尊重个体，还要尊重规则和情境。那么，怎样讨论规则、规则由谁制定、情境又是什么、在什么样的情境中我们需要相互尊重，这些都是值得探讨的问题。说到底，在单方面制定的规则中，老师要求学生尊重他人就会变成简单的说教。如果学生也可以参与规则的制定，那么说教或许就可以避免。

这一章的叙事大部分来自学习小组这个探究空间，其中包括对于SEL文献和活动的讨论与反思、参与者的反思性写作和三位参与者开展的与SEL相关的研究项目和实践。我们发现，对于SEL的理解不断建立在各自的生活经验和对经验讲述的基础上。这种围绕个体经验的叙事方式，拓宽了我们理解SEL的视野。同时，个体叙事呈现出了具体的问题，例如SEL倡导的西方价值观、单独授课所体现的意识形态、中国的社会文化语境下隐含的SEL主题等。

第三章　我作为实践者的故事

在这项研究中，我把自己定位为讲述者、观察者、实践者，具有多重身份的探究者。在不同的时间和空间，我和三位参与者"站在一起"，共同生活并且谱写关于 SEL 的教育叙事。在这个过程中，我为儿童、家长和教师建构了三种不同的 SEL 实践现场。当自身成为探究的一部分，也就形成了另一种讲述经验的方式。在这些教育现场，我的身份也在学习者、观察者和实践者之间进行转换。通过这种转换，对于 SEL 的探究也被置于多重维度的社会文化情境之中。

儿童工作坊

若水邀请我来到位于四川的生态农场，为参加夏令营的 6—12 岁学生开设三次工作坊。第一次工作坊参考了正面管教的课程主题。另外两次工作坊，则对原有体验式活动进行了调整，改为即兴表演和故事接龙。三次课程是我第一次也是仅有的一次为儿童设计的 SEL 工作坊。

单独设置 SEL 课程的问题

总体来说，学生对这种体验式活动很感兴趣。但是，把 SEL 作为主题，具有明显的灌输和说教意味，降低了学生参与的热情。如果我们从纠正或补救的角度，规训学生的观念和行为，而不是理解他们所处的复杂关系和情境，容易促成教师站在道德制高点对学生进行道德绑架。同时，也让 SEL 课程落入具有工具主义倾向的陷阱。因此，通过设计和实施体验式活动，再次反思基于行为和认知的心理学，作为 SEL 的理论假设。以下是对活动的记录。

折纸热身

我们在设计课程的时候，确定了"用心倾听"和"尊重差异"两个主题。我们先让学生围坐成半个圆圈，若水位于中心。她发给每人一张纸巾，并且给出任务指令：对折纸巾，再对折，撕掉中间的角。学生打开纸巾，互相观察，找到和自己的纸巾有相似形状的同伴。在尝试的两次活动中，我们看到有几个学生展示出了相似的形状，但是大部分学生的形状是不同的。学生认为，由于我们给出的指令不清晰，不知道如何解读指令。但是从我们的角度，更希望学生理解，即使面对相同的指令，也会有不同的理解。学生对于指令的关注，让我们意识到，这个活动更适合老师和家长，启发他们反观自己的指令，以及学生对相同指令的不同理解。

神秘的鸡毛信

我们把学生分成 A、B 两组。A 组学生有三个任务：东张西望、玩衣服、嘴里哼歌。B 组学生也有三个任务：眼睛看着说话的人、时不时点头表示认同、向说话的人提出几个问题。大部分学生都能够积极地参与活动，但出乎我们的意料，他们并没有从倾听的角度谈论自己的感受，只注意到对方说话时好笑的样子。若水曾经在公立小学的班会课上做过这个活动，当时的效果还不错。她自己也反思，不同环境会带来不同的学习体验。我们都认为这个活动更适合老师和家长，而且需要在相对安静的环境中进行，才能用心理解两种不同的倾听方式。

体验式活动再设计

即兴表演

由于技术原因，原定的视频动画不能播放。[①] 于是，我临时决定让学生猜测动画中动物的名字。学生踊跃地发言，我突然想到，如果这时让学生扮演这些小动物，或许可以尝试一下即兴表演。于是，我让学生在我面前坐成一排。我提出，他们需要先走到我的位置，说出动物的名字，再开始扮演。我希望每个学生都有相同的机会，所以决定从左往右，依次让他们进行扮演。我鼓励他们，任何想法都是被接受的。学生很喜欢这个形式，从扮演动物逐渐转向树、房子、汽车等。他们的表演热情越来越高涨，陆续扮演了汉堡、空气、微粒……很多五花八门的事物。

我们设计即兴表演活动时主要设想了三种方式：个体表演、团体表演和故事接龙。个体表演是比较自由、松散的，学生可以按照自己喜欢的方式扮演出他们描绘的事物，主要侧重个体语言、情感和肢体表达。团体表演需要倾听他人并且与人合作，也需要个体表演中各种形式的表达。我们也尝试了把学生分成两组，让他们相互提出问题，让对方进行扮演。他们特别喜欢这种形式，表演了"游乐场"和"魔法世界"等场景。这样的表演可以是静态的，也可以是动态的，其中一组学生演出了"熊出没"的情节。即兴表演的最大特色在于，表演并不基于已有的故事情节，而是当下自发和原创的。我们发现，比起折纸和鸡毛信活动，这个活动更能调动学生的积极性，让我们更自然地与他们互动、学习。

故事接龙

"是的，而且"是即兴表演中重要的规则。当我们听到同伴讲述的故事之后，需要对情节表示认可，然后再继续把故事讲述下去。这个活

---

① 我们原计划让学生观看《我的名字克丽桑丝美美菊花》绘本改编的动画。绘本中的克丽桑丝美美是一只小老鼠。

动希望为学生创造一个表达的空间，拓展他们的想象力、创造力和反应力。为了更好地说明规则，我们在投影仪上列出了要求：认真倾听同伴的故事。只有专注倾听，才能让故事继续。我们让第一个学生任意给出三个名词，第二个学生就从这三个名词开始。

在三次活动中，每个学生讲故事的时候，其他人都能认真倾听。为了把故事推动下去，他们都绞尽脑汁思考。那些表现活跃的学生，编出的故事也充满创意。在第一次活动中，我们让其中一个学生对整个故事进行了复述。但是在后两次活动中，没有这样做。如果指定一个学生复述，其他学生可能就不会专注。我们都认为，这个活动至少需要两位老师一起组织，因为学生年纪小、比较活跃，让他们围成一个圆圈效果会更好，也有助于近距离地倾听同伴的故事。

家长工作坊

我实践了两次家长工作坊。一次是在四川农场夏令营，另一次是在海豚幼儿园。除此之外，我还参与了一次海豚幼儿园的家长咨询。

育儿焦虑作为经验和知识

夏令营期间的家长工作坊更像是一次教育沙龙。由于只有两个小时的时间，我和若水决定以讲座和讨论为主，不加入体验式活动。活动共有十位家长参加。

在自我介绍环节，家长表达了他们的困扰，内容如下：

- 上小学的孙女报了六个培训班。作为奶奶，特别担忧她的教育。她认为当好家长是件非常难的事情。

- 幼儿园不断更换班主任，在发现自己无能为力之后，学习接受这些不可控的因素，慢慢倾听孩子，完成自身的治愈和成长。当家长意识到，是时候放弃控制权，信任孩子和自己，本身就会带来改变。

- 这里的家长重视教育的不多，没有支持性的圈子，感觉自己很孤单。小孩的错误基本上都是家长的错误。在目前的环境下，孩子很容易被养成精致的利己主义者和享乐主义者。

- 自己的孩子在学校受到老师的威胁。老师对待学生没有公平可言。

- 自己从孩子出生的时候开始，就变得非常焦虑。

- 现在的家长不了解孩子。孩子的心理需求是重点。孩子缺少的是对父母的理解。家长需要拓宽自己的眼界，需要正能量。

- 儿子没有内在的学习动力。自己对他没有太多要求，只是希望他各方面发展不错，能适应社会，找到工作，不要求各方面都变得优秀。一直想找到让儿子有内在学习动力的办法。儿子有点胖，晚上会带他做运动，但是他不喜欢。自己和爱人工作忙，不知道如何教育孩子。

这次到场的只有一位父亲。在我和他交谈的几分钟里，他看上去很疲惫，不断表达对儿子的担忧。他并不是个例，这次来的大部分家长都表达出自己在育儿过程中的纠结和焦虑。谁不希望自己被看见、被听见呢？家长工作坊就是一个让他们被看见、被听见的空间，他们需要这样的空间诉说。只是，在现有的教育语境和范式之下，家长常常被认为缺乏教育经验，是老师和学校需要改造的对象。在工作坊中，我特别强调教育者需要倾听家长的育儿困惑，家长具有的个体经验就是知识，而且是对于学校知识的重要补充。教育者需要把来自家长的个体经验纳入到家长教育知识的范畴，这样才能够在彼此之间建立起互为师生的关系。

致力于研究家长参与课程的加拿大学者普索（Debbie Pushor）认为，在家长教育中，家长长期被置于缺陷位置，也被学校景观隔绝在外。[①]如果我们不能够深入理解教育和学校的关系，那么家长在学校的教育叙事中，不仅仅会被视为他者，而且会持续缺席。美国学者温克（Joan Wink）在《批判教育学》书中提出了家长参与的两种模式，一种是教师为家长做，另一种是教师和家长一起做。[②]两种模式来自不同的哲学观和认识论，前者是我们熟悉并且不假思索就会使用的，而后者正是我们需要了解并且实践的。因此，在教师工作坊中，我建议老师组织家长会和家长参与课程时，需要转换理念，把教家长如何做转换成和家长一起做。当学校和家庭彼此了解，达到视阈的融合，家庭与学校之间才会真正达成合作。

与自我的重逢

海豚幼儿园家长工作坊的主题是"与自我的重逢"，我和若水一起组织了这次活动。我们希望通过描述和再现家长与孩子的相处过程，反思孩子所处的家庭、学校和社会情境，反观自身的家长角色。活动包括视角转换、幸福感场景再现、角色扮演和小组讨论四个环节。我们也穿插介绍了 SEL 概念，播放了西班牙视频短片《一样》（*Alike*），并分享了美国心理学家恩格尔（Susan Engel）的著作《彩虹的尽头》。以下是活动记录。

[①]　Debbie Pusher, "Parent Marginalization, Marginalized Parents: Creating a Place for Parents on the School Landscape", *The Alberta Journal of Educational Research*, vol.50, No.3 (Fall 2004), p.223.

[②]　参见〔美〕琼·温克著，路旦俊译：《批判教育学——来自真实世界的笔记》，湖南教育出版社 2008 年版，第七章。

视角转换

我们要求家长从孩子的角度，向大家介绍自己。若水特别从自己女儿的角度，给家长做了示范。这个活动即使对于渴望成长的家长来说，也有一定的难度。家长需要从"我是家长"的角度跳出来，进入"我是我的孩子"。几位母亲在介绍的时候，仍旧花了大部分时间介绍自己的孩子，我们不得不提醒她们转换视角。一位父亲在介绍自己之后，忍不住又分享了自己的问题，不自觉地又变成"我是家长"的视角。我们都认为，这样的活动体验有助于家长换位思考，理解孩子如何看待作为父母的自己。

幸福感场景再现

我们让家长用五分钟时间，思考并记录下孩子带给他们幸福感的一个场景。家长需要写下具体的过程，包括看了什么、听了什么、说了什么，而不仅仅是某个静态的瞬间。家长的故事场景如下：

- 我下班回家，刚推开门喊凡凡的名字，他就兴冲冲地从屋子里跑出来，一把接过我的包，并放在衣柜里。那时他还不太会说话，但我已瞬间感到他长大了。他很少看电视，不知道从哪里学到的。但那一刻我觉得很温暖。
- 我觉得头痛，躺在床上休息，孩子听到我跟她妈妈说话，跑来说："爸爸头不舒服，我给你揉揉。"又拿来一瓶药，举到我面前，瓶中插了一根吸管，"爸爸你快喝了吧，喝完就好了"。孩子对于情感关心的体会深深地触动了我，很细腻。
- 孩子笑的时候。两个孩子一起玩，在海边。老大刚出生，我第一眼看到。晚上睡觉老二抱我、亲我说："妈妈我爱你，晚安。"老大要求我念《小蝌蚪找妈妈》。

- 工作了一天，经历了非常忙碌的一天，筋疲力尽的我打开家门，正在用钥匙开门的时候，我就听到她在里面喊着跑过来。"是妈妈吗？是妈妈回来了吗？"打开房门，小家伙就冲了上来，紧紧地挂在我的身上，"妈妈，妈妈"。等我坐下来吃饭的时候，她总要绕过来，爬上我的腿，坐在我的身上吃饭。

- 某天，木木问妈妈。"妈妈，你这么胖是减肥减的吗？""哦……是吧。""那继续减吧。""噢，好吧。""妈妈胖难看，你还喜欢妈妈吗？""喜欢呀！一直都喜欢，什么时候都喜欢！"妈妈给了木木一个大大的拥抱！

- 齐齐6个月时我抱着他举高，我没有想过这会在齐齐的心里留下何种反应。有一天下班回到家，齐齐看到我，情绪不太稳定，我脱鞋洗手换衣服，并没有在意什么。齐齐突然大哭，家里阿姨说："这是让你快抱抱。"我赶紧停下手头的事去抱他举高，他就笑起来，开心的程度是我从未见过的。

- 两岁的时候给小小断奶，我消失了三天，后来听说小小睡觉做噩梦，叫妈妈哭醒了。我回到家，坐在沙发上，小小从外面玩儿回来，看到我，突然愣住了。过了一分钟，走到我面前摸我的脸，确认我是真实的，然后大笑起来，可能是失而复得的激动，又可能是委屈。

- 早上离家上班的时候亲吻脸颊，晚上睡前晚安问候。
  "粒粒，爸爸要去上班了。""爸爸早点回来。"
  "来，亲爸爸一下。""嗯啊。"
  "粒粒，晚安，爸爸爱你。""爸爸，晚安。粒粒爱你。"

角色扮演

家长分别表演，让他们感受到幸福和沮丧的两个故事。刚开始，几位母亲来到台上，不停地讲述她们的故事，几乎没有表演。我和若水不得不解释，角色扮演是通过表演体会角色当下的情绪。若水还特别模仿了，在其他工作坊中老师扮演孩子的样子（如图 3-1）。我们所说的，站在孩子的角度，不仅仅是心理的角度，也包括身体的角度。通过让自己的身心进入孩子的角色，全方位感知孩子所处的状态，完成角色扮演。这也是具身化理解情感的一个过程。

图 3-1　幼儿园老师扮演孩子和老师

我们给家长举了一个具体的例子。如果一个淘气的孩子，总是不停地乱动，那么家长在扮演这个乱动的孩子，撞破自己头的时候，真的要试着撞一下。这样会帮助家长理解孩子那时的感受，而不是作为旁观者，看到孩子撞破头的行为，立即就去指责和批评。在我们解释之后，一位母亲投入地扮演了自己拖拖拉拉、不愿意穿鞋的孩子。那是每天早晨，出门之前都会发生的、令人沮丧的场景。表演结束之后，她喘着气，说不出话。"孩子哭闹是特别消耗体力的"，这位母亲分享感受时说道。对于她来说，亲身理解这种身体上的消耗是难得的体验。

另外一位扮演母亲的家长，看上去有点儿严肃、紧张，只展现出了一个拥抱的动作。她在工作坊的讨论环节，提出了不少疑问。她原以为，我们的课程是来为家长答疑解惑的，没想到却做了这些活动。在现有的教育模式中，特别是学校教育，让学生习惯寻找并确认标准答案。这个模式偏向对权威和标准化结果的认同，把教育简单地看作模版。学生会在特定的模板下，寻找自己的位置。但是，体验式活动倡导对个体经验的感受与接纳，对他人经验的理解与尊重，有助于参与者在多元、开放、包容的环境中相互学习。理解和尊重的前提是共同参与。体验式活动希望帮助家长拆开限制自身思维的框架，以全新的方式，看待自己和孩子的教育，而这仅仅是第一步。

小组讨论

在我们进行完角色扮演之后，我们把家长分成两组，让他们分别对刚才的活动进行讨论。他们可以分享自己的感受，也可以提出更多的问题。一组家长看上去很积极，或许因为他们扮演的故事有相似的情节，让他们彼此有更多共同的话题。而另一组家长在我们的协助下，才慢慢开始交流。不管是讨论，还是记录，都需要彼此合作。怎样帮助家长和老师更有效地融入合作式学习，是我们需要找到策略来突破的。

一组家长在海报上写下了孩子们的感受："排斥刷牙，想互动，挫败感；想自己做决定，我赢了；满足，不掩藏，真心开心，希望妈妈开心。"他们也写下了大人们的感受："从有耐心到烦躁，想控制孩子，感受到成长，被理解。"另外一组家长写下了表演感受："体会到孩子见不到妈妈时的恐惧；孩子想要家长了解他们的想法。"同时，他们也记录了观看感受："感同身受；孩子出现问题时，束手无措、慌乱。"

团体反思

家长来到工作坊都想寻求答案。他们希望学习有效的方法，应对孩子行为的挑战。但问题是，如果我们从行为层面对孩子进行纠正，可能会误导家长，让他们认为问题出在孩子身上。同时，我们也并不能批评家长，让他们认为问题出在自己身上。教育并不是让我们按照某个正确的理论或方法，去纠正个体的行为。这也是为什么我们不能只从行为主义的角度去理解教育，而需要多元化的视角，理解孩子所处的多重现实，思考我们认为的"问题"到底是不是孩子真正的"问题"。

工作坊结束之后，一位在"转换视角"环节不断讲述自己的母亲找到我。她认为自己的孩子有社交方面的问题。在跟她对话的过程中，她几次提到自己的原生家庭。由于工作忙，不能陪伴儿子，她常常感到自责和愧疚。目前，她和父母生活在一起，又遇到隔代养育的问题。她的儿子今年两岁半，虽然缺少社交技能，却有很高的自主性和数理逻辑能力。她自己从小学习好，奥赛获过奖。长大之后，她想挣脱母亲的管控，去外地上了大学。对她来说，父母对她的情感教育非常少，她希望能够给儿子提供这方面的教育，弥补原生家庭的情感缺失。她特别提到，不期待儿子上名校，只要能够健康成长，与别人进行良好互动，就会很知足。她对儿子充满期待的同时又充满担忧，也对自己作为母亲感到自责。我感激她对我的信任，和她一起探讨了她所面对的现实。我建议她尝试梳理自己的社交关系，记录下来自己与家人和同事沟通的感受。她也可以跟自己的母亲多聊聊，听母亲讲讲她自己的故事，感受到女儿对她的关爱。

对于很多核心家庭来说，孩子去幼儿园之前，与同龄人沟通、合作的这些概念对于孩子来说或许是陌生的。但是，孩子在家里仍旧能够学习并且积累这方面的经验。沟通不是天生的能力，是需要后天学习的，家庭是孩子学习这些能力的重要场所。我们需要把学习和生活作为整体来考虑，而不是有意地割裂它们。所以，我能够理解工作坊中一位母亲说的：幸福和自己对孩子的教育好像没有什么关系。在她看来，教育是教孩子吃饭、穿衣、学习，而其他都不属于教育的范畴。

幼儿园外方园长虽然没有参与工作坊的活动，但是全程都对我们的活动进行了观察，很认可我们的工作。他建议学校开设系列家长课，带动幼儿园的家校共建，这让我们也备受鼓舞。正如前文提到的，组织家长工作坊并不是为了纠正家长的观念，也不是对他们现有的方式进行正确与错误的评价。我们的目的更不是提供一个所谓"正确"的模板，以此来调整他们的育儿方式。我们希望为家长创建一个让他们感到信任，同时愿意分享经验的空间。

有自闭症倾向的凡凡

> Yannie，能麻烦您件事吗？我们园有一个孩子去六院检查出有自闭症倾向，但是不是自闭，医院也没有给出具体解决方案。家长想和您联系，看看有没有好的解决方案。园里的老师和家长都很想帮这个孩子，看现在做点什么能够帮助到他。孩子 2 岁 11 个月，入园 2 个月变化很大，但仍然有很多错误行为。方便把您的微信推给这位家长吗？

这是海豚幼儿园常园长发来的微信，提到的家长就是工作坊结束之后，单独找我交流的母亲。她告诉我，医生只用了不到两分钟的观察，就认定凡凡有自闭症倾向。她不愿接受这个结果，找到我。她向我咨询有什么具体的方法可以帮助孩子。我当时建议，最好先去幼儿园认识一下孩子，再和班里的两位老师（中方和外方）共同商量。我们建立了包括家长、园长、两位老师在内的微信群。

我来到幼儿园，参加过教师工作坊的外教老师 Joyce 听说我要来和家长见面，感觉很欣慰。我们一起来到咖啡厅，Joyce 开始描述上课时凡凡的表现。中方老师 Rene 也说了她的困扰。这时，凡凡妈妈走进来，一头直发，化了淡妆，说话语速快，给人雷厉风行的感觉。凡凡跟着爸爸也进来了，两人在一边玩儿。凡凡爸爸戴眼镜，有些微胖，话不多。最后进来的是园长，坐在凡凡妈妈的身边。

凡凡拿着玩具快速走过我们，在每位老师身边稍作停留。我对他来说是个陌生人，即使我主动和他打招呼，他也没有理我。过了一会儿，他跑到门边，好奇地摆弄着门把手，他爸爸很快把他叫走了。他找到椅子坐了下来，手里拿着玩具。我想跟他交流一下，就走过去，指着手边的杯子问："这里有几个小杯子，有几个大杯子？"他一边数一边说："1，2，3（不清晰），4。"我尝试跟他互动，就拿起一个小杯子，他接了过去，并没有看我。

Joyce 给我们看凡凡课上玩儿数字拼图的视频。Rene 解释说，凡凡对数字情有独钟，每次都会玩儿同样的数字拼图，而且都是自己玩儿。Joyce 去教室拿来数字拼图和玻璃弹珠，把它们摆在了我面前。这时，凡凡走了过来开始玩儿。拼图和玻璃弹珠有几次掉到桌子底下，大家都蹲下身帮他一起找。

Joyce 和 Rene 都说到凡凡在班里没有规则意识，也不听老师的指令。我想看看是怎样的情形，就让他把玻璃弹珠从一边摆到另一边。他的确没有听我的要求，用手紧紧抱着盒子说："不要不要。"我又问他："我们要不要把盒子里的玻璃弹珠都拿出来？"只见他飞快地把盒子翻了过来，玻璃弹珠全都掉到了盒盖上。这次，他听了指令，快速地完成了任务。有些玻璃弹珠掉在了地上，他爸爸立即俯身，捡起弹珠。在整个过程中，凡凡跟着爸爸叫了我一声"刘老师"，但是我们始终没有进行眼神的接触。

凡凡开始摆弄桌上的弹珠，按照 1—10 的顺序，第 1 行一个，第 2 行两个……第 10 行十个，把盒子里的弹珠都摆完了。当我问他："要不要把盒子收拾好？"他没有再听，一下子跑到沙发上。当听到 Joyce 播放的一段音乐，凡凡突然开始收拾桌子，很快就收拾干净了。Joyce 告诉我们，这是课上要求小朋友整理玩具的音乐，她没想到凡凡可以这么快就收拾好。凡凡妈妈说，在家里她说什么，凡凡都会去做。凡凡爸爸开始给他穿衣服，每一个动作都特别认真。Rene 告诉我们，除非遇到特殊情况，老师不会给小朋友穿衣服，但是凡凡是个特例。穿好衣服，爸爸把他抱了起来，跟大家告别。凡凡大声喊着："妈妈！妈妈！"然而，他妈妈没有起身，远远地看着，示意让他们先回去。凡凡哭了起来，我们都建议妈妈过去看看，这时她才起身，跑过去安慰了一下凡凡。

在我们的讨论中，Joyce 又说到凡凡吃饭的问题。有一次，他曾经把整整一大块苹果全部放到嘴里，却不知道怎么吃掉它。凡凡妈妈忙着解释说，在家里他从来没有自己主动吃过饭，全部都是姥姥喂饭。如果像凡凡妈妈说的，她和自己母亲之间没有建立起爱的关系，那么隔代喂饭也可以看作是爱的补偿。以下是我的反思笔记：

在短短的十几分钟里，凡凡爸爸就像一个尽职尽责的消防员和永不疲惫的接盘侠，一边随时准备把凡凡救出火海，一边随时计划接住凡凡留下的残局。几分钟内，他两次把凡凡从饮水机旁一把抱起的那个画面，至今定格在我眼前。我似乎看到一个迫切想参与育儿，却因为过于不安而努力掌权的爸爸。而坐在一旁的妈妈，以上帝的视角冷静地注视着发生的一切。即使看上去冷静、理性，在整个过程中却不断重复着"都是我的问题，都是因为我，都是因为我妈妈"。除了苛责自己和那个不在场的母亲，她似乎还有很多话想说。那里边有无法割舍的、由原生家庭带来的爱和伤痛。每个家庭都有自己内部的形态和文化，我们不能简单地评价对错。认识到自己家庭的内在秩序，或许可以有助于我们发现那个持续不断让关系得以运转的齿轮。只是，每个齿轮都会在看上去坚固的啮合中生锈，直至脱落。我们寻找那个或者那几个生锈齿轮的努力又显得异常徒劳。当凡凡这个被科学地认定为脱落或即将脱落的小齿轮，活生生地出现在我们面前，我们是不是应该让他回到他所生长的那个齿轮序列中，让他自己去看看到底哪些齿轮正在生锈，哪些已经脱落。在孩子所处的家庭、学校和社会这个巨型的齿轮中，每个人都无法避免生锈，甚至脱落。作为孤独又相互连接的个体，我们也都无法推脱成为这个巨型齿轮的一部分，因为我们每天都在生锈，而齿轮总有一天也会脱落。(2018 年 12 月 6 日反思笔记)

以上两次家长工作坊和教育咨询，帮助我突破了 SEL 理论框架，并完善了设计家长教育成长课程的思路，具体内容可以参考本书附录中为教育者设计的体验式活动。由于内容有重合，就不单独列出家长活动方案。其中涉及学生的部分，教育者可以自行替换为孩子。我建议，家长课程以工作坊形式开展，学校可以根据自身的特色，进行主题拆分或删减。家长工作坊可以单独设置，但是最好通过家校合作中的家长参与模式完成。这就需要学校老师带动家长一起做，设计出让家长完成的活动。家长通过梳理并分享个体经验，在课程建构的学习共同体中，与学校老师彼此倾听、共同反思、相互学习。这样的设计希望探索国内家长教育的具体路径，促进家校之间的理解与合作。

教师工作坊

我实践了六次教师工作坊，分别在海豚幼儿园（2次）、致远学校（1次）、四川农场夏令营（2次）和薄荷幼儿园（1次）。工作坊围绕教师视角转换、反思教师角色、再理解情绪建构等主题。

海豚幼儿园

常园长邀请我来到海豚幼儿园，让我和外方老师Tina共同设计一个减压课程。Tina除了上课，还负责园里老师的心理咨询工作。她说，幼教老师工作压力大，时常感到情绪紧张，学校希望为他们提供心理辅导，以获得更多幸福感。原本幼儿园计划开设一对一教师咨询，但是由于目前有40位老师，人数过多，暂时没有实施。常园长也担心，内部一对一咨询，不能让老师放下戒心。她希望第三方能够介入，让老师有渠道疏解工作压力。我建议常园长基于教师情感劳动 ① 的概念，为老师设计情感工作坊。

过了两个星期，我接到Tina的微信，她想和我谈谈海豚幼儿园的事情。见面那天，她的先生James也来了。Tina来中国之前，刚刚申请了心理学博士课程。她想积累一些经验，就决定推迟一年入学。通过英国的中介公司，她找到了海豚幼儿园的工作，签约一年。因为Tina要来北京工作，James就跟她一起来到了北京，目前也在国际幼儿园当老

---

① 情感劳动（emotional labor）的概念由美国社会学家霍奇希尔德于1983年首次提出。通过对航空公司空服人员的研究，她发现除了体力和脑力的付出，空服人员还需要调控他们的感受和表达。之后的研究者也把这个概念用于分析教师工作。

师。Tina 是锡克教徒，祖父母早年从印度去了英国。Tina 父亲出生在英国，很早就过世了。她母亲文化程度不高，17 岁从印度来到英国。因为坚信教育能够改变命运，她母亲通过经营一家小店，让 Tina 入读了私立学校。因此，Tina 特别理解中国家长对于子女教育的期待。James 是基督徒，在经营自己的公司之前，是专业运动员，后来当了体育老师。一路走来，他父母从未干涉过他的选择。中国家长对于子女教育的态度让他有些费解。

为了满足家长的期待，以及目前国内对于外籍教师的需求，幼儿园在招聘外籍教师的时候，并没有设立明确的标准。他们不太理解，似乎只要是外国人，会说英语就可以来应聘幼儿园的工作，甚至不需要接受背景调查。James 所在的幼儿园从来没有要求他出示过学历、学位证明。Tina 也惊讶地发现，自己在海豚幼儿园的同事中，只有三位外籍教师有本科学历。有些老师连简单的英文拼写都不会，这样的现实让人感到忧心忡忡。更不要说，家长还要为高昂的学费买单。因为来自家长的推动，海豚幼儿园决定从新学期开始，要求所有中方老师都用英语上课。在这里，教育被作为消费品，被利益胁迫，成为它自身的目的。社会难以抵抗消费主义的侵蚀，教育也很难逃脱它被消费的厄运。

工作坊说明会

在为老师组织工作坊的说明会上，常园长向我介绍了外方园长 Josh。第二天我收到了他的微信留言：

> You know, there's a certain kind of discipline and ethic that comes from being a researcher/scholar as you are, and I'll just say that hasn't been my mindset for a while. So I was really happy to be at the workshop and feel that kind of honest & rigorous approach to a topic - I was

reminded of some things I've done in the past. And not to get too heavy here, but I truly am looking forward to working with you - and supporting your efforts (if I can) - and plugging back into a mindset that, I learned yesterday, I've missed; this will be good for me!

你知道，作为研究者／学者，会有某种规范和伦理意识。我只是想说，已经很久没有这样思考过问题了。所以，我很高兴能够参加工作坊，而且看到对于这个主题的某种真诚而且严谨的态度——这让我想起过去做过的一些事情。不想在这里弄得特别沉重，但我真的很期待与你合作，支持你的努力（如果可以的话），重新回到我昨天所学到的思维方式，我很怀念那种方式。这会对我很有好处！（2018 年 6 月 15 日 Josh 微信）

Josh 是美国哥伦比亚大学的教育学博士，退休之前曾在美国大学教书，退休之后在海豚幼儿园工作。正如他在留言中提到的，幼教老师需要付出大量的体力和情感，没有太多时间思考自己的教育者角色，更不要说在这个过程中，对自己的工作进行反思。这也是我希望工作坊可以启发老师，让他们重新理解自己的情感付出和作为情感劳动者的价值。在信任和关爱的空间，建立起鼓励性的支持系统。

我们分别用英文和中文组织了两次说明会。在英文说明会上，共有八位外教参加，分别来自美国、英国、澳大利亚、乌克兰、加拿大和欧洲。他们来到中国的时间都不长，最长的生活了两年多，最短的只有四天。在谈到工作中感受到的情绪时，他们提到了沮丧、疲惫、满足、有趣、劳累这些词。

这些年在教育产业化的推动下，越来越多的中高阶层的家庭，把孩子送到价格不菲的双语幼儿园。就像我在小山幼儿园观察到的，家庭的经济资本可以为孩子提供更多的教育资源，无形中也提高了家长的期待。海豚幼儿园也不例外。在说明会上，几位外教都提到家长对孩子的高要求与教师的教育理念之间的差异。很多孩子从幼儿园开始，就要参加各种兴趣班，家长对他们的要求太高。由于不会说中文，外教们和孩子的沟通存在语言障碍，更不要说跟家长的沟通。

中文说明会也有类似的声音，很多老师都认为与家长沟通存在问题。一位老师特别感慨地说："我们更像是服务员，而不像老师。家长给孩子交了学费，就期待老师给孩子提供全方位的服务。"教育产业化让教师成为消费链条中的一环，即使他们想实现自己的教育理念，也几乎不可能。同时，教师与家长之间的权力关系也影响到教师的情绪感受。阶层的差异以及由此带来的文化差异，使得家长在幼教老师眼中成为"他者"。哈格里夫斯（2001）认为，被他者化的家长和他们对于自己孩子的态度，不仅让教师感到困惑，而且也让教师感到危险和受到威胁[①]。从这个角度，我不难理解老师表达的压力和困惑。一位还没有开始带班的老师直接表达出，希望工作坊能够帮她找回自己。忙碌的工作和生活让她几乎忘记了自己的需求。她一边表达一边转身，问在座的其他老师：

> 即使在这样一个简短的说明会上，有些老师还在用电脑干活，这样的状态就是"不在状态"。如果自己都不能表现出从容和喜悦，小朋友也是可以直接感受到的。我们需要先把自己调整好，找回自我，这样才可以更好地了解孩子。（2018 年 6 月 14 日海豚幼儿园说明会）

在自我介绍环节，我们改编了正面管教家长课的活动，让老师站在

---

① Andy Hargreaves, "Emotional Geographies of Teaching", *Teachers College Record*, vol. 103, No. 6 (December 2001), p. 1064.

自己学生的角度介绍自己。我们很难从一两句介绍中认识他们，甚至没有机会知道他们的名字。来自正面管教的这个活动是为了让家长站在孩子的角度，体会他们的感受而设计的。所以，我们在设计活动的时候，需要考虑活动的对象和目的。是让老师体会学生的感受，还是更好地认识他们？两种方式的出发点不同，结果也不同。

还有老师提出，虽然幼儿园为老师组织过很多教师培训，但是每次参加都是抱着应付的心态。大部分讲授式的培训课程的确容易让老师感到被动，所以我特别向他们解释，我们愿意倾听他们的分享。其中一位老师说，我们刚刚来到幼儿园，还无法立即建立起彼此的信任，很难深入交流。就像她说的，信任需要时间。她建议我们组织长期的工作坊活动，而不仅仅是一次两次。在自我介绍的环节，我们漏掉了一位负责后勤工作的老师。不知道是因为他坐在后边，还是我的潜意识中没有把他当作老师，刻板印象还是影响了我的认知。

说明会结束的当天，我接到总园长的电话，她再次说起家长和老师之间沟通的问题。在促进彼此沟通的过程中，她时常感到自己的尴尬处境。这期间，我也收到了 Josh 的微信留言。他分享了自己在幼儿园的经历，也向另外一位园长推荐了我们的工作坊。

教师扮演孩子

我们先让老师回忆在日常工作中感受到收获和沮丧的场景。然后，在小组内通过角色扮演对当时的场景进行还原。每个小组都要在全体老师面前表演，之后老师对观看的故事进行讨论，反思自己在表演和观看过程中的情绪体验。或许是外方老师比较熟悉体验式活动，积极地表达和分享。中方老师只有一位参加过类似的活动，其他老师都是第一次尝试。以下是三组外方老师角色扮演的记录：

第一组

Abby 扮演老师

Eric 扮演孩子

Tina 扮演孩子

Tina 扮演的孩子只会说五个英文单词，基本上无法通过语言和外方老师进行沟通。他听不懂老师说话，只能一个人玩儿，自己完成任务。表演一开始，Tina 就脱下一只鞋子，坐在地上，时不时动手打一下扮演老师的 Abby。Abby 一边表演一边讲解这个场景。Abby 来自亚美尼亚，特别喜欢孩子。但是由于无法跟他沟通，感到十分沮丧。在表演的过程中，她不断诉说自己的沮丧情绪。甚至一看到沮丧这个词，脑海中就出现了自己孤零零地坐在孩子中间的场景。其他老师也谈到在工作中时常会有这种孤单的感受。他们常常需要得到中方老师的许可，才能继续下一步的工作。

Eric 扮演的孩子叫 Mia。在老师眼中，Mia 是一个独立、有想法，也很活跃的女孩。可能过于调皮，她的行为让老师感到抓狂。家长可以通过幼儿园的应用程序查看孩子的表现，有一次 Eric 收到 Mia 父母的短信，说没看到 Mia 的日常记录。那个时刻，Mia 独自跑出去玩儿了，而没有跟其他小朋友在一起。面对家长的诘问，Eric 不知道怎么解释，想知道我们的建议。研究教师情感和身份的学者扎莫拉斯（Michalinos Zembylas）认为，教师体验和表达的情感不是个人性情，而是在社会关系和他们所处的家庭、文化和学校的价值体系中建构起来的①。在 Mia 的

① Michalinos Zembylas, "Emotions and Teacher Identity: A Poststructural Perspective", *Teachers and Teaching,* vol. 9, no. 3 (2003), pp. 213-238, https://doi.org/10.1080/13540600309378.

故事中，我们可以借助这个角度，理解 Eric 的沮丧情绪。

哈格里夫斯（Hargreaves，2001）认为，教师和家长互动的困难之处就在于，彼此之间缺少解决不同目标的方法[①]。所以，当 Eric 问起我到底如何处理 Mia 的案例时，我首先建议他思考，Mia 的处境是什么？她的家庭是怎样的？如果对她的背景一无所知，我们仍旧无从下手。即使我们有一个自认为对 Mia 有效的方法，那也是出于我们的一厢情愿。家长在应用程序中看不到 Mia，而 Eric 也看不到孩子背后复杂的关系网。作为老师，除了感到自责、迷惘、愤怒，并没有入手的渠道。而且，当无力感深深压在心上，让老师选择躲避或者转身时，结果不仅不是期望的，有可能会与初衷背道而驰。基于关系的教育，是让我们暂时停下来，退一步看看在教育情境中的自己和他人。我们真的了解自身的处境吗？是否也了解他人的处境？如果答案是模糊的，我们又怎能充满信心地坚持对于教育的理念和主张？

第二组

Lee 扮演老师

Josh 扮演孩子

Josh 扮演的孩子背对着我们，一边招手一边哭着找妈妈。这时，Lee 扮演的老师走过去和他打招呼。孩子没有理会老师，继续哭闹。Lee 说这是每天早晨 7 点钟准时发生的一幕。他希望这个时候，孩子的父母能够看到他尝试和孩子建立连接的努力。这是少数几个让父母看到他们之间关

---

① Andy Hargreaves, "Emotional Geographies of Teaching", *Teachers College Record*, vol. 103, No. 6 (December 2001), p. 1068.

系的时刻，所以他特别积极地想把关系表现出来。然而，在这个关键时刻，孩子并不会配合以展现出积极的关系，这让他感到很挫败。Lee 在谈论情绪的时候，多次提到"关系"这个词。在他们的海报中这样写着：

Morning Greetings（早晨问好）

Humiliating（羞辱）

Frustrating（沮丧）

I can do it by myself（我自己可以做）

Proud（骄傲）

Accomplished（实现）

Positive empathy（积极的同理心）

第三组

Sharon 扮演老师

Coco 扮演孩子

Coco 扮演的孩子一瘸一拐来到学校，Sharon 扮演的老师在学校门口欢迎她。老师扶着她，一起走回教室，又跟她一起做英语作业。在她们做作业的过程中，老师问了孩子三个问题，但是得到的答案都是"不"。当孩子第三次拒绝老师的时候，在座的所有人都跟着她一起"哎"地叹了口气。从他们的海报记录，我们可以看到，即使在两种不同的场景中，老师和孩子感受到的情绪也是非常丰富的。海报记录如下：

Rewarding（收获）

Child finally walks with teacher to class（孩子最终跟老师走回教室）

Teacher Emotions（教师的情感）

Proud（骄傲）

Relieved（放松）

Overjoyed（欢喜）

Competent（能胜任的）

Child Emotions（孩子的情感）

Shy（羞涩）

Brave（勇敢）

Proud（骄傲）

Happy（开心）

Frustration（沮丧）

Don't want to do English work with teacher（不想和老师一起做英语作业）

Child Emotions（孩子的情感）

Uncomfortable（不舒服）

Worry（担心）

Scared（害怕）

Teacher Emotions（教师的情感）

Sad（难过）

Frustrated（受挫）

Useless（没用）

Embarrassed（尴尬）

Self-pity（自怜）

在工作坊中，我们看到了老师用心感受当时场景下自己和他人的情感。Lee 特别问道：为什么情感是社会文化的建构，而不是个体身上的属性？我们尝试从社会文化的角度，重新理解老师的情感，跳出基于心理学视角探讨情感问题的局限。我们的目的并不是让老师扛起情感的重负，而是让他们了解，因为个体的参与，与他人关系的建立，以及所处的社会文化情境，个体才能感知到复杂的情感。我们需要把关注转移到人和人的关系上。作为老师，我们不需要对自己和他人的情感进行评价，而是要去思考怎样做，才能和孩子、家长、同事建立起更加积极互动的关系。

教师扮演家长

常园长分享了自己作为老师和母亲的例子。她最后也问到，在得知幼儿园的孩子出现各种问题的时候，应如何释放内心的恐惧。作为局外人，我们仔细倾听他们的处境，希望老师意识到，任何建议都不能脱离教师自主性的思考和行动。参与工作坊的体验式活动，就是寻找解决问题的途径。角色扮演仍旧围绕收获与沮丧两个场景，同时加入了家长的角色。以下是这组老师的记录：

Tim 扮演老师

Coco 扮演孩子

常园长扮演妈妈

家长—老师

Breakfast（早饭）

Child was reminded to sit safely（孩子被提醒要安全地坐着）

Child was hurt as she fell（孩子摔倒之后受伤了）

Parents were very angry（家长非常生气）

Child was in pain, scared, upset（孩子很疼、害怕、难过）

Parents blamed the teacher（家长谴责老师）

　　这是上周发生在 Tim 班里的真实故事。Coco 吃早饭时不停地晃自己的椅子。Tim 走过去提醒她几次。但是离开之后，她仍旧继续晃椅子。突然，Coco 摔倒并哇哇大哭起来。Tim 赶紧打电话给她妈妈。妈妈在电话那边特别生气，大声责骂老师。过了一会儿，妈妈赶到学校，看到女儿，一下子抱住她，不停地安慰。接着，妈妈就跟旁边的 Tim 理论起来。

　　常园长说自己在这个过程中感到心碎、生气，只想大声责骂老师，不停地给学校打电话提出要求。Coco 作为孩子，在摔倒的那一刻特别害怕，目睹家长和老师不停争吵的场景时，又感到非常难过。我们能够清楚地看到，Tim 一手拿着手机，另一只手插着腰，在跟家长争论的同时，也在进行自我防备。常园长说："工作中经常遇到这种突发事件，我会非常恐惧。我甚至希望他们都是我自己的孩子，这样就不用承担这么大的责任。"相比其他老师，作为园长的她需要承受更大的心理压力。在他们商量这个故事的时候，我听到 Tim 说，这是他作为老师犯下的错误。听到他这样自责，我就没有继续追问。如果他多次提醒过孩子，却不能让她意识到这样做带来的危险后果，那么到底该由谁来承担结果？这并不是一个简单的问题。作为孩子，Coco 并不知道这样反复晃动椅子会带来怎样的危害。我们也很难知道是什么原因让她持续这个行为。在这个突发事件中，是否还有我们忽略的问题。比如，为什么 Tim 提醒几次就离开了？为什么他没有在 Coco 身边持续关注她？ Coco 的行为是想要引起老师的注意，还是出于其他原因？这些思考让我们看到教育问题的复杂性。虽然这些问题有可能无解，但是至少在还原故事场景的尝试中，可以一步步接近事实。

在讨论环节，Abby 提出的问题让我也感触颇深。很多家长都会对她说，你没有小孩，很难成为一位好老师。在工作中，我也经常被问到这个问题，所以能够理解她的困扰。遇到这种质疑的声音，多少都会感觉被冒犯。有研究表明，教师在和家长的互动中，经历的负面情绪主要来自家长对于教师专业、知识和判断力的质疑，他们被认为不够资格（Hargreaves，2001）。但换个角度来看，这也恰恰说明，教育是基于经验的工作。但是，生育和养育有很大不同。我用了局内人和局外人的说法，回答了她的问题。

作为教育者，我们都是局内人。但是作为家长，我们是局外人。两种不同身份让我们看到和感受到作为一个完全的局内人看不到、感受不到的视角。我也提到关于教师迷思的问题。当教师被社会期待成为无所不能的超人时，教师职业也无形中被神化了。神化的最大弊端是对于教师的不合理期待，特别在我们这种"尊师重教"的文化环境中。作为老师，学着破除迷思，才能看到自身的脆弱和不完美。常园长也说，在没有成为母亲之前，她可以快速地给孩子换尿布。但是，当她有了自己的孩子之后，却时常感觉手忙脚乱。学了很多理论，却不知道哪些可以用到自己身上。即使自认为理论掌握得足够好，一旦用到孩子的教育上，又完全是另外一回事。发挥教师的自主性，为自己赋权，而了解并表达自己的感受就是赋权的途径。

致远学校

　　这次活动主题也与教师情感有关，共有包括多位中小学校长在内的100位老师参加。让我感触很深的是，除了一组老师，其他老师在讨论和扮演的时候，都一直保持着坐姿。体验式活动希望老师通过角色扮演，深入体验在具体场景中自己与学生之间的情感连接。情绪爆发也好，压抑也好，通过角色扮演，更好地认知自己和他人的情感。即使无法轮流上台表演，在台下练习的过程中，老师也还是可以体验这些情感的。在工作坊中，我反复解释并且强调，体验式活动重在老师的参与和感受。

　　我也几次提醒他们，随时可以在海报纸上记录下情感体验。但是，大部分海报纸上都详细记录了故事情节。对于情感的记录，除了几张海报纸上写了"沮丧""有收获"之外，其余都是空白。

　　课堂上，老师不断地跟学生强调"致良知"的概念，但是学生却无法按照老师的期待，回答出"正确"答案。老师与学生反反复复进行了五次提问与回答，最终老师情绪崩溃，大声说出"我受不了了"。老师并没有真的放弃，拿起电话联系了学生家长。老师得知学生父母离婚了，由于家庭原因，学生在课堂上无法集中注意力。当老师再一次来到课堂，她发现学生其实在认真听课。因为对学生有了深入的了解，她也感到了释然。角色扮演让老师感受到学生的无奈。学生并不是不想学，而是家庭的现状干扰了学习。在这个故事中，家庭问题被提出来，老师能够从学生所处的家庭环境，更好地理解关系对学习状态的影响。另一组老师也提到了学生的家庭环境，在他们的故事情境中，甚至还加入了家长的角色，让我们更加直观地看到情感在多重关系中建构的过程。

　　这次工作坊由于人数太多，我增加了导演和场记两个角色。这一组的导演是位男老师，也担任了剧中的旁白。旁白这个角色让整个故事的发展显得更加清晰、流畅。在反思中，老师仍旧试图从个体入手，寻找解决问题的途径，这与我想通过体验式活动表达的目标不同。我希望老师通过理解自身所处的复杂社会关系，不再把情感问题归结到自己身上，而是借此机会重新观察、感受、理解情感的复杂性。

这样做与回到自身，进行觉察和反省并不冲突。我们需要回到自身，反思自己在与学生建立关系的过程中，如何站在对方的角度理解彼此的立场。与此同时，我们也需要思考多重关系如何影响自身的情感。关系的建立是通过观察、倾听、理解、反思共同完成的，而不仅仅通过个体的自省。内省也好，反思也好，都是相对比较抽象的概念。即使我们告诉老师，需要与学生建立连接、与家庭达成合作，但是如何去做还需要具体的策略。体验式工作坊正是我们对具体策略的探寻。我们的文化，在某种程度上神化了教师角色，不断倡导教师权威角色会为老师带来更多压力。我们需要耐心地了解和尝试这种不同于灌输式的学习方式，把自己的脆弱，向他人敞开。

农场夏令营

夏令营的轻松氛围，让老师可以近距离接触孩子，体会孩子的处境。同时，老师也有充足的时间讨论故事情节，梳理自己的各种感受。我们鼓励老师尽可能通过表演，表达自己、体会他人在特定情境中的情感。通过再现个体的情感，进一步理解基于关系建构的情感体验。以下是角色扮演的内容记录：

第一组

大杨老师扮演小朋友

豆豆老师扮演老师

夏令营结束后，小朋友一直给豆豆老师发微信，表达对她的想念。她不知道如何回复，感觉很困扰。她不好意思拒绝视频聊天，但是这已经变成一种情感负担。小朋友的父母常年不在身边，从小跟着爷爷奶奶长大，在短短一周的相处中，对豆豆老师产生了强烈的依赖感。从他们的表演中，我们能够明显感受到豆豆老师的沮丧情绪。这些多和小朋友所处的家庭现状有关。豆豆老师的情绪是在相互交织、构成的关系场中产生的。

第二组

小建老师扮演小朋友

小荷老师扮演老师

小朋友不想参加农场摘葡萄的活动。小荷老师反复劝说后终于变得不耐烦。她重复了两次："你不去，我们就都走了。"语气中带有很强的威慑力。在第三次威胁之后，小朋友不情愿地背着箩筐走了。在反思环节，小荷老师说，因为小朋友太固执，她自己也变得冲动，想伸手打他。小建老师也说，他扮演的小朋友很像小时候的自己，个性固执，自己不想做的事情，谁劝也没有用。后来，当小荷老师发现他有不错的口才之后，态度发生了转变。小建老师也说，当他听到小荷老师对他的赞美，整个人的情绪也跟着发生了改变。老师表达出对自己的认同，他也愿意蹲下来，和同伴一起摘葡萄。小荷老师又表扬了几句，他的兴致更高了。小荷老师最后说，无论如何都要对孩子表示尊重，要经常鼓励他们，而不要用言语施加威胁。

第三组

木木老师扮演小朋友

萍萍老师扮演老师

　　喜欢磨蹭的小朋友趴在桌上，一动不动。萍萍老师好言相劝，最终变得不耐烦。老师和小朋友就像两条平行线，以各自的节奏做着认为正确的事情。萍萍老师想快速纠正小朋友的行为，甚至用力拽她，但是一点效果也没有。

　　在反思环节，每位老师都详细梳理了自己的受教育经历，特别是带队的大杨老师。从他的扮演中，我也感受到他强烈的情绪起伏（如图3-2）。为了考上理想大学，他曾经复读了四次。过去他与老师的相处模式不算愉快，他很反感老师权威的管教方式。和孩子共同生活，让他得以思考自己的教育工作，而不是回避过去的伤痛。他希望通过近距离接触孩子，对自己进行疗愈。而小荷老师也从活动中发现，原来教育问题可以这样去思考。教育的过程难道不是拆除边框的过程吗？当我们看到这些限制，才能够有机会触碰自由。重获自由的同时也许加剧了我们的不安，但是，这也正是获得成长的教育时刻。

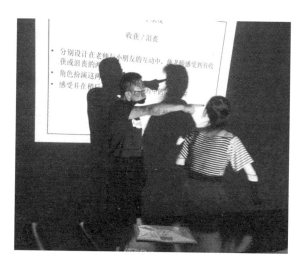

图 3-2　角色扮演中的大杨老师

薄荷幼儿园

薄荷幼儿园是家庭园，坐落在居民区内，附近房价都在 1000 万左右。幼儿园租用的单元，并没有被划入学区范围。入园的孩子大部分是小区居民，每月学费大约 4000 元，处于北京民办幼儿园收费的中等水平。幼儿园最小的孩子只有一岁半，其他孩子从两岁到三岁不等，其中还包括一位接受特殊教育的孩子。

这次活动仍旧围绕教师情感展开。在角色扮演环节，大家都被 Amy 所在小组的表演逗得开怀大笑。我甚至要提高嗓门，才能让她们安静下来。另外一组老师扮演了特殊教育女孩的故事。演着演着，那位扮演孩子的老师突然整个人坐在地板上，哭了起来。为了平复她的情绪，我们不得不暂停角色扮演，围绕她遭遇的困难进行进一步的讨论（如图3-3）。园长说如果不是参加这次活动，很难了解这个问题带给老师情绪上的困扰。

图 3-3 角色扮演之后的讨论

　　我在之前提到过，幼教老师的情感劳动，逐渐进入了研究者的视野。就像 Amy 分享的，她平时常有沮丧的瞬间，但是突然回想这些情景，反而会变得模糊。田纳也说，年轻老师并不愿意触碰伤口。随着时间和经验的积累，伤口也会慢慢愈合，生出老茧。到那时，即使再去触碰，也不会有任何疼痛。我们可以看到那些不断被职业规范压抑下去的情绪，在信任又真诚的空间，得到释放。幼教老师需要舒缓压力，更需要被倾听和理解。在日复一日的工作中，她们要面对各种选择，做出决策。这并不是简单的、有迹可循的重复，而是充满不确定和纷争的探索。所以，我们更需要团结起来，互相激励，为彼此赋能。研究教师情感劳动的学者，特别提出对教师进行情感培训的建议，让职前和在职教师更清晰地理解教学对教师情感付出的要求。[①]

通过六次工作坊的实践，我逐渐完善了突破 SEL 理论框架、设计教师教育与发展课程的思路（活动方案见附录）。我建议课程以工作坊形式开展，面向国内中小学校长、老师及其他教育从业者。工作坊将为参与者共同建构一个自主探索、相互理解和支持的学习空间。主题围绕教育者个体经验而设计，融入教育学、社会学、心理学、哲学和文化研究，从个体层面延展至社会层面，与参与者共同探讨涉及学校—家庭—社区的教育问题。在工作坊中，教育者将通过参与反思性写作、即兴表演、角色扮演等体验式活动，梳理并反思个体的教育者角色。在生命经验的共同体中，建立彼此的情感连接与支持，为自身赋权。通过参与体验式学习，教育者将了解以对话为途径的教育方式，重新体验倾听、观察、合作、反思、共情等对教育工作的意义。同时，教育者将从社会、文化、历史、制度等层面，重新理解教育的复杂性，并获得突破自身教育困境的策略。具体来说，工作坊体验式活动，将围绕以下问题展开：

- 如何帮助教育者再理解自身的情感劳动和教师角色？
- 如何帮助教育者建立支持性的师生关系？
- 如何通过故事帮助教育者建立师生之间的情感连接？
- 如何帮助教育者理解并且实践基于关系和对话的课堂教学？
- 如何设计体验式活动帮助教育者理解家庭—学校—社区合作的重要性？
- 如何设计能够为教育者赋权的体验式活动并推动社会变革？

---

① Hong-biao Yin, John Chi Kin Lee, Zhong-hua Zhang, Yu-le Jin, "Exploring the Relationship among Teachers' Emotional Intelligence, Emotional Labor Strategies and Teaching Satisfaction", *Teaching and Teacher Education*, vol. 35 (June 2013), p. 143. http://doi.org/10.1016/j.tate.2013.06.006.

在具体实施的过程中，学校可以根据自身的特色，进行主题拆分或删减。体验式活动希望促进教育者的自我反思，加深对教育职业的理解。通过教育者对个体经验的梳理与分享，在课程建构的学习共同体中，成为学习的主体。通过个体的改变，推动教师教育的发展和基础教育的改革。

第四章　叙事观念和探究路径

　　这项研究通过叙事探究的方式，深入理解三位参与者作为女性、母亲、教育者在学习和实践 SEL 过程中的个体经验，让参与者和探究者在学习、讨论和实践中反思对于 SEL 的理解。叙事探究帮助我们深入理解个体所处的教育困境，重新审视教育问题的复杂性，通过个体的改变推动教育的最终变革。这一章将围绕叙事探究作为研究方法，包括叙事观念的形成，以及把它作为研究路径的选择。除此之外，这一章也加入了我作为探究者的自传性叙事。

叙事观念的形成

　　这本书的叙事观念主要来自于维果茨基（Vygotsky，1978）的社会文化理论，拉夫（Lave，1991 & 1996）和温格（Wenger，1998）的实践社区理论，批判教育学（Freire，2000[1970]；Giroux，2004 & 2018）和女性主义教育学（Jackson，1997；Luke & Gore，1992；Shrewsbury，1987；Morley，1998；Weiler，1991；Weiner，1994）的相关理论。

　　其中，社会文化理论认为，个体认知的发展是通过社会交往和互动在社会文化情境中建构起来的。社区实践理论把学习看作参与社区实践，任何地方都可以成为学习的场所。批判教育学强调教育是为自由的实践，需要发展解放和社会变革的话语。女性主义教育学挑战了知识的范畴及其所有权，质疑日常生活中个人经验与知识、真理的割裂，探讨教育中的权力政治与教师权威、个体经验的差异和多样化等问题。接下来，这一章将分别介绍不同理论对这项 SEL 教育叙事观念的启发。

学习理论

学习理论的发展从早期的心理学进入社会学和人类学领域，大体分为五个阶段，也分别对应五种理论：行为主义、认知理论、建构理论、社会文化理论、实践社区理论（如表 4-1）。学习理论的研究者从不同的学科视角，对学习者和教师角色、学习和教学方式、课堂组织形式进行了探讨。

表 4-1　学习理论

学习理论	代表学者	学习者角色	对学习的理解	对教学的理解	对课堂的理解
行为主义	斯金纳、华生	学习者是一张白纸。学习者的行为被外力影响。学习是被动的，需要学习者做出行为反应。	学习是学习者行为的改变，科学而且可控。	教学是通过刺激（奖励和惩罚）改变学习者的行为。	提供奖励和惩罚的环境，老师一般在教室前方，并对学生负责。标准化测试和结果为导向测评作为评估方式。
认知理论	皮亚杰	学习者不是一张白纸。肯定学习者内部心智的存在。学习经历四个发展阶段。发展先于学习而发生。	知识建立在模式之上。学习是通过同化和调整来改变模式的。	只有在学生准备好的时候才进行教学。教学是通过同化和调整，改变模式或者使模式变得复杂。	课堂采用基于不同学习阶段而设置的课程。课堂采取基于表现的评估方式，比如，作品、写作展示等。

学习理论	代表学者	学习者角色	对学习的理解	对教学的理解	对课堂的理解
建构理论	皮亚杰、布鲁纳	学习者使用脚手架（比如老师、工具、同伴、图书）。学习者并不是一张白纸。	学习能够先于发展。	老师作为脚手架，指导学习者并为学习者提供建构知识的"积木"。	课堂使用螺旋上升式课程。通过小组活动、表格、图表来对已有知识进行评估，采用以过程为导向的评估方式。
社会文化理论	维果茨基	学习者处在社会文化情境之中。学习者有最近发展区（ZPD）。	所有的学习都是社会建构而成。学习能够先于发展。	老师作为学生的脚手架，在学生的最近发展区帮助学生，最终让他们离开最近发展区。	课堂使用开放性讨论、小组活动等方式。使用脚手架（小组内的、有提示的、允许使用书本等）方式进行个体性的测评。
实践社区理论	温格、拉夫	学习者是实践社区的新参与者。	学习是参与社区实践。	老师是有经验的参与者。老师并不进行具体内容的教学。一般使用学徒制方式。	任何地方都可以成为学习场所。采用基于表现的、形成性的评估方式。

　　苏联心理学家维果茨基提出了从社会、历史、文化的视角，理解个体学习和发展的理论。他指出，任何学习都发生在社会和个体两个层面，首先在社会层面，通过人际互动所建构；其次发生在个体内部，通过自身内化而获得①。"最近发展区"（Zone of Proximal Development，简称 ZPD）是维果茨基提出的重要概念，指的是：在独立解决问题的实际发展水平和需要指导或者与同伴合作达到潜在发展水平之间的距离。② 对于教学来说，老师作为学生学习的脚手架，在学生的最近发展区（ZPD）

---

① Lev S. Vygtosgy, *Mind in Society: The Development of Higher Psychological Processes*, M. Cole, V. John-Steiner, S. Scribner, & E. Souberman (eds.), Cambridge, MA: Harvard University Press, 1978, p.57.

② Ibid., p.86.

帮助他们，最终离开最近发展区。

社会人类学家拉夫和温格提出的实践社区理论认为，学习是改变参与任何改变"实践社区"的一种方式。[①] 学习是一项社会化活动，与他人共同完成。学习过程和参与者所处社区的实践无法分割。学习被社会文化情境所建构，不仅发生在学校课堂，而且无处不在。学习者通过与教育者共同参与实践社区，完成自己作为学习者身份的改变。实践社区使用学徒制方式，老师是有经验的参与者，并不进行具体内容的教学。社会文化和实践社区学习理论把关注行为一一认知的心理学视角，延伸至个体所处的社会文化视角，重新理解个体的发展。

批判教育学

1970 年出版的《被压迫者教育学》是弗莱雷（Paulo Freire）的最后一部著作，也是论述批判教育学的经典之作，被认为是"为自身解放做斗争的人的教育学"，也是"人道主义者和自由意志论者的教育学"。[②] 弗莱雷认为教育学存在两个阶段：在第一阶段，被压迫者揭露压迫世界，通过实践投身于改造压迫世界；在第二阶段，压迫现实得到改造，教育学成为永久的解放过程中所有人的教育学[③]。这也是批判教育学所倡导的教育功能：实践人的自由和解放，同时参与推动社会变革。教育是作为自由的实践，意识与世界具有关联性。[④] 同时，通过对话能够实现批判教育学倡导的实践性和政治性。在这部著作中，他阐述了几个概

---

① Jean Lave, "Teaching, as Learning, in Practice", *Mind, Culture & Activity*, vol. 3, no. 3 (1996), p. 150. https://doi.org/10.1207/s15327884mca0303_2.

② 〔巴西〕保罗·弗莱雷著，顾建新、赵友华、何曙荣译：《被压迫者教育学》（修订版），华东师范大学出版社 2014 年版，第 54—55 页。

③ 同上书，第 55 页。

④ 同上书，第 85 页。

念。首先，"意识化"（葡萄牙语：conscientização）是弗莱雷提出的一个重要概念，指的是压迫者学会认识社会、政治和经济状况，对现实压迫采取行动，使压迫者寻找自我肯定，成为负责任的主体。[①] 其次，他提出对话作为实践教育的途径。在阐述对话的概念时，他指出，"对话是人与人之间的接触，以世界为中介，旨在命名世界"[②]。他特别指出，爱作为对话的基础也是对话本身，信任、谦虚的态度都是对话的前提，同时对话双方需要进行批判性思维。这些也是教育中平等对话与灌输方式的根本区别。最后，他阐述了实践（praxis）的概念。在他看来，理论和实践并不是两个单独的概念，人类本身作为实践的存在，实践是反思与行动的统合。他指出："人类活动是由行动和反思构成的：这就是实践，这就是对世界的改造。"[③]

　　同为批判教育学奠基人的吉鲁（Henry Giroux），在理论贡献上与弗莱雷稍有不同。有研究者认为吉鲁让教育争论超越了社会再生产理论和隐形课程的讨论（Antonia Darder 等，2003）。吉鲁把批判理论的发展追溯到法兰克福学派，包括阿多诺、霍克海姆和马尔库塞的著作，对他形成批判教育学理论起到了重要作用。在《文化研究、公共教育学和知识分子的责任》（*Cultural Studies, Public Pedagogy, and the Responsibility of Intellectuals*）一文中，吉鲁（2004）指出教育学（pedagogy）不仅仅是关于知识、价值观和经验的社会建构；它也是一种体现在教育者、观众、文本和机构形式互动的表演实践。最好的教育学意味着学习发生在

---

① 〔巴西〕保罗·弗莱雷著，顾建新、赵友华、何曙荣译：《被压迫者教育学》（修订版），华东师范大学出版社 2014 年版，第 35—36 页。

② 同上书，第 88 页。

③ 同上书，第 125 页。

一系列社会实践和情境中。① 他相信教育学既是一种文化模式，也是一种文化批评。作为批判性实践，教育学的作用不仅在于改变人们对自己以及与他人和世界关系的看法，也是为了激励学生和他人参与那些为生活在一个更加公正的社会所做的斗争。② 他也指出，教育学是多种审议和斗争的结果。在不同群体之间，情境如何被建构以及再建构，通常是在不平等的权力关系中。教育者需要关注他们工作的特别处境，而不能将这些处境与权力、文化、意识形态、政治和统治分开。③

女性主义教育学

所谓女性主义并非单一的某种理论，而是基于不同理论视角发展出的多种理论。因此，教育学中的女性主义理论也呈现出多样化特点，同时伴随着批判的声音。在《女性主义和批判教育学》一书中，卢克和戈尔（Luke & Gore，1992）指出，作为女性主义教育者，她们尝试在日常教学中为学生"赋权"，去除被神秘化的知识，阐述统治关系如何通过性别、族裔、种族、阶层、性取向和其他差异进行控制。戈尔（1992）从教育学和妇女研究两种视角对女性主义教育学进行了划分。她认为，教育学领域的学者更加侧重教学法中讲授的部分，而妇女研究领域的学者则侧重阐释女性主义理论的多样性。杰克逊（Jackson，1997）在论述教育中的女性主义理论时也指出，她并非呼吁某一种教育中的女性主义理论，相反，她认为女性主义视角可以与弗莱雷、吉鲁提出的批判教育学理论相互融合，让包括女性和男性在内的所有人，向女性主义的变革

---

① Henry A. Giroux, "Cultural Studies, Public Pedagogy, and the Responsibility of Intellectuals", *Communication and Critical/Cultural Studies*, vol. 1, no. 1 (August 2006), p. 61.

② Ibid., p. 64.

③ Ibid., p. 65.

教育学方向拓展。

对于女性主义教育学，不同学者给出的界定也不同。韦尔奇（Welch，2004）认为女性主义教育学主要基于三个原则：（1）在课堂上争取平等关系；（2）尽力让所有学生都能够感受到作为个体的价值；（3）把学生的经历作为学习资源。[①]与韦尔奇观点类似，威勒（Weiler，1991）认为女性主义教育学关注三个问题：（1）教师角色和教师权威性问题；（2）认识论问题，也就是在个体经验和感受中获得的知识和真理来源；（3）来自有色人种妇女和后现代女性主义理论对于差异的问题。[②]她认为在美国社会发展起来的女性主义教育学，在实践中提供了一个历史性的批判教育学范例。此外，她还强调女性主义教育学作为解放教育学的范例，需要明了自身所处的社会变革立场。

与此同时，莫利（Morley，1998）则对女性主义教育学中的"赋权"提出了质疑。通过对那些在教学中使用这种方法的女性教师进行访谈，她发现虽然女性主义教育学倡导的赋权，通过个体积极参与社会制度的变革，能够实现民主化和去权威中心化的愿望，但是仍旧被看作过于简单和危险。同时，这种方式也被看作是控制的一部分，并且包含谴责受害者的意识形态。她进一步解释，这种意识形态建议受压迫的群体通过心理重建获得权力，以此改变他们的生活处境。对于女性主义教育者来说，他们处在一种张力状态。一方面，他们需要进行准治疗式的赋权教学法；另一方面他们所处的学术机构，要求他们投入智识生活并被剥削情感。这种方式通过教育者在学术界的情感劳动，有助于支持学

---

① Penny Welch, "Is a Feminist Pedagogy Possible?", in Quinn, J. Davies S. Lubelska C. (Eds.), *Changing the Subject: Women in Higher Education* (pp. 149-162), Taylor & Francis, 2004, p. 156.

② Kathleen Weiler, "Freire and a Feminist Pedagogy of Difference", *Harvard Educational Review*, vol. 61, no. 4 (December 1991), p. 459. https://doi.org/10.17763/haer.61.4.a102265jl68rju84.

生以及探讨压迫和差异的问题，但是并不足以触动学术界其他问题的探讨。①

国内学者肖巍（2007）在《女性主义教育观及其实践》一书中，分别阐释了四种女性主义教学法：差异教学法、批评与思考教学法、情境和体验教学法、故事与对话教学法。在她看来，女性主义教学法不仅关心知识的产生，而且关心主体的构成和主体性的形成。教学法作为社会民主语言的核心，不仅与政治相联，而且把私人关切转为公共问题，因此女性主义教学法可以被看作变革社会的政治方案。②

叙事的理论框架

学习理论、批判教育学和女性主义教育学视角的融合为这项教育叙事研究提供了理论框架，具体包括以下三部分：以对话为途径的叙事，互动中建构关于 SEL 的知识，倡导并尊重女性个体经验的表达和转化。

首先，这项叙事研究建立在以对话为途径的方式上，也就是说，通过我与三位参与者共同创建的探究空间，在我们的对话中，通过平等关系的建立，成为彼此的教育者和学习者。其次，通过对话和实践，我与三位参与者共同反思对于 SEL 知识的理解，把与 SEL 相关的、存在于教育中的"知识"进行问题化。最后，这项叙事研究也把教育者个体经验的讲述纳入讨论范围，并对个体经验所折射出的社会文化情境进行深入探究。

---

① Louise Morley, "All You Need is Love: Feminist Pedagogy for Empowerment and Emotional Labour in the Academy", *International Journal of Inclusive Education*, vol. 2, no. 1 (1998), p. 25-26.

② 肖巍：《女性主义教育观及其实践》，中国人民大学出版社 2007 年版，第 111 页。

以对话为途径的叙事

弗莱雷在《被压迫者教育学》中用"银行"比喻"灌输式"的教育，认为灌输式教育把银行职员式的教师看作知识的拥有者和传递者，通过向学生输入知识，完成灌输式教育。然而，这种方式反映了压迫社会的特点。教育并不是让老师和学生成为对立关系，而是让他们互为师生。"推动灌输式教育的革命就是注重对话"[①]。因此，作为组织者，我采用了对话的方式，与三位参与者达成互为师生的关系。我们作为对话的主体，在彼此的交流过程中，面对自身以及自身与世界的关系问题进行探讨。我和她们都不拥有对于 SEL 知识的所有权，相反，我们对于 SEL 的理解是通过不断讨论和反思逐步深化的。正如弗莱雷提到的，我们围绕 SEL 这个主题，互相提出质疑，我们的身份在教师—学生（teacher-student）和学生—教师（student-teacher）之间不断转换[②]。这个过程让我们对 SEL 问题形成批判性理解。同时我们也意识到，有关 SEL 的知识并非固定不变，更不是"真理"。我们通过对话、回忆、讲述自身的教育经历，共同反思在教育实践中使用的具体教学策略。

关于 SEL 的知识

女性主义理论对知识和真理保持警惕，尤其是对于倡导"真理"和"解放"的宏大叙事。杰克逊（Jackson，1997）认为女性主义理论最重要的贡献在于对基本的知识范畴提出质疑，谁决定了我们对于什么是知识的理解以及知识与权力的关系。莫利（Morley，1998）指出，女性主义教育学把知识自身的属性进行问题化，认为知识本身并非是固定

---

① 〔巴西〕保罗·弗莱雷著，顾建新、赵友华、何曙荣译：《被压迫者教育学》（修订版），华东师范大学出版社 2014 年版，第 86 页。

② 同上书，第 80 页。

不变的、确切的、为教师所有的，而是部分的、具有排他性的、不完整的、在课堂参与互动的过程中产生的。她还认为，对社会关系的强调是女性主义教育学不同于传统的教师与学生之间的等级关系，而是包括至少涉及教师、学习者和他们共同建构的知识这三方面关系。什鲁斯伯里（Shrewsbury，1987）认为女性主义教育学中讨论的权力是能量、能力、潜力，而不是支配。这项研究遵循了这样的理论思路，对于已有的、以文本形式呈现的 SEL 知识进行讨论和反思。其次，我们通过实践，包括教学和研究实践，重新建构对于 SEL 的知识。在这个过程中，我们并不是 SEL 知识的所有者，而是创造者。

个体经验的表述与转化

个体经验是女性主义教育学特别强调的。莫利（1998）认为，女性主义教育学的目标是检验和分享女性的经验、民主化的组织安排、通过团体相互支持和发展，而这些方式是建立在对女性个体经验的尊重以及对抗被女性内化的压迫基础之上的，以过程为导向，充满雄心、变革、觉醒意识，甚至治愈。① 因此，这项研究特别鼓励三位参与者分享她们作为女性、母亲和教育者生命历程中的个体经验。这些个体的表述并非与我们研究的 SEL 主题无关，相反，从她们的表述中，我们看到教育所处的社会文化情境，而情境塑造了个体对于教育的理解与反思。这些都与我们探讨的 SEL 主题密切相关。尤其在研究阶段，我反复向她们询问，个体的哪些经历让她们选择了目前的研究题目，研究项目又如何帮助她们再思考自己的经历。因此，在我们的讨论中，我不仅不会特意

---

① Louise Morley, "All You Need is Love: Feminist Pedagogy for Empowerment and Emotional Labour in the Academy", *International Journal of Inclusive Education*, vol. 2, no. 1 (1998), p. 16.

打断她们个人经验的分享，而且还会鼓励她们深入思考这些经验所映射出的复杂教育问题。当然，这样的结果常常让我们陷入思考的困境。但是，正是这种困境，让我们深入理解教育与个体、教育与社会的关系，最终让我们意识到以自下而上、从个体的改变来推动社会变革的意义所在。

再理解叙事探究的过程

叙事探究被认为是一种理解经验的方法。它不仅被用作方法论，而且也被看作现象。通过"尊重平常的生活经验"，叙事探究被视为"重要知识和理解的来源"。[①]克兰迪宁（Jean Clandinin）和康纳利（Michael Connelly）在他们关于叙事探究的著作中写道：

> 叙事探究是一种理解经验的方式。它是研究者和参与者在某一段时间内，在一个或一系列地点，与周围环境进行社会性互动的合作。探究者在中途进入这个探究空间，从开展探究到结束探究，自始至终都和参与者一起生活、讲述、重新生活和重新讲述那些经验故事。那些经验故事铸就了人们的生活，无论是个人的还是社会的生活。[②]

叙事探究侧重于研究者和参与者之间的主体间性和协作关系。共

---

① 〔美〕D. 瑾·克兰迪宁著，徐泉、李易译：《进行叙事探究》，重庆大学出版社 2015 年版，第11 页。

② D. Jean Clandinin, F. Michael Connelly, *Narrative Inquiry: Experience and Story in Qualitative Research*, San Francisco: Jossey-Bass Publishers, 2000, p.20.

同建构和分享的空间与故事呈现它们在社会、空间和时间三重维度的意义。此外，叙事探究也是个人和集体、完整和不完整现象的整合。使用叙事探究是采用特殊的方式，将经验视为一种通过叙事进行组合的现象（Clandinin & Connelly，2000；Clandinin & Rosiek，2007）。克兰迪宁指出："我们不是象征性地立于探究之外，而是置身于所研究的现象之中，成为它的一部分。"①

克兰迪宁告诉我们，人类作为故事的讲述者，不断在讲述中生活，也在生活中不断讲述。这种故事化的生活是人类的经验观。我们生活于自己的故事，也讲述着自己的故事，同时再生活自己讲述的故事。通过参与这项 SEL 教育叙事研究，我经历并且深刻地理解了克兰迪宁向我们揭示的经验观。

这项研究赋予我难得的机会，让我经历参与者的生活，倾听她们讲述自身的故事，同时，也让我和她们共同讲述我们的故事。故事本身并不是我或者参与者所各自拥有的，而是在我们将近一年共同生活的时空中共同讲述完成的。在这期间，我们又带上各自讲述的故事继续生活，并通过写作的方式得以再讲述，最终又带上由写作所呈现的故事，继续生活，这就是克兰迪宁所说的，讲述—生活—再讲述—再生活的往复过程。

我自己在这项研究中的定位是故事讲述者。这里既有三位参与者讲述她们的故事，也有我作为参与者讲述我自己的故事，我和她们构成了教育实践的共同体。正如麦克尼夫（2012）所说，"我的故事就是我活生生的教育理论"②。选择叙事探究作为这项研究的路径，是为了多年

---

① 〔美〕D. 瑾·克兰迪宁著，徐泉、李易译：《进行叙事探究》，重庆大学出版社 2015 年版，第 17 页。

② 〔美〕D. 瑾·克兰迪宁著，鞠玉翠译：《叙事探究——原理、技术与实例》，北京师范大学出版社 2012 年版，第十章。

之后，当自己再度回到熟悉的地方，仍旧能够和还在现场的个体再次建立连接。这样的选择看上去需要勇气，却是自然而然的选择。作为研究者和教育者，我实在没有理由不去走进与他人建立关系、建立连接的现场，去感受他人所处的困境。对他人日常生存现状的尊重、关爱、理解，这都是作为关系性研究的叙事探究原本已赋予我的力量。与其说我通过叙事探究的方式进入 SEL 的现场，与参与者结为伙伴，倾听她们的故事，不如说通过叙事探究，我得以把自己的困境、脆弱、艰难向参与者敞开，在基于研究关系建立的信任之上，让参与者也看到自己的困境、脆弱、艰难。我们在共同回忆、讲述、面对、畅想的那些瞬间和场合，达成相互的关照和勉励。研究者与参与者，一起在生命的路上，不畏艰险，彼此点亮身上微弱的光。

我相信，理解和共情是研究，特别是教育研究的起点，也是学问的根本。我始终愿意成为一个为自己松绑、交出手中学术权力的研究者，俯身将自己贴近他人、敞开自身的脆弱并向他人发出邀请。我们是谁？在这场彼此关照的生命之旅中，我不断问向自己，也不断问向参与者。问向自己是不断提醒自己，始终要守护来自他人的信任和关爱。问向参与者是不断让她们也记起，这份信任和关爱是如此珍贵，是彼此互赠的信念，也是在我们离开彼此的时候，依然会赋予我们面向未知、面向改变、面向教育的勇气。当然，即使离开彼此，我们也未曾离开生命的现场，我们仍旧会不断地进入它、讲述它，在讲述中获得经验，在经验中继续生活。

最初的研究疑题

当我最初决定进入现场、走进三位参与者的生活时，我并没有带着一个特别明确的研究问题。那时，我只是希望通过和她们站在一起，以共同参与 SEL 的方式，走入她们作为母亲、学习者和教育者的日常生活。那时，尽管我尚未形成明确的研究问题，但是我有因为自身不断获得的生命经验而形成的对于教育现实的"研究疑题"[①]。特别是在我经历了中国与美国两种社会文化系统下，对于教育的不同想象，以及由此带来的，对于个体经历的不同塑造。这些经验让我对处于不同系统之下的个体，被定义并且经历的教育深感好奇。我希望了解那些具有生命经验的、微小的个体，如何在宏大的社会、文化、机构、家庭的叙事下，为个体生命找到定位并突破外在限制的自我探索过程。可以说，相对于"大"的叙事而言，它很"小"。但是，对于自身的生命经验而言，它又显得很大，因为它始终是我自身成长的叙事主线。

这样的探究方式赋予了我深入观察个体的"小"，同时尝试呈现那些"大"的机会。在强大的、无处不在的宏大叙事中，作为微弱的个体，作为女性，如果我无法感知并记起那些在生活中受挫的经验，无法在经验中获得治愈的信心，那我也就无法带着被赋予的研究机会，走进三位女性的日常生活，走进构筑了经验的内心世界，并到"他人的世界中旅行"（卢格尼斯，1987）。在旅行中，我得以重新整理自己的过往，关照那个在回忆、讲述、再讲述中不断被塑造的自己。所有在这里提出的问题最终都指向作为个体的我们，到底是什么让我选择了与她们站在一起并肩共舞，与她们共同面对此时此刻的我们？到底又是什么让我选择了去回答为谁而教、成为谁的教育者？这些是在旅行的过程中自始至终无法回避的问题。

---

① 〔美〕D.瑾·克兰迪宁著，徐泉、李易译：《进行叙事探究》，重庆大学出版社 2015 年版，第 40 页。

从中途进入实地

我与三位参与者从各自的生活中途，进入到属于我们的研究关系之中。正如克兰迪宁指出的，叙事探究有两种可能性的开端：倾听参与者讲述他们的故事；经历参与者生活和讲述的故事[①]。我选择了后一种作为这项教育叙事的方式。为了与参与者生活在一起，我为彼此创造了一个探究的空间。通过这个空间，我成为参与者生活的一部分，她们也参与到我的生活中来。这个空间的创立始于我跟若水的讨论和协商，后来又见到了田纳和安心，最终决定以学习小组的形式，进行为期一年的探究和实践。学习内容主要包括：SEL 中英文资料阅读、美国 SEL 课堂活动翻译、SEL 活动设计与实践、个人 SEL 研究项目的开展。同时，我也草拟了一份研究参与同意书，得到了她们的认可。2018 年 5 月 6 日，我们进行了第一次小组学习。除了节假日，我们每周进行一次线下小组学习，每次 2—4 小时。到 2018 年 12 月 13 日为止，我们一共进行了 16 次线下小组学习。项目开始的时候，地点选在咖啡厅，后来又改到我在大学的办公室。

之后小雪也加入我们当中，共同进行了四次讨论。2019 年 1 月到 3 月，我们又进行了三次线上的小组学习。那时，另外一位正在进行 SEL 研究的博士生也加入了我们的讨论。博士生参与了三次线上的小组学习。那段时间，三位参与者都已经开始了各自的研究项目，讨论的频率就改为每两周一次，每次 2 到 4 小时不等。

除此之外，我还到三位参与者为家长、老师、学生提供培训的学校和机构。我也会进入对于她们来说重要的生活空间，和她们的家人、朋

---

① 〔美〕D. 瑾·克兰迪宁著，徐泉、李易译：《进行叙事探究》，重庆大学出版社 2015 年版，第43 页。

友见面。同时，我也会邀请她们来到我为家长和老师组织的工作坊。在我与她们协商的过程中，进入彼此的生活，在不同的时间和空间，共同完成这项叙事探究。

从实地到实地文本

克兰迪宁认为实地可以是和参与者持续进行的会话，其中既包括研究者要求参与者讲述他们的故事，也包括研究者和参与者在某个特定的地点或一系列地点一起生活①。通过我与三位参与者共同协商和谱写实地文本，我也在不同时间和空间，进入与她们建立的关系性研究中。这项叙事探究的实地文本包括对话和访谈的文字转录、探究者的观察笔记和反思笔记、参与者的反思性写作、参与者收集的研究资料、参与者的研究项目写作、照片和个人纪念品。

在学习小组的探究空间，我把和她们进行的对话都做了录音，完成了大约 600 多页的文字转录，作为实地文本的一部分。除此之外，我对她们进行了多次非正式访谈，每次时长 1 到 2 小时。非正式访谈包括深度访谈、面对面交流和语音对话三种不同形式。我对所有非正式访谈都进行了录音和文字转录。两次深度访谈分别在学习小组开始之前（2018年5月初）和学习小组结束之后（2019年1月底）。②深度访谈有助于对我们的 SEL 学习历程进行反思。尤其是那些在学习小组中没有机会深入讨论的问题，或者出于其他原因，无法及时提出的问题，在一对一的深度访谈中，都可以进行交流。同时，在参与观察的过程中，如果我有更多疑问，也会和她们进行交流，有时会针对一些主要问题再进行访谈。

---

① 〔美〕D. 瑾·克兰迪宁著，徐泉、李易译：《进行叙事探究》，重庆大学出版社 2015 年版，第 43 页。

② 2019 年 2 月之后的小组讨论主要围绕参与者的 SEL 研究项目。

在研究开始时，我向三位参与者征求意见，是否可以对她们的教学进行参与观察。她们都非常欢迎我去观察她们所在的课堂，这样也有助于她们改进教学。我当时特别提到，是否需要研究介绍信，跟所在学校的校长说明情况，她们都表示不需要，让我跟她们一起去就可以。国内仍属于熟人社会，她们和学校建立了信任，我去那些学校便不需要办理繁杂的手续。因此，从 2018 年 5 月到 2018 年 12 月，我参与观察了三种类型的课程：家长工作坊（7 次）、教师工作坊（2 次）和学生主题班会（3 次）。这些课程分别在私立双语幼儿园、公立小学、公立中学、机构办公室和夏令营中开展。对于所有参与观察，我都进行了记录。课程结束之后，我们会进行讨论，我也会和她们分享在观察中发现的问题。我把所有的讨论也都进行了文字记录或录音。除了一次，由于我临时有事，取消了一所公立小学教师工作坊的观察。在课程结束当天，我和她们在微信群里讨论并反思了课程的进展。她们把相关的文字记录和照片发给了我。对这些课程的观察，我完全按照她们的时间进度进行。开始我会询问她们，后来她们都会提前告诉我课程的时间和地点。

作为探究者，我也和三位参与者以工作坊的方式，共同进入到 SEL 的实践中。我为教师和家长组织的工作坊活动基于我们对于 SEL 的讨论，采用了体验式活动和参与者反思同步进行的方式。这些关于 SEL 实践的叙事来自于我作为实践者的探究。活动的设计方案都是我与她们共同讨论并最终确定的。这些实践包括儿童工作坊（3 次）、家长工作坊（1 次）、家长教育沙龙（1 次）和教师工作坊（5 次）。不得不承认，我们对于学校的选择具有偶然性。大部分活动我们都无法自主安排时间和地点，我自己的实践也是如此。很多学校我只去过一到两次，无法展开更加系统、深入的实践，这些都是这项研究所带有的局限性。对于大部分参加工作坊的老师和家长来说，SEL 是一个全新的概念。我们会向他们介绍目前所从事的研究工作。但是对于我们来说，组织这些工作坊的目的并不在于推广 SEL 理念，而是通过实践来思考 SEL 在不同文化情境中面临的挑战，更好地理解教育现象的复杂性。

　　除了非正式访谈，反思性写作也被用到这项研究中，包括小组学习过程中的写作和小组学习之后的写作。小组学习中的写作时间大约为 15 分钟左右，写作主题与讨论内容有关。例如，在第三次小组讨论中，我给出的题目是：什么促使你选择了目前的研究问题？写完之后，我会让她们彼此交换、分享各自的内容，围绕这个问题再展开讨论。小组学习之后的写作主要用在研究的前半阶段。她们一方面通过写作梳理自己在学习过程中对于 SEL 概念的理解，另一方面，写作也帮助她们为之后的研究项目进行初步思考并积累素材。

从实地文本到研究文本

　　对于叙事探究而言，从实地文本到研究文本并非线性发展的过程，因为在两者之间还存在谱写临时性研究文本的阶段。临时性研究文本并不是最终的研究文本，这也正说明叙事探究要求研究者与参与者，共同经历协商和谱写研究文本的过程。克兰迪宁把这个过程形容为充满了张力和不确定。[1] 通过这项研究，我自己也经历了从实地撤出、与参与者暂时分离、回到临时性研究文本的写作，直到最终写作研究文本的过程。在这个充满迂回、波折、反复的过程中，我需要不断回到实地，有时候通过网络，有时候通过身体力行的方式，回到与参与者建立的密切关系中，再次进入探究。

---

　　① 〔美〕D. 瑾·克兰迪宁著，徐泉、李易译：《进行叙事探究》，重庆大学出版社 2015 年版，第 46 页。

对于这项叙事探究来说，从实地撤离包括结束学习小组的讨论，不再跟随三位参与者进入她们为家长、教师和学生组织的工作坊活动现场。这种撤离更多是空间性的，因为从实地文本进入临时性研究文本的写作阶段，我无法完全从参与者的生活中撤离。在时间性上我们仍旧还处在研究关系中，但见面和讲述的次数相比之前会大幅度减少。当写作中需要与她们确认问题的时候，我仍旧会进入她们的生活，共同谱写临时性研究文本。对于这项研究来说，更加复杂的方面还包括，三位参与者都开展了各自关于 SEL 的研究项目。在我们最初的方案中，她们各自的研究报告也会呈现在最终的研究文本中。因此，我和她们每个人，在写作的过程中，都需要不断反复阅读、修改、确认、协商那些和她们研究相关的写作。在这个过程中我会时常提醒自己，我们的写作必须把叙事探究强调的社会、空间和时间三个复杂的维度呈现出来。因此这是一个充满琐碎工作、耗费心力的过程。

由于这项叙事探究是我在北大博士后工作期间开展的研究项目，因此写作有时间上的限定。当博士后研究经费无法再继续支持这项工作时，也意味着这项工作需要暂时停止。实际上，博士后工作仅仅让我完成了临时性研究文本的写作，而到最终的研究文本，我不得不在没有研究经费的支持下继续完成。所以在那段时间，当我仍然要进入三位参与者的生活，与她们探讨写作中遇到的困扰和疑惑时，我的内心充满了不安和愧疚。虽然她们都向我真诚地敞开心扉，但是我深感无法回馈她们对于我的信任和情谊。也正是这种不安让我更加体会到叙事探究作为研究方法的"奢侈"。它时刻考验着我和参与者之间的关系，考验着我对于探究本身的热情，考验着我对自己的诚实。所以，从这个意义上来说，最终的研究文本是迟来的、沉重的，因为它承载着太多我对参与者的感恩和责任。

当我们完成了最终的文本写作，我们也正式离开了这项探究。我们离开了这段珍贵的、彼此扶助的关系，也暂时离开了彼此的生活。但是，我们仍旧会带着再次被讲述的生活，继续我们未知的、不确定的、充满各种可能性的生活。最珍贵的是，在探究的路上，我们不仅再次触碰并且得以连接，而且从关系性的视角，重新理解 SEL 这项教育叙事呈现出的多重社会现实。在对这个问题不断的讲述中，我们经历了自己的改变，也经历了对方的改变，而且共同经历了对于 SEL 视角的改变。最终，我们获取了共同面对教育，面对生活的力量。

关于我的自传性叙事

弗里曼（2012）在《自传性理解和叙事研究》中，阐述了叙事研究以超越主客分离的方式，向更深刻的真理概念方向迈进，为研究人类领域提供更加整全、充足的人性化视角。他认为，诗意的维度是自传式叙事面临的挑战，复制现实并不是它最重要的目标，实现和阐释现实，使世界成为可见的才是其核心。[①] 在他看来，自传式理解是叙事研究的核心，位于艺术和科学的交叉处，而且模糊了两者的界限，成为"诗意的科学"[②]。接下来，我以自己的自传性叙事结束这一章关于叙事探究方法的讨论。

2005 年初，我去了美国。在这之前，我非常幸运，在国内最好的大学读了本科和研究生。但这样的幸运有时也会给我带来不安，自己似乎被安置在一个看上去美妙却一触即破的保护层中。不管多么渴望戳破这层薄薄的保护层，自始至终我都感觉自己是那么乖顺、胆小、紧张。这

---

① 〔美〕D. 瑾·克兰迪宁著，鞠玉翠译：《叙事探究——原理、技术与实例》，北京师范大学出版社 2012 年版，第 72 页。

② 同上书，第 78 页。

样的优越感也让我怀疑，真实的世界是不是本该如此。从世俗意义上来说，我是幸运的。然而当我面对自己，面对被这个系统遮蔽的、离我遥远的、外在的困境时，我才发现自己早已是一个不在场的"失败者"。我可以找到无数的理由，阐释作为"失败者"的卑微内心，但是却无法找到置我于"失败者"处境的强大外力。我害怕提起，更不要说面对那个无处不在、始终庇护我的系统。一个受惠于这个系统的年轻人，需要多大的勇气，才能够面对自身的脆弱，才愿意敞开自身的脆弱，和早早被这个系统排除在外的、也曾同样年轻的那群人握手言和。

在美国的这些年，我亲身经历了这样的握手言和。这期间，中国社会也经历了自身极速的变迁。我以自己特有的方式，参与了这场变迁，虽然我并不在中国社会的现场。但是，我在自己的生命现场，经历着属于我的变迁。作为美国第一代移民、女性、有色人种、少数族裔，这些多重身份让我不得不面对，在过去的生命经验中不曾触碰，甚至无法想象的各种难题。它们既是个人的，也是社会的，很难以一己之力从容面对，更不要说解决。但是，当我环顾四周，看到还有那么多人，那么多女性也在这样的艰难之中，继续向前一点一点挪动，我也并不感到孤单。

2015 年，我获得了教育学博士学位，并且开始创业。经历了创业，我才发现，即使从事了多年的教育研究，仍旧无法回避现实与理论之间的错位。教育中的社会文化研究是我热爱的领域，但是它的理论过于抽象，不能很好地帮我解决棘手的教育问题。那段时间，我对自己产生过怀疑。如果只沉迷于宏大的理论探讨或者深度描写个体的生命经验，我可以继续研究文化或者当记者。如果我只想满足自己的好奇心，也不需要选择教育工作。

这样的怀疑让我开始回想，曾经隐隐刺痛内心的那些经验。那是学校教育带给我的，掺杂着胆怯、不满、愤怒、自卑……各种无法说清的情绪体验，也让我后来的人生选择不断被这些情绪所影响。虽然不确定能够具体改变什么，但是毕竟不愿放弃去尝试的可能性。在创业的过程中，我慢慢探索着自己的边界。当最终把 SEL 作为可以扎根的主题时，我开始收集资料，除了翻译英文资料，也联系了美国的 SEL 机构。那时的我沉浸在一种难言的喜悦之中。

2016 年，在回国短暂停留的几天里，我拜访了一位教过我的老师，想和他分享自己在美国的教育实践。重逢的喜悦让我倍感亲切，但是很快，强大的现实又让我感到措手不及。我清晰地记得，刚在沙发上坐稳，就被他语重心长地问起这些年在美国的经历。在简要分享了自己的经历之后，我注意到他紧锁的眉头。他还是担忧地问了一句："这么多年，没成家，没孩子，又没稳定的工作，你幸福吗？"我不确定，当他说出这句话的时候，是否察觉到了我的表情。对于很多老师来说，这都是再正常不过的，关爱学生的方式。然而，我却看到，他被强大的系统推动着，评判我作为个体，特别是女性的处境。那个时刻，他是社会文化叙事的转述者。

当时，已经很久没有被关注个人生活的我，突然有些不知所措。正是那个时刻，让我无比清晰地意识到，这些年艰难的自我探索，在他转述的社会文化叙事之下，显得那样笨拙甚至狼狈。因为那个瞬间的在场，因为深处这个社会文化场域的内部，我的内心突然被无法言说、无处言说的挫败感填满。因为在场，我才深知，作为曾经被精英系统庇护的、乖顺的、胆小的、紧张的自己，在经历了一系列松绑、一系列蜕变，已经成为独立的、勇敢的、喜悦的自己之后，依旧在恐慌中被强大的社会文化期待所淹没。因为在场，我才懂得，作为被这个系统所规训的研究者，被赋予、同时瞬间又被剥夺的言说权力。因为在场，我才理解，作为个体，作为女性，永远需要面对并且必须面对被讲述、被观看、被评判的不自由。但是，正是因为在场，我无法回避，而且必须明确自己到底应该选择和谁站在一起。正是这个张力时刻所具有的教育意义，让我意识到从"傲慢的观点"到"友爱的观点"的转变是走进彼此世界所必须经历的过程的一部分。[①] 就像经过这么多年的选择，我为自己卸下了那些以学术之名封闭多年的条条框框。我的选择不再以系统作为最终的标准，我的选择是以自己作为独立个体，重新定义的标准。这些钳制我、阻挠我的，正是迫使我进入现场，成为参与者的理由，也正是我与三位同为女性、母亲、教育者，开启探究的理由。

2017 年，我回国。曾经的熟悉与当下的陌生一起袭来，撞击是如此猛烈，让我无法回避。当我早已与大多数人握手言和，就清楚地知道，外部的撞击不足以对我施加什么，因为我已经做出了和谁站在一起的选择。在决定把叙事探究作为这项研究的具体路径时，我也选择了把自己纳入到整个撞击的过程，感受、扶助、尊重那些遭遇撞击却依旧充满信心、发着光亮的个体。在我与她们相遇的那些瞬间，我舍不得闭上双眼，渴望持续观赏我们并肩共舞的样子。当我找到这样的言说方式，我也找到了如此言说的信心，我不再是那个处在外围的旁观者和理性的分析者。经过这些年，我已为自己松绑。在这个时刻，我可以自由、无所畏惧地走近她们，成为身临其境的参与者。这是在我一来到现场，就毫不犹豫做出的选择。当然，这样的选择已经准备了很长的时间。

在这期间，我旁听了一次研究生课，课后很久，都无法平静。当时在课上，老师让学生回忆，过去几年让自己感动的一首歌、一本小说、

---

① 〔美〕D. 瑾·克兰迪宁著，徐泉、李易译：《进行叙事探究》，重庆大学出版社 2015 年版，第76 页。

一部电影。学生们思考了几分钟后开始分享。第一位学生说："从高中开始，我一直没有时间读闲书、看电影。即使有，我也不记得曾经被感动到流泪的场景。"第二位学生说："我也是，好像没有什么东西可以真正触动我，让我流眼泪。"第三位学生接着说："我觉得自己就是个女汉子，没怎么哭过，也没怎么被感动过。"

我很惊讶。这是真的吗？我真的没听错吗？现在的学霸都是如此坚强吗？陆陆续续，在七八位学生分享之后，终于有位女学生小声地说："上一次看完韩国电影《熔炉》，我哭了很久。""终于！我终于听到有学生哭了"，我小声对自己说。之后，又有几位学生重复诉说着自己的坚强。其中一位男学生说："不瞒大家，我的高考作文得了满分，我非常喜欢文言文。有一次，我在学校的天台上，读到一篇古文，突然间，感受到一股强大的孤独感，但是，我并没有流泪。"他说话的方式张扬而且自信。班里很多和他一样的学生。他们年轻，冲破重重关卡，来到全国最好的大学。他们将来的大多数会从事教育工作。但是在那个瞬间，他们成为社会文化叙事的转述者。只是我不确定，不曾被触动的心如何理解生命，如何理解教育。

因此当完成这项研究之后，我无法再若无其事地成为局外人，就像开始的选择一样，我早已是现场的参与者。虽然，我已完成这项叙事探究，但是我们仍旧各自带着信念，继续彼此在生活中的探究。我仍旧会尝试探索在日常生活中、在细微处，重新理解文化、重新理解教育的可能性，在教师个体的生命经验和历程中，重新探索"本自具足"的实践路径。我始终相信，教育者是决定教育走向的推动者。如果我们把教育者放在推动者的位置，那么教育研究者就必须在目前的学术和教育系统中，和教育者站在一起，在讲述—生活—再讲述—再生活的往复循环中，突破困境，达成一种教育研究的自觉。

　　这项研究促使我明确了与教育者站在一起的立场之后，为谁而教的问题则不再模糊。因此，我特别为教师和家长设计了基于自身经验的工作坊活动（内容见附录）。在研究的最后阶段，我在不同类型的学校实践了这些方案。2019 年 5 月，我曾前往位于江苏的一所师范学校。那次活动之前，班主任老师告诉我，这里一半的学生都是免费的师范生。毕业之后，他们都会回到乡镇学校，至少当五年老师。在他们的教室，我发现每个人的书桌上都摆放着厚厚的一排书或者一摞书，很像我印象中备考的高中课堂。我问他们："你们每天都在这里上课吗？书摆成这样，老师上课，还能看到你们吗？"一位学生特别真诚地告诉我："只有把书摆成这样，老师才看不到我们。"这位学生的专业是小学语文教育，计划五年师范学校毕业之后，再读两年大学，然后申请现代汉语专业的研究生。我问他，"然后呢？你有什么打算？"他说："读了研究生就可以转行，不用当老师了。"我在这所学校的工作坊中，让每位学生完成了一首小诗的创作。以下是其中的一首：

我是

我是一颗烂掉的草莓

我理解没人喜欢不美好的事物

我相信有人愿意捡起我

我梦想被人愉快地品尝

我是一颗烂掉的草莓

我努力吸收温暖的阳光

我担忧没人会来摘下我

我哭泣离开泥土的那一秒

我思念长在泥土里的时光

我怀疑自己太过酸涩

我是一颗烂掉的草莓

我假装自己被摆在鲜艳的果盘中央

我希望自己即使烂了也不被丢弃

我看到吃我的人露出满足的神情

我听到我被咀嚼时汁水四溅的声响

我希望有人愿意开心地把我吃掉

我是一颗烂掉的草莓

　　教师工作坊还特别设计了一个名为"故事线"的活动（如图4-1）。活动要求所有参与体验的老师，每人用两到三句话编出一个故事。为了把故事讲下去，每位老师都需要仔细聆听前一位老师的内容，同时也要清晰地讲述自己的内容。除此之外，老师还要即兴表演、团队合作，编出一个富有想象力和创造力的故事。在开始之前，我会让老师头脑风暴对"故事"的定义。他们都会告诉我，故事应该包含起因、经过、结果这些情节。我在几个学校都尝试了这个活动，而且都会用"我有一个学生"作为故事的开始。但是，特别有意思的是，在第一次尝试编故事的时候，大部分的老师都会以迅速、简短、带有明显评判指向的叙事方式，比如，他们会这么说："我有一个勤奋的学生"，"他特别爱劳动"，"他又很孝顺"，"他也很刻苦"。最后我发现，这样的故事线呈现出来的，是在老师心中一个个关于"好"学生的、抽象的概念，而唯独缺少了构成故事的丰满细节。

图4-1 "故事线"活动

　　这些来自我与参与者的经验并没有阻止我的探究，反而让我更加相信，教育研究的生命力不在完美的假设，不在批量的数据，不在精准的测量，甚至不在华丽的文字。教育研究是基于研究者自身的生命历程，对现实困境的深入思考，以一种近乎执着的方式，义无反顾地投入到他人的生命，参与、倾听、讲述他们的故事，寻找问题，并且回答问题。或许，我们最终都无法为他们找到答案，因为他们的故事原本就和我们的故事交织在一起，永远都没有答案。我们必须承认，也只能承认，不断地观察，去直面、去理解这些复杂又琐碎的现实，或许就是叙事探究的美和它被赋予的强大生命力。在这种反复挣扎—跌倒—再挣扎—再跌倒的过程中，才能够切身理解教育的叙事探究不仅仅对于研究者，而是对于教育者特别的意义。我之所以选择教育，特别是选择了以实践为导向的教育研究，是因为这些年，在不断探寻的路途中，时时刺痛我的那些个体的生命经验，那些构成生活的、繁乱的、平时的，甚至是不可理喻的日常和细节。而教育的发生，从来都不在那个被称为理想的别处，却在琐碎、混乱、不确定的细微处，闪着微弱的光，捕捉我们，触动我们，点亮我们。即使道路漫长，那一点点的微光，是我们能够看到的，以一己之力推动教育变革，终能汇聚在途中的一道光、两道光……无数道光。

第五章　SEL 现状与反思

这本书把 SEL 作为叙事的主题，从三位参与者个体的日常经验入手，记录并反思我们共同的探究过程。这一章将从理论的视角，探讨 SEL 领域在美国社会的兴起和发展，在中国社会的推广和实施，以及由此引发的学术争议。

SEL 引发的争议

美国学者霍夫曼（Hoffman，2009）指出，SEL 作为重点主题和项目，在美国教育领域得以快速发展。随着戈尔曼（Daniel Goleman）对于情绪智能和伊莱亚斯等学者对于 SEL 的倡导，SEL 开始引起美国教育者和政策制定者的兴趣。上百家机构和网站开始关注 SEL，并在市场向个人、公司和学校推广 SEL 项目，开展工作坊活动并且编写教材。与此同时，SEL 在全球范围内掀起的热潮，特别是在基础教育领域，也引发了更多研究者的讨论和反思。

接下来我将简要介绍 SEL 引发的争议。由于这些内容暂时还没有翻译成中文，感兴趣的朋友，可以通过书末的参考文献，查找原文做进一步了解。如果对于 SEL 理论不太感兴趣的朋友，可以直接跳过这部分，进入后面的阅读。

目前的 SEL 实践主要基于美国教育心理学家加德纳（Gardner，1988）提出的"多元智能"和心理学家戈尔曼（Goleman，1995）提出的"情绪智能"理论。研究者对于"多元智能"理论没有太多异议，争论主要集中在"情绪智能"理论上。其中，迈耶和科布（Mayer & Cobb，2000）认为，目前关于情绪智能的教育政策建立在大众传媒而非教育学和心理学研究基础之上。他们指出，1990 年萨洛维和迈耶（Salovey & Mayer）首先为"情绪智能"这个概念进行了定义并且确认可以对它的某些方面进行测量。情绪智能被定义为：准确有效地处理情绪信息的能力，包括观察、同化、理解和管理情绪。[①] 五年后，戈尔曼出版了名为《情绪智能》（*Emotional Intelligence: Why It Can Matter More Than IQ*）的畅销书，并且登上《时代》周刊的封面。相比传统智商，戈尔曼提出的情绪智能，更加能够预测人们生活的成功。他把情绪智能和教育政策联系起来，为 SEL 实践提供了理论基础。

迈耶和科布（2000）认为戈尔曼通过大众能够接受的方式，把情绪智能的概念从具体的心理学范畴扩展到更加宽泛的个人素养方面，让它与教育，特别是品格教育进行了联系。但他们也认为，"只有当情绪智能的存在被科学界认可为人格的组成部分之后，情绪智能的理论才能支持 SEL 的发展"[②]。除此之外，他们还指出，戈尔曼所认为的情绪智能比传统智能预测成功高出两倍的说法有些夸张。此前流行的所谓情绪智能可以把能力和性格或特质结合起来的说法，并没有得到科学的证实。情绪智能和良好品格之间的关系，也还有待进一步的科学研究。戈尔曼在书中对一些教育项目进行了评估，却没有引用 SEL 研究的相关结果。他

---

① John D. Mayer, Casey D. Cobb, "Educational Policy on Emotional Intelligence: Does it Make Sense?", *Educational Psychology Review*, vol. 12, no. 2 (June 2000), pp. 163-183.

② Ibid., p. 174.

们提出，目前的情况并不意味着 SEL 不好或者应该被停止，而是说明 SEL 项目希望带来有益的教育效果，独立于被科学定义的、作为人格部分的情绪智能这个概念。

霍夫曼（2009）还指出，戈尔曼（1995）出版的《情绪智能》和伊莱亚斯等学者（1997）发表的《倡导社会情感学习》，让情绪智能的概念从商业领域流行到学校，带动了教育者和政策制定者的关注。他们把情绪智能与教育相连，让人们认为情绪智能是可以习得的能力，应该被视为学术和社交成功可衡量的预测因素。她认为，戈尔曼的工作显然不同于情绪智能的"科学"版本，而是倡导一种"实用"版本，特别体现在商业和教育领域出现的各种情绪智能项目和干预措施中。

麦克劳克林（McLaughlin，2008）在文章中也指出，戈尔曼的情绪智能理论强调个体对于情绪的管理。她认为这样的定义出自新自由主义的观点，也就是说，个体需要管理好自己的情绪并对情绪问题负责。然而，教育课程是否应该对于这个观点进行回应尚有争议。如果基于情绪智能的理论来设置学校的 SEL 课程，那么这样的课程就是建立在儿童和青少年"缺陷模式"基础上的。在她看来，社会问题是成人的问题，不应该通过改变儿童和青少年的情绪来解决。因此，麦克劳克林更倾向于使用"情绪健康"的说法，而且提醒我们有必要重新定义"情绪健康"这个概念。在她看来，目前学校被注重个人主义的新自由主义课程开发观点所驱动。作为教育者，我们需要从社会学、哲学、心理学、教育学的角度，重新思考"情绪健康"内容在学校和课堂的实践。她认为目前学校有两种方案可以选择，一种方案侧重学生个体发展，而另一种方案则关注教师发展以及学校的实施过程。她建议学校参与师生关系的建立和教学法的实施。

霍夫曼（2009）从文化分析的角度，也对目前基于"缺陷模式"并提供修补建议的 SEL 框架进行反思。她也对 SEL 倡导的意识形态、政治文化情境、情感表述与隐性的自我表述密切相连的现象进行了批判。在她看来，比起在课堂和学校培养高质量的关系，SEL 的话语模式把教育带入具有脱离情境和工具主义的危险倾向。她特别指出，目前的 SEL 方式在涉及并参与塑造具有关怀式关系、理解权力政治和尊重文化多样性方面并不成功。她建议 SEL 研究进一步理解教育中的意识形态、权力政治并尊重文化多样性。在她看来，目前的 SEL 项目发展过于强调 SEL 和学业取得之间的正相关联系，容易陷入狭隘的工具主义倾向的陷阱。虽然，有研究阐释了 SEL 反映出关怀理念、社区概念和多样化等特点。但是，过于关注个体情绪和行为的控制策略，这样的方式会导向个人化的控制模式。这样，SEL 的实践就变成了一种强调测评和修正个体缺陷的方法，而不是一种把教育者的注意力转移到关注课堂和学校的关系以及情境建构的方式。霍夫曼建议研究需要探讨 SEL 项目发展趋势背后的政治和文化假设，并且将实践和理论相结合，否则，SEL 承诺的提高学业成绩和教育的公平问题就不会得到真正关注。

对于关怀式师生关系的建立，诺丁斯（Nel Noddings）在她的两篇文章中也特别进行了强调，这也是目前基于心理学的 SEL 实践所忽略的地方。诺丁斯（Noddings，2006）对科恩（Jonathan Cohen）提出的培养儿童在学校取得成功和健康发展的两种 SEL 途径提出质疑。科恩提出的途径包括：（1）通过学前到高中的学校经历提高儿童的社会情感技能和道德规范系统性；（2）系统性地创建安全、关爱、具有参与性、责任感的学校和家庭。然而，诺丁斯（Noddings，2006）建议"整校"模式应该在所有课程和活动中包含社会、情感、道德学习。单独增加 SEL 课程的模式，可能会将教师局限在他们自身所处的学科领域。在她看来，教师的言行对学生的 SEL 发展会起到重要的影响作用。学生和教师应该共同参与课堂讨论、分析和评价，并对意义进行探讨。她对目前基于实证研究并且强调测试的 SEL 倾向提出批判，认为这种方式有可能忽略儿童以及我们与他们之间关系的建立。她建议 SEL 注重对于关系的培养。除此之外，诺丁斯（Noddings，1996）在另一篇文章中，也论述了如何通过使用故事，帮助教师更好地理解他们的感受和情绪。同时，她也批判了教师职业化要求教师隔离并隐藏情感的现象。最后她建议，建立"故事库"有助于帮助教师抱有对于教育的热情，同时丰富他们自己和学生的生命。

另外扎莫拉斯（Zembylas，2003 & 2006）探讨了教师的情感劳动和教师身份的文化建构问题。基于为期两年的行动研究，伊森巴格丽和扎莫拉斯（Isenbargera & Zembylas，2006）着重于将关怀式教学方式与情感劳动的本质联系起来。他们讲述的案例关注师生之间建立的关怀关系，在包容性课堂中确认和分析教师的教学实践和反思。他们发现，情感劳动既可以是疏离的，也可以是解放的，都是教学现实的重要组成部分。扎莫拉斯（2003）从后结构主义视角，提出理解情感和教师身份形成的可能性。他认为，后结构主义话语能够解构教师身份作为固定个体特质的文化迷思，克服将情感与理智、身体与心灵进行二元对立的思考方式。教师通过探索自己在教学中的情感体验，能够发展出一种对于情感规范的社会反抗策略，同时进行自我转化并为自身赋权。

从研究者的反思中，我们不仅看到了 SEL 实践所反映出的新自由主义课程观点，而且还可以看到 SEL 的实践受到心理治疗式教育的影响。科波克（Coppock，2011）借用福柯、罗斯以及新儿童社会学（new sociology of childhood）的观点，探讨了教育政策话语和心理治疗式教育实践之间的复杂关系。在她看来，儿童和青少年被看作正在形成中的人（human becomings），而不是具有主体性的人（human beings）。她认为，目前实施的新自由主义规训方式，把儿童和青少年作为被动而且有风险的对象，对他们进行检测、规范和控制，而不是把儿童看作社会情境的存在，否认了儿童、社会、政治和文化情境之间的交互关系。

埃克尔斯顿和海斯（Ecclestone & Hayes，2008）在《治疗式教育的危险崛起》书中，对英国教育系统倡导的治疗式教育趋势提出了批判。他们认为，这种政府主导的心理治疗式教育关注个体情绪，把对病理性情绪问题的关注，转移到了情绪健康的预防。在这里，作为积极而且进步的教育方式，逐渐被添加了"社会正义"的属性。因此，它的出现几乎阻挡了外界批判和质疑的声音。然而，经过20年的发展，这种教育方式已弥漫在小学、中学、大学和工作领域，同时定位了教育的新角色。在这种政治话语的讲述中，儿童被系统性地描述成"脆弱"和"有风险"的存在，需要接受来自成人的社会监测和管控。从政策层面到学校实践，情绪教育的倡导非但无法达到学校的教育目的，而且抑制了儿童和青少年自主性的发展。教育的治疗式趋势对于年轻人的智识发展也形成挑战。两位研究者在批判的同时，也提出了抵制治疗式教育，不把情绪单独设置为学科课程，而是重新思考教育的目的，对教育的价值进行讨论，让儿童和青少年参与更多学科教育的建议。

通过简要概述国外研究者对于SEL的不同见解，我们发现SEL的出现有其特定的文化土壤。它在美国的发端与戈尔曼提出的"情绪智能"理论息息相关，同时也受到教育政策、社会文化、政治和意识形态的多方面影响。十年前，这些学者对于SEL教育实践的洞察和批判，有助于我们深入理解目前在中国进行的SEL实践。不管是民间自发的学习与传播，还是自上而下的官方推广与实施，对于中国基础教育变革的价值，以及在此过程中，遭遇的真实困境，都值得我们借鉴和深思。接下来，我将概述中文相关文献，帮助读者了解SEL作为"知识"从美国迁移至中国的过程。

SEL 知识的迁移

SEL 知识的迁移很大程度上来自联合国儿童基金会的推动，特别是在中国西部五省（自治区、直辖市）开展的 SEL 项目。在搜索到的九篇 SEL 实证研究论文中，五篇都使用了中国教育部—联合国儿童基金会编制的学生自评社会情感能力问卷，对学生的社会情感能力进行了测量和分析。

其中，杨传利、毛亚庆和张森（2017）通过对北京 12 所农村小学和宁夏 6 所农村小学进行调查，发现北京学生社会情感能力的总体发展状况优于宁夏地区，尤其在自我认知、他人认知、他人管理、集体管理方面表现显著。家长的关注行为、教师的表扬与提问行为能够正向预测学生的社会情感能力，而教师的批评行为具有显著的负向预测作用。教师的表扬、提问与批评等教育行为对样本学生的社会情感能力的差异起到了显著的中介效应，而家长关注行为的中介效应并不显著。

杨传利、毛亚庆和刘婕（2017）通过对宁夏、云南 11 所小学 32 个班级学生的调查发现，友谊关系对学生社会情感能力具有显著的正向预测作用；班级社会网络密度对学生社会情感能力不具有显著的预测作用；班级社会网络密度对友谊关系与社会情感能力之间的关系具有显著的负向调节作用。

李明蔚（2017）对 SEL 项目县 8 所中小学进行的学生自评发现，西部农村地区中小学生社会情感能力发展的总体状况良好，但存在维度差异。女生的社会情感能力高于男生；不同年级学生的社会情感能力差异不大；班干部的社会情感能力高于非班干部；独生子女与非独生子女社会情感能力差异不大。

胡伶和万恒（2012）发现，寄宿制学校学生基本能准确评价自己，但是自信心相对不足；情绪控制能力相对较强，但是学习的自我管理能力相对较弱；合作意识较强，但是人际交往能力尤其是师生交往能力亟须提高。农村寄宿制学校学生相对更懂得理解与包容，但是资源的利用和识别能力相对有限。

杨传利和林丽珍（2017）提出了培养学生的情绪调节能力是社会情感学习的重要目标。他们对北京 8 所学校和贵州 3 所学校的调查发现，情感温暖与理解的教养方式，能够使学生采取认知重评的方式进行情绪调节并向他人表露积极情绪、抑制不良情绪。拒绝与否认的家庭教养方式让学生处于消极情绪中，无法有效摆脱消极情绪困扰。父母的过度保护会使学生肆意表达自己的不良情绪，导致放纵和不可控性；而父母的过度干涉会使学生抑制自己的消极情绪表达，并使调节方式走向极端。他们认为学生家长的教养方式对学生的情绪调节能力具有显著预测作用。

陈宁和黄洪基（2010）对上海市中小学 2425 名 90 后青少年进行的自评问卷调查发现，青少年社会情感发展水平较高，道德情感水平最高，审美情感水平居中，而学习情感水平相对较低。发展水平有显著的年级差异，而且呈现随年级升高而逐渐下降的趋势。

除了针对中小学生社会情感能力进行研究，婴幼儿的社会情感现状也受到研究者的关注。叶睿雪、孙率、杨文博、吴玉菊和陈跃辉（2017）对四川、甘肃两省贫困农村地区婴幼儿的社会情感现状进行了评估。研究通过结构式问卷和婴幼儿社会情感量表（ASQ：SE），发现备试中57.64% 的婴幼儿存在社会情感问题，远高于国际标准 16%—18%。其中的影响因素包括：婴幼儿生病情况、母亲职业、母亲受教育年限、母亲早开奶情况、母亲购买婴幼儿相关图书情况。

研究者也探讨了家庭与儿童社会情感能力之间的关系。其中，陈瑛华和毛亚庆（2016）对家庭资本和儿童社会情感能力做了实证研究。通过对广西、宁夏两自治区 16 所乡镇中心小学及农村完全小学学生发放家庭资本问卷和社会情感能力问卷调查发现，家庭资本对学业成绩有显著预测作用，家庭资本显著影响学生社会情感能力发展，社会情感能力对学生学业发展有显著影响。

除了关注学生和家庭，研究者也关注教师的社会情感能力。杨玲、杨小青和龚良运（2016）通过对广西 550 名初中小学教师调查发现，教师社会情感能力处于中上水平，在表达自己的想法和情绪、管理不良情绪、移情和接纳能力方面得分较低。教师社会情感能力不存在性别差异，优秀教师能力显著高于一般教师，女教师自我情绪管理能力比男教师强。

通过检索关键词"社会情感学习"和 SEL，我还找到 22 篇论述文章。这些文章从不同角度，对 SEL 的概念、美国非营利组织 CASEL 的历史发展、SEL 在不同国家的实施模式，以及 SEL 课程内容进行了介绍，同时也为国内基础教育的改革提出了建设性意见。

石义堂和李守红（2013）认为"社会情感"是一个独立概念，社会作为情感的修饰语，而非把"社会"与"情感"作为并列的两个概念。作者从西方学术和社会历史两个角度描述了 SEL 产生的背景。学术方面，以心理学界对于"情绪智能"的研究发现作为 SEL 的理论依据。社会历史方面，以美国为例，校园危机以及青少年表现出的心理健康问题是促成 SEL 产生的背景原因。他们也介绍了 SEL 的历史发展，以及在美国、英国、澳大利亚倡导的模式。他们认为，SEL 的实施有助于克服情感、态度、价值观教育的"空心化"现象；有助于建立正确的自我认识和良好的人际关系；促进学生非认知心理因素发展并提高学业成绩，对于国内基础教育变革具有启示作用。

不同于"社会情感学习"的翻译，孙二军（2013）把 SEL 翻译为

"社会与情绪学习"。他认为美国儿童和青少年的心理健康问题，是 SEL 在学校和课堂实施的原因。他肯定了 CASEL 在促进 SEL 项目发展中所起的历史作用，并且以"强壮儿童计划"为例，具体描述了 SEL 课程开发与设计的内容、特点和策略，也探讨了 SEL 对于中国基础教育发展的启示。在他看来，目前与 SEL 课程类似的心理健康和思想品德课程流于形式，注重知识范畴的灌输而忽视实践。对于 SEL 课程开发，他认为难度大，照搬或移植美国现有课程的方式并不可行，需要进行本土化尝试与实验。

围绕美国 SEL 的具体课程，国内研究者也进行了案例介绍。其中，李超和蔡敏（2015）对"积极行动"的课程目标、内容框架、教学方法、课程实施和课程效果，包括价值观的改善、问题行为的减少和学业成绩的提高，进行了评述。他们认为，美国 SEL 课程在重视学生情感和专业教师情绪素养的培养，开发系统的情感教育课程并采取有效的教学方法，例如角色扮演、案例分析、课堂讨论、情境模拟等方面，将为中国基础教育带来启示。张璐璐（2015）也以美国"强壮儿童计划"课程为例，介绍了课程中包含的情绪素养教育、共情教育和社会交往教育。此外，她还介绍了美国 SEL 课程的三种实施方式：设置独立课程、实现学科渗透、开展相关活动。她认为，独立课程具有不足之处，所学内容与实际脱节，教师侧重知识的传授，导致学校课程数量的增加，而渗透其他课程的方式会流于形式。她论述了 SEL 课程的实践带来的三方面价值：减少中小学生行为问题、提高学习成绩、培养道德品质。

此外，王福兴、段婷和申继亮（2011）介绍了 2003 年美国伊利诺伊州颁布的从小学到高中的 SEL 标准体系，以及 CASEL 为学校实施 SEL 项目开发的工具包。他们认为，美国 SEL 标准具有科学依据，客观并具有可操作性，建议把 SEL 课程结合学科课程教学，形成有利于 SEL 的家庭—学校—社区支持系统，通过教学与研究建立并且不断完善 SEL

评估体系。美国实施的 SEL 项目减少了学生的问题行为、提高了学业成绩、培养了学生道德品质，对于国内中小学的学生情感教育和德育教育具有启发和借鉴意义。

刘璐和徐越（2015）则介绍了美国实施的五种 SEL 课程项目。他们认为，这些课程减少了学生问题行为、提升了学业水平和社会生活能力。作者建议以科学研究为基础开发的课程能够得到政府、社区、学校和家庭的支持；把情绪能力与社会能力的培养相结合；具有较强的针对性和明确的目标指向；注重活动的情境性并反复进行练习。

国内研究者普遍认同 SEL 的课程价值和对于国内基础教育变革带来的启示。吴际（2018）认为 SEL 是一种新型的课程体系，具有特殊性，在理论和实践层面已超越传统课程形态。从宏观层面来看，全人教育理论构建了 SEL 课程体系特殊的价值基础。同时，SEL 也整合了不同的课程观、课程形式和学科知识。从微观层面来看，SEL 课程以内容为核心，除了传授知识与技能之外，让学生在社会情境中进行体验，与基础教育结合，以辐射家庭和社区的形式为载体。他认为 SEL 课程体系是基础教育课程改革的全新尝试，对于其特殊性的梳理有助于我们理解、评价和研究这种新型的学习与教育模式。

全景月和姚计海（2015）阐释了 SEL 项目的价值，特别是在当代科学主义、功利主义、唯认知和理智教育的影响下，教育面临一系列挑战，而社会情感发展是个体成熟和发展的重要表征。他们认为学生个体的社会情感发展现状堪忧，影响社会稳定与持续发展，而 SEL 项目秉承了爱生学校项目的理念，为儿童营造良好的学习环境，注重学生心理品质和行为习惯的培养。同时，倡导与落实素质教育，为 SEL 项目在我国的提出和推广奠定了良好基础。

吴际（2017）还论述了中国 SEL 项目的实施状况。作者认为，中国 SEL 项目逐步起步，在实施过程中遇到的问题，包括有待完善实施标准、步骤和原则，尤其对本土化建设提出了除了教材，还包括实施和制度方面的改善方案。SEL 校本课程所呈现的螺旋式上升特点有别于传统课程。在另一篇文章中（吴际，2017），作者通过比较 SEL 和心理健康教育在理论依据、基本理念、实施方法和关注人群几方面的异同，论述了 SEL 和心理健康教育相互交织、互为补充的关系。在他看来，SEL 侧重普适性、框架性和管理性，而心理健康教育侧重专业性、方法性和服务性。如何统合二者，在实践中仍需进一步探索。

林丽珍和姚计海（2014）认为中国的 SEL 课程尚处在初步尝试阶段，还存在内容形式单一、缺乏系统性、教育效果不够理想等问题。此外，他们还论述了国外 SEL 实践对国内长期"应试教育"为主体的教育发展的借鉴意义。他们认为，儿童和青少年的情绪和情感缺失会导致各种消极行为，而 SEL 学习有助于预防和减少这些不良行为。SEL 提供了学校—家庭—社区的合作框架，学生的社会和情感技能得到全面发展。中国对于 SEL 学习需要进行本土化概念界定和维度划分，发挥优良的社会传统文化，对青少年问题行为采取干预措施，培养社会责任感、孝道和集体主义意识、行为。

除了研究论文和概述文章，还有部分 SEL 的文献，来自参与中国教育部—联合国儿童基金会 SEL 项目培训的学校管理者和教师。其中，闻待（2017）认为，社会情感学习项目折射出教育改革的困难。作者描述了教育变革的尝试，包括从校长开始进行社会情感学习；从建立关系开始进行社会情感学习；社会情感学习重在解决实际问题；让项目实施者看到项目成效。作者认为，一线教师承担着变革主体的角色，如果管理层和一线教师无法达成共识并且共商解决方案，变革将会受阻。

梁金玉（2017）作为实践 SEL 项目的小学教师，通过记录和分析自己"不要被情绪控制"的课堂教学，阐释了 SEL 体现的整体性、情感性、过程性和感悟性。作者认为，不同于传统课堂，SEL 课堂充满情感和情绪，通过课堂学习让学生的情绪得到合理释放。通过描述课堂中的让学生绘制"情绪控制图"，作者分析了 SEL 的过程性并且指出，SEL 侧重以学生活动为主，重视学生的个体经验，而非知识传授的心理学课程，教师在教学中应该把握住它的特性。

赖璐丝（2017）描述了初为班主任时，如何通过学习 SEL 和《社会情感学习教师指导手册》，把一个充满恐惧和无助的教室变成充满尊重、和平、有爱的"阳光角落"。她记述了通过组建阳光小组，调节经典诵读比赛中小组成员不参与活动的冲突，阐明 SEL 促进学生之间关系的改变、找到自身定位、正视自身问题、在同伴帮助下寻求解决问题办法的意义。

吴新云（2017）作为校长，记录了学校在推进和实施 SEL 项目过程中的实践与思考。作者认为，教师面对的教育挑战是学校引进 SEL 的良好契机。通过最初研修和观摩现场课，学校教师和学生都发生了改变。整校推进模式作为 SEL 实施的策略，强化了制度建设和开展校本教研活动，激发了教师自主学习的积极性、集体备课、班级创意活动的设计与开发，师生自主参与并积极合作。另外，作者也描述了 SEL 项目实施过程中的资源整合方式，包括课程内容与现有各项德育活动相结合、成立专家团队、推进家校之间的积极合作。

何红媛（2017）认为国内实施的 SEL 项目是为欠发达地区引入国际先进理念，探索有利于发展中国家、自上而下的教育模式。作者描述了经过三年的实施，县级团队形成了由 20 位教师构成的稳定团队。目前学校教学仍受到学科思维的影响，课堂多应然性教化，缺少感悟式体验。作者建议项目组发挥校长作用，请县级专家进行监测、评估与反馈，并为项目实施整合资源，搭建展示平台。

　　通过搜索 SEL 相关的文献，我们发现目前国内教育研究者和实践者对于 SEL 仍旧处在初步学习和探索阶段。首先，对于 SEL 的概念，存在"社会情感学习"和"社会与情绪学习"两种不同版本的翻译。其次，没有涉及 SEL 依托的"情绪智能"和"多元智能"理论的讨论和批判。国内研究者普遍认为，SEL 的教育现象源于美国社会个体问题，特别是儿童和青少年心理发展问题而导致 SEL 受到教育界的关注。个体道德、情感、心理"缺陷模式"仍旧是国内大多数研究者认同并思考 SEL 问题的出发点，而这种视角也直接影响到研究者提出的政策建议。他们认为，SEL 实施有助于学生确立自我认识并发展人际关系，促进学生的非认知发展从而提高学习成绩，能够对青少年问题行为采取干预，提升学生自信心（李超等，2015；刘璐等，2015；石义堂等，2013；孙二军，2013）。然而，文献中缺少从社会文化角度对目前 SEL 理论和实践进行探讨。

　　我们也发现，通过参与 SEL 项目，国内研究者和教育者对于中国基础教育的改革进行了反思，对学校、家庭和社会制度层面都提出了相关的政策建议。他们认为，SEL 在学校层面，有助于克服中国德育教育重知识轻实践的"空心化"现象、重视教师情绪素养培养、减轻教师压力、改善师生关系、助力班级管理（石义堂等，2013）。同时，SEL 与学科课程相结合的有效教学方法，可以改善教师评价体系，完善 SEL 评估系统（杨玲等，2016）。在家庭层面，研究者认为家庭教养方式对学生情绪调节有预测作用，倡导家庭—学校—社区多方合作（杨传利等，2017）。在制度层面，研究者提出基础教育改革的结构性问题，从社会文化角度来看，照搬和移植 SEL 课程并不可行，除了教材本土化还包括实施和制度的改善（孙二军，2013）。

　　当深入了解在中国开展的 SEL 实证研究时，却不免让人陷入疑惑。如果我们把西部作为教育资源欠发达地区，在此基础上，引入基于欧美的社会情感学习理论和课程，解决中国目前面临的教育困境，这种自上而下的方式，是否能够调动一线教师的自主性同时触及结构性的问题？有研究者提到，现实问题背后的真实问题即结构性问题是教育者面对的最大困境（杨传利等，2017）。我们都知道，参与者不仅是教育变革的推动者，而且能够身体力行践行，并不总是被动接受或者实施上级安排的任务。另外，学生的社会情感能力是否能够作为一个恒定不变、可以测量的数值（陈瑛华等，2016；李明蔚，2017；杨玲等，2016；杨传利等，2017），这也是值得深入探讨的问题。学生在自评问卷中的得分越高，说明他们的社会情感能力越强吗？由于这些研究并没有公开自评问卷的内容，很难对社会情感能力评估进行进一步的分析。然而，SEL 评估本身涉及的社会文化因素如何被研究者考虑？同时，现有的研究结论会不会加深我们对于西部农村地区学校和学生的刻板印象（杨传利等2017，叶睿雪等，2017）？涉及班干部和性别的社会情感能力差异是否也在加深我们对于某个群体的偏见（李明蔚等，2017）？有些研究以西方社会情感发展指标作为标准，对于中国儿童或成人进行测量，这样的方式是否值得商榷？例如，有研究建议改善农村育龄期妇女对于早开奶的认识，并且倡导母亲陪伴孩子成长（叶睿雪等，2017）。然而，育儿方式和母职都是在社会、文化、历史、政治、制度等因素中建构而成的（Arendell，2000；Christopher，2012；Collins，1994；Hays，1998），避开这些因素和环境的讨论，这些研究结论是否仍旧具有建设性？这些问题我们将会在下文继续探究。

教育叙事中的多重现实

　　这项教育叙事研究关注三位参与者的个体经验，她们在中国社会文化情境中建构关于 SEL 的知识，以及我与她们在不同教育场域中进行的 SEL 实践，反思 SEL 理论框架和课程内容，特别是在此过程中触及的教育问题。讲述—生活—再讲述—再生活的叙事探究路径，以自下而上的方式，探究教育者在此过程中，自身所呈现出的关于社会、文化、制度、家庭的多重现实，从而突破以个体"缺陷模式"思考教育问题的局限。这项教育叙事最终希望回到基础教育中教师教育和家长教育的视角，让包括教师和家长在内的教育者，从自身的生命经验中获得教育勇气，推动教育变革。这一节将围绕 SEL 教育叙事呈现出的多重社会现实展开讨论。

从社会变迁再理解 SEL 现象

自 2011 年开始，中国教育部—联合国儿童基金会在西部五省（自治区、直辖市）的上百所学校，开始了一场长达十年的 SEL 实验干预和推广。过去的十年，毫无疑问是中国社会急剧变迁，甚至超越当事人想象，飞速转型的十年。同样，过去的十年也是惊心动魄、个体命运在社会变迁的旋涡中，无知甚至无畏辗转迁徙的十年。个体被现代化激励与感召的同时，也被裹挟与抛弃；时代遭遇着来自个体的顺从与迎合，抗拒与反抗。此时，社会呈现给我们的不再是知足者常乐的田园风光，也尚未实现现代化应有的规则与秩序。根据联合国儿童基金会的报告《2015 年中国儿童人口状况 —— 事实与数据》，2015 年已有大约 1.03 亿儿童直接受到人口流动的影响，其中有 6877 万留守和 3426 万流动儿童。[①] 这让我们不难理解，为期多年的 SEL 项目定位西部地区的原因。我们需要寻找解决方案，补偿个体在社会变迁过程中被剥夺的各种机

---

① 联合国儿童基金会网站：https://www.unicef.cn/reports/highlights-population-status-children-china-2015。

会，其中也包括缺失的情感。

因此可以说，在社会变迁中，我们实际遭遇的切实教育问题是留守和流动儿童问题，这也是 SEL 选择立足中国语境的支点。然而，这样的出发点本身也值得商榷。我们都知道，留守和流动儿童是农民工问题带来的结果，并非问题本身。农民工问题则是社会现代化转型过程中城乡差异、工作机会不均等、东西部资源不均衡等问题的具体表现。费孝通发表的题为《中国社会变迁中的文化症结》演讲中特别指出，"中国社会的变迁，是世界的文化问题"①。在他看来，中国社会变迁主要是农业处境的生活方式逐渐向工业革命之后西方的生活方式的转变②。西方工业化的发展，让处在匮乏经济中的中国社会难以维持儒家传统倡导的价值体系。传统儒家社会的结构是以亲属关系作为基础，侧重人与自然、人与人之间的关系。因此，儒家的知足价值观与匮乏经济相互衍生。然而，维持这套价值体系并不能帮助民众在社会变迁的新处境下持续生存。费孝通在《乡土中国》中阐述了家族作为中国乡土社会的基本社群与西方社会中家庭概念的差异。从这个角度看今天的社会变迁，我们会发现，不管是在地域还是在文化层面，当家族的人口不断向外流动，乡土社会的概念也处于瓦解和重构的形态之中。当乡土社会遭遇来自现代文明的冲击，对于土地上生存的个体而言，则要面临抉择：是继续留在土地，以守护者的姿态，捍卫旧有秩序和规则；还是离开土地，卷入现代化浪潮，面对新世界，学习新规则。两种选择人为造就并且简化了传统与现代、世界与中国的二元观念的对立和割裂。

因此，我们需要思考，如何在转型的乡土社会中，重新建立起基于

---

① 费孝通：《乡土中国·乡土重建》，北京联合出版有限公司 2018 年版，第 120 页。
② 同上书，第 108 页。

传统文化的现代化理解，而不仅仅利用新的技术改造旧有的传统。但是对于生长在这片乡土上的民众而言，这样的思考有些困难。看似自主选择的农民工迁徙，实则被社会文化情境所推动。由此可见，目前自上而下推广并实施的 SEL 项目，承担起了作为教育问题的解决方案，修正社会变迁结果的社会职责。也就是说，SEL 项目关注留守和流动儿童以及他们所处家庭和学校的问题，而忽视了造成变迁的社会文化情境，因此我们可以看到 SEL 的实施与社会现象之间的错位。

与此同时，我们也无法回避中国现代化进程本身是趋向个人主义的价值观这个大背景。进城务工的农民工个体必然要面对城市的个人主义价值观，这与中国传统社会倾向人伦关系的价值观存在差异，甚至冲突。那么，对于留守在乡土社会中的儿童和青少年来说，他们责无旁贷地成为乡土的守护者和继承者。他们与父辈之间也不仅仅存在代际差异，还存在混合了乡土与城镇、传统与现代、个体价值观与社会价值观的多层面差异。从这个角度不难理解，SEL 研究者不断去"验证"，西部农村地区儿童和青少年具有"低下"的社会情感能力。不管是对比北京这样的国内一线城市，还是参照以欧洲为标准的国际指标，农村地区的儿童和青少年得到的测评分值一定是低于标准的，因为乡土已经被假设为落后、保守、传统、需要被改造和逃离的客体。

换言之，在变迁的社会语境下，乡土是被他者化的，并不具备自主性。同样，乡土上的留守儿童也是被他者化的。那么，乡土对于 SEL 的定义，自然就被排除在这套概念框架之外。因此，我们不难理解，研究者把 SEL 作为干预课程，促进留守儿童获得能力提升的合理化解释。受到新自由主义课程观影响的 SEL，在中国社会变迁的语境下，更加难以逃脱被简化为测量工具和教学方法的结果。这种自上而下的实施方式，无法避免遭遇从结构到制度层面解读教育问题的困境。因此，作为研究者和实践者，我们必须反思自己的立场，明确自身是以怎样的方式进入SEL问题的讨论。

如果我们深入探寻社会变迁背后的社会现实，我们就无法漠视导致教育问题的，来自历史、结构和制度的因素。从这个角度看，SEL既被塑造成目前教育的需求，同时也被视为解决方案。然而，对于历史遗留的结构性和制度化问题，作为个体的我们，不得不承认自身的束手无策。但是，我们又都认识到，个体的转变是推动社会变革的基础。除非经历某种契机，个体能够自主地对周遭进行反思，否则这种转变很难实现。对于教育变革也是如此，而基于关系的对话式教育则可以被视为促成个体转变的契机。

当我们希望从中国社会变迁的历程中，发现教育的"真"问题时，不免会陷入对社会变迁这种表述方式的争论。这种社会变迁是基于关系的、乡土社会转向基于个体的、现代社会的变迁。因此，这项研究尝试把SEL的概念和知识的迁移与中国社会文化情境联系起来，进行整体思考，得以窥探折射出的多重社会现实，更好地理解参与者的立场，对他们持有的观点进行意义上的阐释。

参与SEL对话还是自说自话

目前这种自上而下实施SEL项目加入SEL国际大家庭的方式，可以说是略显被动。我们需要转换思路，更加自主地参与有关SEL的对话与交流。参与不是模仿，更不是复制，因此SEL本土化的说法有待修正。"本土化"这个词，从字面上理解，是把生长在外部土壤的对象，想方设法移植到内部的土壤中来。目前的SEL项目，不管是测评量表的本土化，还是教材内容的本土化，都脱离不了移植这个目的。

然而，如何能够以主体的方式参与对话，需要我们思考并且采取行动。首先，我们需要探究在中国社会文化情境中，SEL到底如何被定义。例如，费孝通提到，所谓的social skill可以被认为是"礼"，甚至可以被译为"洒扫应对"①。这样的思路启发我们思考：中国文化语境下对于SEL概念中的"社会化"怎样进行定义？同样的语境下，对于"情感"的定义又是什么？中国的城镇和乡村所处的文化系统不尽相同，是否存在统一的社会化指向？对于情感的定义，也可以提出类似的问题。

乡土社会缔结和表达情感的途径，在很多维度上，与城市不同。比如，在我曾经走访的学校，老师在课堂上仍旧会使用戒尺。有老师告诉我，戒尺是经过家长同意，甚至受到家长的嘱托，可以由老师自行决定怎样使用。这种方式是否可以理解为，这是建立在家长与老师信任之上的，对于孩子的情感表达？在使用戒尺的过程中，老师替代了家长来"关爱"学生。那么，戒尺在这个具体的情境中，被赋予了象征的意义，与其说与学业有关，不如说与情感更相关。那么，在社会变迁中，中国传统社会所倡导的"天地君亲师"的观念，在多大程度上，仍旧能够赋予当代老师权威的角色，让他们可以表达情感，这些都是值得我们深入探究的问题。

当然，这里并不是倡导老师使用戒尺表达对学生的关爱。我当然不希望学生无缘无故被老师施加暴力的惩罚。然而，我们需要进入具体的社会文化情境，尝试从当事者的视角去理解。当我们倡导生发于另一种文化情境，并且具有某种价值导向的教育方式时，我们尝试的是解释，还是倡导，抑或是批判？教育研究者需要明确自身所处的立场。这里所说的立场不仅仅是理论的立场，也是作为具有情感的个体，所持有的存在的立场。因为，教育的实施无法避免价值中立，教育的过程就是参与

---

① 费孝通:《乡土中国·乡土重建》，北京联合出版有限公司2018年版，第113页。

价值塑造的过程。所以，研究者必须反思自身在这个过程中的立场。

　　对于这项 SEL 教育叙事研究，首先，我的立场并不是一开始就清晰、明朗的。随着不断进入并且参与不同的教育现场，我才意识到自己的立场随着时间和空间的转换也在发生改变。直到最终离开现场，进入最后的写作阶段，我才明确了讲述—生活—再讲述—再生活的探究立场。所以，当我再度面对那些看似充满悖论的现象时，才能够允许自己反思现象的文化逻辑。如果逻辑是基于西方现代个体视角的，那么就是悖论。但是，如果是基于中国社会变迁语境的，那么就更加容易被理解。所以，这些抽象概念本身是无法脱离社会文化语境单独拿出来进行讨论的。

　　其次，我们可以解释并且论证，目前中国语境下的 SEL 模式及其价值，也就是说，不管是对于学校、家庭和社会，还是对于学生、教师和家长来说，模式的探讨都是被认可而且有意义的。当然，我们只有发现这些模式，才能对它们进行解释或评估。在实施这项研究的同时，我也参与了 21 世纪教育研究院对于全国 17 所伏羲学校①3000 多名教师、学生、家长的调研评估项目。评估项目主要侧重学生、家长、教师、校长和创始人个体层面的评估，也对整体影响和工作机制进行了解读。其中，在评估学生个体心理方面，从积极心理品质、学业成绩、身体素质、文艺特长、生活方式五大维度，对伏羲班学生和同校同年级的普通班学生同时开展问卷调研。评估项目采用了《中国中小学生积极心理品

---

　　①　2006 年 8 月底，国家开放大学（原"中央电大"）文法学院吴鸿清教授在位于甘肃省天水市甘谷县（国家级贫困县）土桥小学义务创立伏羲实验班，进行基础教育改革尝试。伏羲教育提出"教人伦、顺人性、终身受益"的教育理念，同时强调伏羲教育"以经典为师，以自然为师，以孩子为师"的原则，改革现有基础教育课程和教材，减轻学生课业负担，最终实现"以人为本、全面实施素质教育"的教育目标。目前全国范围内已有 600 多个伏羲班，在教育局等地注册的伏羲班和伏羲学校共有285 所。除此之外，还有近百所独立的学校正在创办或筹备之中。

质量表》①和 21 世纪教育研究院自主开发的《伏羲班学生调查问卷》和《伏羲班家长调查问卷》。除此之外，项目也采用了质性研究方法，通过对学生、家长、教师、校长、创始人的访谈，以及在伏羲学校内部实施的参与观察，对伏羲教育成果进行了评估。研究初步发现，根植于中国本土文化的伏羲教育，是一种涵盖了 SEL，具有中国本土经验和生命力的社会情感教育。但是，这个结论还有待进一步论证。

最后，我们可以从社会文化层面，重新思考目前美国非营利组织 CASEL 基于心理学视角提出的 SEL 概念和框架本身有可能面临的挑战。《社会情感学习手册》提出情绪的表达和反应方式受到我们所处的社会文化规范影响，有些社会鼓励人们之间进行目光接触，比如，美国的主流文化认为如果在路上遇到陌生人，不微笑或不打招呼可能会被看作信心不足；而有些社会认为这样的目光被看作对他人的挑衅。②我们必须意识到，基于美国社会文化的 SEL 并不能作为衡量中国教育问题的标准。相反，中国的教育者和研究者应该从自身的社会文化系统出发，思考目前已有的 SEL 框架中的各种概念，如何在特定的社会文化情境中被定义。否则，盲目的本土化只会加剧我们对于学校和家庭，以及处于其中个体的认知偏见。

以上三种方式可以作为参与国际 SEL 对话的具体策略。当然，在参与对话的同时，我们有必要对目前几种比较成熟的体系进行研究，特别是基于美国、英国、澳大利亚、日本、新加坡等国家的 SEL 模式。如果

---

① 孟万金和官群在对美国积极心理学研究的基础上，结合我国国情，开发了《中国中小学生积极心理品质量表》，共 61 道题。该量表分为 6 个维度和 15 个积极品质，分别是：认知维度（创造力、求知力、思维与观察力）、勇气维度（真诚、执着）、人际维度（爱、友善）、公正维度（领导力、合作力）、节制维度（宽容、谦虚、持重）、超越维度（心灵触动、幽默风趣、信念与希望）。

② Joseph A. Durlak, Celene E. Domitrovich, Roger P. Weissberg, eds, *Handbook of Social and Emotional Learning: Research and Practice*, New York: The Guilford Press, 2015.

忽略这部分，有可能陷入自说自话的窘境。例如，目前对于"中国核心素养"的讨论就体现出了这种趋势。不同国家和地区，基于不同的价值观和意识形态，对于围绕教育的主要问题，包括目的、方式、功能等，都存有显著的差异。差异不是问题，关键在于如何求同存异，促进相互理解，而不是单向地借鉴与模仿。我们需要引入社会文化视角，通过双向甚至多向的解读，增进彼此的理解，达成最终的探究。

教育制度的内与外

探讨 SEL 所处的多重社会现实，最终绕不开教育制度。我不赞成空泛地探讨制度本身，而是应该反观教育制度下的个体生命，重新审视制度搭建起的另一重社会现实。寻找个体在制度的规范下，突破个体局限的实践可能性。因此，这里所说的"内"指的是被制度规范的个体处境，而"外"指的是个体突破困境采取的具体策略。

自 20 世纪 90 年代起，国内教育者对应试教育暴露的各种弊端提出了质疑与批判，极力倡导在基础教育阶段推行素质教育改革。然而，由于教育自身所呈现出的复杂性，再加上来自社会、文化、历史、制度、结构等多重因素的相互制约，这场持续多年的教改之风，始终难以撼动以应试教育为主导、对学生进行淘汰的精英选拔方式。郑也夫（2013）在《吾国教育病理》一书中指出，素质教育无法根治应试教育，其根源在于素质教育的提出仍旧被作为空洞的意识形态。因此，素质教育作为应试教育的补充，一方面不断被边缘化，另一方面又不自觉地承担起阶层划分的任务，充当精英选拔制度的助推器。此时，素质教育不但无法为自身所处的矛盾立场辩护，而且被塑造成官方价值取向的组成部分，让注定被遗忘的"失败的大多数"在不自觉地面对教育的选择、无奈和放弃中，变得更加无所适从。这原本就是一场被制度钳制的、不战而胜的较量。当大多数的"失败者"悲伤地退出战场之后，极少数的成功者才得以在被清空的历史舞台上熠熠发光，看上去像个英雄。然而，没有胜出者的较量注定是徒劳的。

1993 年，青年学者孙云晓发表了名为《夏令营中的较量》一文，由于中国学生在夏令营中表现出的种种"低"素质与日本学生的"高"素质形成了鲜明反差，不但引起社会各界人士的强烈关注，而且引发了关于应试教育和素质教育的激烈讨论。文章发表之后曾遭到各种质疑，孙云晓也向媒体澄清了某些不够严谨、与事实有出入的数据。但是，由于它与素质教育问题密切相关，舆论引发的对于 20 世纪 80 年代青少年教育危机的讨论却成为一个持续发酵的话题，

然而，经过将近 30 年的博弈，最终我们看到，两种制度从相互制约的对手，逐渐转化为相互制衡的盟友。与此同时，从制度中又衍生出各种令人眼花缭乱、无所适从的教育政策。当我们走近处在制度下的学生、老师、家长，就会发现，他们中的大多数，一方面认命般地选择被劝诫、被规范；另一方面，却又通过各种渠道，冲破阻挠，争取原本就应该被赋予的个体权益。制度与其说是为了更全面地甄别和选拔个体，不如说是为了维护制度本身所具有的合理性，迫使自我进行更新。个体不断地在制度的夹缝中，寻求生存、妥协与突破。2018 年 12 月 29 日经国务院同意，教育部等九部门联合印发了《关于印发中小学生减负措施的通知》①。随着这项政策的出台，围绕应试教育与素质教育又一次展开了激烈的争论。争论的核心仍然围绕政策到底减轻了教育负担，还是加剧了教育焦虑这个问题。

---

① 教育部等九部门《关于印发中小学生减负措施的通知》来自教育部网站：http://www.gov.cn/xinwen/2018-12/29/content_5353320.htm。

因此，在这重社会现实下，我们不难理解 SEL 所倡导的理念，不管是对于官方还是民间来说，都达成了某种程度的契合。从应试教育的角度来看，持有新自由主义课程观的研究者，把 SEL 和标准化测试中学业成绩的正相关性作为论证 SEL 课程有效性的证据（Durlak 等，2011；Greenberg 等，2003；Zins，Weissberg，Wang & Walberg，2004）。这样的发现为应试制度的捍卫者提供了强有力的支持。从素质教育的角度来看，有研究者提供了 SEL 能够提高学生综合素养方面的证据，包括社会交往能力、积极的自我概念、亲社会行为、"非认知"领域等（Durlak 等，2011；Farrington 等，2012；Sklad 等，2012）。这些结论也为 SEL 作为素质教育落地的途径，提供了充足的理由。

然而，如果我们把关注点转向制度下的个体就会看到，不管制度如何变化，个体都会在夹缝中寻找生存的策略。正因为如此，"为我所用"会持续作为个体的生存准则，以不变应万变的方式应对制度的钳制。这也是我与三位参与者在研究过程中目睹并且经历的社会现实。作为个体，她们共同讲述了在现有制度下生存并且寻找策略的矛盾心态。可以看出，目前已有的这种自上而下实施 SEL 的方式，无法脱离应试教育与素质教育的话语框架，不管以何种方式，都很难实现个体的突围，因为它自身就构成了困境的一部分。

女性、育儿与母职迷思

在这项研究中，SEL 涉及的另一重现实则是当代中国社会关于女性、育儿以及母职迷思的文化叙事。"丧偶式育儿"虽然是对目前国内家庭育儿方式的调侃式描述，但是不难看出，社会性别已参与到当前教育问题的各种讨论。特别是在民间，美国正面管教育儿培训课程提出了 SEL 的概念，而大部分课程的参与者都是来自城市且接受过高等教育的中产阶级女性。对自身教育经历的反思，对现有教育现状的担忧，对西方科学育儿理念的好奇，对作为母亲和女性价值感的渴求，都是促成这个群体寻找育儿课程、成为"好"妈妈的动力。

然而，育儿方式是社会文化的具体反映。美国学者提出的"密集型母职"的概念，描述了美国主流社会的母职意识形态（Arendell，2000；Hays，1998）。它要求母亲无私付出、时刻以孩子为中心，从时间和情感上投入到整个育儿过程。在美国，正面管教理念和课程的出现就是这种意识形态的体现。然而，这种母职意识形态忽略了美国社会因阶层、种族、族裔的不同在育儿方式上产生的巨大差异。比如，"虎妈"蔡美儿（Chua，2011）选择了不同于密集型母职的育儿方式。对比主流社会倡导的温和养育，"虎妈"被媒体塑造成美国亚裔家庭高度控制和权威式的育儿方式（Juang 等，2013）。

我在一篇文章[①]中简要梳理了中国社会文化关于母职的期待。在这里，我转述其中的部分观点。费孝通在《生育制度》一书中指出，中国社会对婚姻和妇女的性别意识形态影响了中国社会内部母职规范的建立。在毛泽东时代，"妇女能顶半边天"的说法表明，倡导性别平等的共产主义意识形态提升了中国妇女的社会地位（戴锦华，1999；Mu & Xie，2016）。在社会主义中国，中国妇女解放与国家形成紧密相连的事实也呈现了社会主义育儿实践的特点。戴锦华认为，国家强加的"这场妇女解放是被'赐与'的，而不是在妇女普遍觉悟与参与斗争中得来的。"[②] 然而，自上而下的方法无法挑战传统的性别意识形态，反而导

---

① Liu Xiangyan, "Narratives of Mothers in Diaspora: Motherhood Reconstruction in Chinese Transnational Families", *Women's Studies International Forum*, 73(C), pp. 16-23. https://doi.org/10.1016/j.wsif.2019.01.007.

② 戴锦华：《犹在镜中》，知识出版社 1999 年版，第 138 页。

致私人和公共空间的性别角色双重标准（佟新，2008）。李小江（2016）指出，1995 年在北京举办的世界妇女大会上，中国政府强力倡导性别平等的主张，可以被看作社会主义优越性的具体体现。2004 年，中国政府又推出了"建设和谐社会"的概念。根植于儒家思想的"和谐"观念，从侧面反映出社会对于母职的文化期待。相对于在公共领域参与就业，母亲更需要承担起在私人领域建设家庭、养育下一代的责任。

　　这种被性别化的传统意识形态强有力地塑造了母职在中国社会的实践，特别是那些生活在城市、接受过高等教育的中产阶级母亲。对于她们来说，母职与子女教育形成了更加密切的联系。西方学者提出的"密集型母职"（Hays，1998）和"延续型母职"（Christopher，2012）概念可以成为理解这种母职实践的途径，但是难以解释在当代中国社会文化情境下，母职作为日常生活的实践（陈蒙，2018；杨可，2018）。2018年《中国妇女研究》刊登了一期关于中国母职研究的专刊。大部分研究从社会学角度，对中产阶级的母职概念和实践进行了探讨。从中国女性主义视角理解当代中国主流女性叙事，我们必须意识到中国女性主义的处境。李银河（2003）认为："在中国，女性主义一方面要面对西方思想（东方主义？），一方面要面对中国传统（封建落后？），这就涉及了现代性与民族性的矛盾。"[①] 为了克服这种二元性认识，中国女性主义学者（戴锦华，1999；李银河，2003，2005；李小江，2016）尝试建立新的理论框架，用以阐释在中国历史社会情境下的社会性别概念，同时反思西方女性主义学者提出的女性意识形态和实践。这种视角让我们可以深入理解母职作为意识形态，同时也作为母亲在不同处境下的日常经历。

　　对于这项研究的三位参与者来说，她们不得不面对这样的"双重压

---

① 李银河：《女性权力的崛起》，文化艺术出版社 2003 年版，第 178 页。

力"，也就是来自正面管教课程中的密集型母职，以及来自儒家文化强调的和谐家庭建设。家庭基于传统性别角色的劳动分工，挑战了她们作为母亲在日常中的实践。除了女性和母亲的角色，她们的教育者角色也加剧了自身的挣扎与撕裂。从她们的叙事中，我们可以感受到由此产生的焦虑和不断重复的自我怀疑。她们所处以及所设想的，来自不同社会系统对于角色的压迫性期待，或多或少影响了她们作为母亲和教育者对于育儿和教育的看法。个体参与者的叙事，挑战了这些角色具有的超越地理边界的文化普适性特点。

具体到教育领域，肖巍（2007）在谈到辩证女性主义者的观点时，提到父权制和资本主义的互利互惠关系对于理解教师工作的意义。她认为："女教师的工作是女性家庭角色的延伸，母亲和教师都被卷入异化的工作之中，为自己不能决定其价值观和目标的人群服务，为占主导地位的群体抚养和教育下一代，让子女或学生符合社会的标准。"[①]因此，在阐述情境与体验教学法时，肖巍转述了女性主义学者马德林·格鲁梅的建议，她认为"可以把女性由于生育和养育的体验而得来的知识融入到构成公共教育话语与实践的认识论和课堂形式中"[②]。这也是这项叙事探究尝试把个体独特的生命经验看作知识，重新建构关于 SEL 的个人化知识，不仅关注 SEL 是什么，同时也关注 SEL 在个体的生命经验中到底意味着什么这个问题。

社会性别视角让我们找到重新审视社会文化叙事，以及被社会文化所塑造的个体叙事。作为探究者，当我进入三位参与者的个体经验，重新思考 SEL 的逻辑时，这些不仅是属于个体的，而是作为女性的我们所

---

① 肖巍：《女性主义教育观及其实践》，中国人民大学出版社 2007 年版，第 104 页。

② 同上书，第 115 页。

共有的经验。它涉及的是当代中国社会母职与子女教育问题，也是父权制意识形态与性别不平等问题。当我进入中国社会文化对于女性和母亲身份的期待之中，同时也进入了个体对于这种期待的反思与和解、反抗与共生、极具张力的教育时刻。

社会情感问题的真伪

这项研究呈现的多重社会现实，一方面有助于我们重新理解所处的社会文化土壤，另一方面也提醒我们应当从 SEL 问题本身出发，重新分辨问题的真伪。SEL 作为新概念，被输入处于变迁中的当代中国社会。此时，我们所说的社会情感到底指的是什么？谁需要学？谁可以学？谁可以教？最重要的问题是，谁在此过程中受益？从目前呈现出的多重社会现实来看，这些问题并不难回答。

首先，目前的 SEL 仍旧是一个外来概念，基于美国非营利组织 CASEL 的定义，即使增加了"集体"这一维度，但是缺少在中国文化语境下，对于这个概念的梳理。如何在我们所处的社会文化中，找到对应于社会情感的概念，需要进一步思考。同时，在我们目前的课程系统中，是否有对应于 SEL 的内容？例如，各中小学实施的德育教育和教育部提出的核心素养框架，这些在中国本土生成的课程系统，是否可以看作中国语境下的 SEL 课程？如果可以，则需要进一步论述当下引入 SEL 概念的必要性。如果这些本土课程无法作为 SEL 课程内容，那么就更需要论证引入 SEL 概念的价值所在。

其次，对于 SEL 教与学的问题，也需要深入探讨。从中国教育部—儿童基金会"SEL（社会情感学习）"项目可以看出，国内高校作为学术指导机构，参与 SEL 的教学工作。民间的正面管教 SEL 项目，则由获得资格证书的讲师进入学校进行教学工作。同时，中国西部五省（自治区、直辖市）的留守儿童、学校校长和老师参与了社会情感学习。除此之外，城市的中产阶级母亲群体也是参与 SEL 项目的重要组成部分。然而，正如前文所述，西部地区的留守儿童和城市的中产阶级母亲被作为 SEL 参与者所映射出的社会问题，或许才是 SEL 的"真"问题。

我们可以笼统地认为，所有参与 SEL 的机构和个体都从中受益。但是，具体的受益方式存在差别。从机构角度看，虽然无法确认参与 SEL 项目的省市教育厅局和地方学校是否获得经费资助，但是，可以肯定的是，目前这种自上而下的实施方式并不是个体行为。从现有文献，我们可以看到，参与项目实施的校长、教师和学生均获得了学习机会。因此，这个项目的获益者包括政府、国际组织、高校以及参与的个人。相比之下，通过三位参与者的讲述，我们发现正面管教在中国的推广主要以商业模式开展。参与正面管教讲师资格培训的学习者需要支付学习费用，获得认证之后，实施教育项目可以收取相关酬劳。那么，这种运作模式的受益者既包括个体的参与者，也包括组织实施项目认证的机构。

在这项研究中，我们探讨 SEL 的教育叙事，并不是简单地认同或否定它的理论框架甚至本土化方式，而是希望把对于它的理解，放置于更加多重的社会现实中。这也是这项叙事探究不断尝试回答 SEL 到底是什么以及我们做了什么这两个问题。作为研究者，当我选择和教育者站在一起，尝试厘清 SEL 的逻辑，特别是在国家间逐渐筑起高墙，学术也越来越变成自说自话的时代，这样的尝试就显得格外必要。最后，我想回到费孝通对于社会变迁的理解，结束这一章的讨论。他说：

在我们中国立场上讲，我们只有承认现在有的弱点，积极地接受西洋文化的成就，但是我们也应当明了怎样去利用现代技术和怎样同时能建立一个和现代技术相配的社会结构是两个不能分的问题。若是我们还想骄傲自己的历史地位，只有在这当前人类共同的课题上表现出我们的贡献来。[①]

这也是这项研究采取了讲述—生活—再讲述—再生活的立场，尝试从多重现实中，重新理解 SEL 教育叙事中的个体处境，不遗余力地破除阻碍我们的高墙，让世界得以呈现的意义。

[①] 费孝通：《乡土中国·乡土重建》，北京联合出版有限公司 2018 年版，第 120 页。

参考文献

中文专著

陈向明：《质的研究方法与社会科学研究》，教育科学出版社 2006 年版。

戴锦华：《犹在镜中》，知识出版社 1999 年版。

费孝通：《乡土中国·乡土重建》，北京联合出版有限公司 2018 年版。

费孝通：《生育制度》，商务印书馆 1998 年版。

海南伏羲教育研究院编著：《让教育回归本来：伏羲班素质教育之路》，团结出版社 2015 年版。

李小江：《女性乌托邦》，社会科学文献出版社 2016 年版。

李银河：《女性权力的崛起》，文化艺术出版社 2003 年版。

李银河：《两性关系》，华东师范大学出版社 2005 年版。

毛亚庆主编：《社会情感学习教学用书》，北京师范大学出版社 2020 年版。

肖巍：《女性主义教育观及其实践》，中国人民大学出版社 2007 年版。

郑也夫：《吾国教育病理》，中信出版社 2013 年版。

中文译著

〔巴西〕保罗·弗莱雷著，顾建新、赵友华、何曙荣译：《被压迫者教育学》（修订版），华东师范大学出版社 2014 年版。

〔美〕D. 瑾·克兰迪宁著，徐泉、李易译：《进行叙事探究》，重庆大学出版社 2015 年版。

〔美〕D. 瑾·克兰迪宁著，鞠玉翠等译：《叙事探究 —— 原理、技术与实例》，北京师范大学出版社 2012 年版。

〔美〕霍华德·加德纳著，沈致隆译：《多元智能》，新华出版社 1999 年版。

〔美〕凯文·汉克斯著，周兢译：《我的名字克丽桑丝美美菊花》，少年儿童出版社 2006 年版。

〔美〕玛格丽特·米德著，周晓虹等译：《萨摩亚人的成年 —— 为西方文明所做的原始人类的青年心理研究》，商务印书馆 2008 年版。

〔美〕马歇尔·卢森堡著，阮胤华译：《非暴力沟通》，华夏出版社 2009 年版。

〔美〕琼·温克著，路旦俊译：《批判教育学 —— 来自真实世界的笔记》，湖南教育出版社 2008 年版。

〔美〕珍妮丝·英格兰德·卡茨著，洪秀敏等译：《促进儿童社会性和情绪的发展：基于教师的反思性实践》，机械工业出版社 2015 年版。

中文论文

陈宁、黄洪基：《上海市青少年高级社会情感的调查与分析》，《上海教育科研》2010 年第 10 期。

陈蒙：《城市中产阶层女性的理想母职叙事——一项基于上海家庭的质性研究》，《妇女研究论丛》2018 年第 2 期。

陈瑛华、毛亚庆：《西部农村地区小学生家庭资本与学业成绩的关系：社会情感能力的中介作用》，《中国特殊教育》2016 年第 4 期。

胡伶、万恒：《农村寄宿制学生社会情感学习能力调查》，《中国教育学刊》2012 年第 9 期。

金一虹：《流动的父权：流动农民家庭的变迁》，《中国社会科学》2010 年第 4 期。

李超、蔡敏：《美国中小学"社会与情绪学习"的实施及其启示——以"积极行动"课程为例》，《外国教育研究》2015 年第 1 期。

李明蔚：《西部农村地区中小学生社会情感能力的调查与分析》，《教育导刊》2017 年第 2 期。

林丽珍、姚计海：《国外社会情感学习（SEL）的模式与借鉴》，《基础教育参考》2014 年第 11 期。

刘璐、徐越：《美国中小学社会情感课程项目评述》，《世界教育信息》2015 年第 10 期。

全景月、姚计海：《实施社会情感学习（SEL）项目的价值探析》，《师资建设》2015 年第 11 期。

石义堂、李守红：《"社会情感学习"的内涵、发展及其对基础教育变革的意义》，《当代教育与文化》2013 年第 5 期。

孙二军：《美国中小学"社会与情绪学习"课程开发的现状及策略》，《比较教育研究》2013 年第 5 期。

佟新：《30 年中国女性／性别社会学研究》，《妇女研究论丛》2008 年第 3 期。

王福兴、段婷、申继亮：《美国社会情绪学习标准体系及其应用》，

《比较教育研究》2011 年第 3 期。

闻待：《从社会情感学习项目的推进看教育变革的突破》，《广西教育》2017 年第 12 期。

吴际：《课程视角下的"社会情感学习"》，《中小学心理健康教育》2018 年第 3 期。

吴际：《社会情感学习螺旋式课程探析》，《中小学心理健康教育》2017 年第 33 期。

吴际：《综合视野下的社会情感学习与心理健康教育》，《中小学心理健康教育》2017 年第 28 期。

杨传利、毛亚庆、刘婕：《西部农村小学生友谊关系对社会情感能力的影响：班级社会网络密度的调节作用》，《中国特殊教育》2017 年第 1 期。

杨传利、林丽珍：《家庭教养方式与学生情绪调节能力的关系 —— 基于社会情感学习（SEL）背景下的实证研究》，《广西师范学院学报》2017 年第 3 期。

杨传利、毛亚庆、张森：《东西部农村地区小学生社会情感能力差异研究 —— 教师与家长教育行为的中介效应》，《西南大学学报》（社会科学版）2017 年第 43 期。

杨可：《母职的经纪人化 —— 教育市场化背景下的母职变迁》，《妇女研究论丛》2018 年第 2 期。

杨玲、杨小青、龚良运：《民族地区中小学教师社会情感能力现状与培养》，《教育导刊》2016 年第 1 期。

叶睿雪、孙率、杨文博、吴玉菊、陈跃辉：《西部贫困农村地区婴幼儿社会情感现状及其影响因素研究》，《中国全科医学》2017 年第 20 期。

张璐璐：《美国中小学 SEL 课程微探》，《中小学心理健康教育》2015 年第 9 期。

英文专著

Amy Chua, *Battle Hymn of the Tiger Mother*, Penguin Group (USA), 2011.

D. Jean Clandinin, *Engaging in Narrative Inquiry*, Walnut Creek, California: Left Coast Press, Inc, 2013.

D. Jean Clandinin, F. Michael Connelly, *Narrative Inquiry: Experience and Story in Qualitative Research*, San Francisco: Jossey-Bass Publishers, 2000.

Antonia Darder, Marta P. Baltodano, Rodolfo D. Torres, R.D., eds, *The Critical Pedagogy Reader*, New York: Routledge Falmer, 2002.

Joseph A. Durlak, Celene E. Domitrovich, Roger P. Weissberg, eds, *Handbook of Social and Emotional Learning: Research and Practice*, New York: The Guilford Press, 2015.

Maurice J. Elias, *Academic and Social-Emotional Learning, International Academy of Education,* International Bureau of Education (UNESCO), 2003.

Maurice J. Elias, *Promoting Social and Emotional Learning: Guidelines for Educators*, Alexandria, Va., USA: Association for Supervision and Curriculum Development, 1997.

Susan Engel, *The End of the Rainbow: How Educating for Happiness not Money Would Transform our Schools*, The New Press, 2015.

Paulo Freire, *Pedagogy of the Oppressed* (30th Anniversary Edition), New York: Continuum, 2000.

Daniel Goleman, *Emotional Intelligence*, Bantam, New York, 1995.

Sharon Hays, *The Cultural Contradictions of Motherhood*, New Haven: Yale University Press, 1998.

Neil Humphrey, *Social and Emotional Learning: A Critical Appraisal*,

London: SAGE Publications, 2013.

Jean Lave, Etienne Wenger, *Situated Learning: Legitimate Peripheral Participation*, New York: Cambridge University Press, 1991.

Carmen Luke, Jennifer Gore, *Feminisms and Critical Pedagogy*, New York: Routledge, 1992.

Catherine Kohler Riessman, *Narrative Analysis*, CA: SAGE Publications, 1993.

Debbie Pushor, *Portals of Promise: Transforming Beliefs and Practices through a Curriculum of Parents*, Rotterdam: Sense Publishers, 2013.

Richard R. Valencia, *The Evolution of Deficit Thinking: Educational Thought and Practice*, London: Falmer Press, 1997.

Lev S. Vygotsky, *Mind in Society: The Development of Higher Psychological Processes*, M. Cole, V. John-Steiner, S. Scribner, & E. Souberman (eds.), Cambridge, MA: Harvard University Press, 1978.

Gaby Weiner, *Feminisms in Education*, Milton Keynes, Open University Press, 1994.

Etienne Wenger, *Communities of Practice: Learning, Meaning, and Identity*, Cambridge, U.K.: Cambridge University Press, 1998.

英文论文

Terry Arendell, "Conceiving and Investigating Motherhood: The Decade's Scholarship", *Journal of Marriage and Family*, vol.62, no.4(March 2000), pp.1192-1207. https://doi.org/10.1111/j.1741-3737.2000.01192.x.

Karen Christopher, "Extensive Mothering: Employed Mothers'

Constructions of the Good Mother", *Gender & Society*, vol.26, no.1 (January 2012), pp.73–96. https://doi.org/10.1177/0891243211427700.

D. J. Clandinin, J. Rosiek, "Mapping a Landscape of Narrative Inquiry: Borderland Spaces and Tensions", in D. J. Clandinin, ed., *Handbook of Narrative Inquiry: Mapping a Methodology*, Thousand Oaks, CA: SAGE Publications, 2007, pp.35-76.

Vicki Coppock, "Liberating the Mind or Governing the Soul? Psychotherapeutic Education, Children's Rights and the Disciplinary State", *Education Inquiry*, vol.2, no.3 (September 2011), pp.385-399. https://doi. org/10.3402/edui.v2i3.21990.

Joseph A. Durlak, Roger P. Weissberg, Allison B. Dymnicki, Rebecca D. Taylor, Kriston B. Schellinger,"The Impact of Enhancing Students' Social and Emotional Learning: a Meta-Analysis of School-Based Universal Interventions", *Child Development*, vol.82, no.1(January-February 2011), pp.405-432. http://doi.org/10.1111/j.1467-8624.2010.01564.x.

Camille Farrington, David W. Johnson, Elaine Allensworth, Jenny Nagaoka, Melissa Roderick, Nicole Williams Beechum, Tasha Seneca Keyes, "Teaching Adolescents to Become Learners: the Role of Noncognitive Factors in Shaping School Performance", Chicago, IL: The University of Chicago Consortium on Chicago School Research, 2012.

Henry A. Giroux, Pedagogy and the Politics of Hope: Theory, Culture, and Schooling. Routledge, Talyor & Francis Group, New York London, 2018. https://doi.org/10.4324/9780429498428.

Henry A. Giroux, "Cultural Studies, Public Pedagogy, and the Responsibility of Intellectuals", *Communication and Critical/Cultural Studies*, vol.1, no.1 (August 2006), pp.59-79.

Mark T. Greenberg, Roger P. Weissberg, Mary Utne O'Brien, Joseph E. Zins, Linda Fredericks, Hank Resnik, Maurice J. Elias, "Enhancing School-Based Prevention and Youth Development through Coordinated Social, Emotional, and Academic Learning", *American Psychologist*, vol.58, no.6-7 (June-July 2003), pp.466-474.http:doi.org/10.1037/0003-066x.58.6-7.466.

Andy Hargreaves, Emotional Geographies of Teaching, *Teachers College Record*, vol.103, no.6 (December 2001), pp.1056-1080.

Diane M. Hoffman, "Reflecting on Social Emotional Learning: a Critical Perspective on Trends in the United States", *Review of Educational Research*, vol.79, no.2 (June 2009), pp.533-556.

Linda Hogg, "Funds of Knowledge: An Investigation of Coherence within the Literature", *Teaching and Teacher Education*, vol.27 (2011), pp.666-677. https://doi:10.1016/j.tate.2010.11.005.

Lynn Isenbargera, Michalinos Zembylasb, "The Emotional Labour of Caring in Teaching", *Teaching and Teacher Education*, vol.22, no.1 (January 2006), pp.120-134. https://doi.org/10.1016/j.tate.2005.07.002.

Sue Jackson, "Crossing Borders and Changing Pedagogies: from Giroux and Freire to Feminist Theories of Education", *Gender and Education*, vol.9, no.4 (December 1997), pp.457-468. https://doi.org/10.1080/09540259721196.

Linda Juang, Desiree Baolian Qin, Irene J.K. Park, "Deconstructing the Myth of the 'Tiger Mother': an Introduction to the Special Issue on Tiger Parenting, Asian-Heritage Families, and Child/Adolescent Well-Being", *Asian American Journal of Psychology*, vol.4, no.1 (March 2013) pp.1-6. https://doi.org/10.1037/a0032136.

Gloria Ladson-Billings, "From the Achievement Gap to the Education Debt: Understanding Achievement in U.S. Schools", *Educational Researcher*, vol.35, no.7 (October 2006), pp.3-12. https://doi.org/10.3102/0013189X035007003.

Jean Lave, "Teaching, as Learning, in Practice", *Mind, Culture & Activity*, vol.3, no.3(1996), pp.149-164. https://doi.org/10.1207/s15327884mca0303_2.

Jean Lave, "Situating Learning in Communities of Practice", in L. Resnick, J. Levine, and S. Teasley, eds., *Perspectives on Socially Shared Cognition*, Washington, DC: APA, 1991, pp.63-82.

Maria Lugones, "Playfulness, 'World'-Travelling, and Loving Perception", *Hypatia*, vol.2, no.2 (June 1987), pp.3-19. https://doi.org/10.1111/j.1527-2001.1987.tb01062.x.

John D. Mayer, Casey D. Cobb, "Educational Policy on Emotional Intelligence: Does it Make Sense?", *Educational Psychology Review*, vol.12, no.2 (June 2000), pp.163-183.

Colleen McLaughlin, "Emotional Well-Being and its Relationship to Schools and Classrooms: a Critical Reflection", *British Journal of Guidance & Counselling*, vol.36, no.4 (October 2008), pp.353-366. https://doi.org/10.1080/03069880802364486.

Louise Morley, "All You Need is Love: Feminist Pedagogy for Empowerment and Emotional Labour in the Academy", *International Journal of Inclusive Education*, vol.2, no.1 (1998), pp.15-27. https://doi.org/10.1080/1360311980020102.

Zheng Mu, Yu Xie, "'Motherhood Penalty' and 'Fatherhood Premium'? Fertility Effects on Parents in China", *Demographic Research*, vol.35, no.47 (November 2016), pp.1373-1410. https://doi. org/10.4054/DemRes.2016.35.47.

Nel Noddings, "Educating Whole People: a Response to Jonathan Cohen", *Harvard Educational Review*, vol.76, no.2 (July 2006), pp.238-242. https://doi.org/10.17763/haer.76.2.7538k44848065xw2.

Nel Noddings, "Stories and Affect in Teacher Education", *Cambridge Journal of Education*, vol.26, no.3 (1996), pp.435-447. https://doi.org/10.1080/0305764960260311.

Elyse L. Pineau, "Teaching is Performance: Reconceptualizing a Problematic Metaphor", *American Educational Research Journal*, vol.31, no.1 (Spring 1994), pp.3-25.

Debbie Pusher, "Parent Marginalization, Marginalized Parents: Creating a Place for Parents on the School Landscape", *The Alberta Journal of Educational Research*, vol.50, No.3(Fall 2004), pp.221-235.

Sharon F. Rallis, Cretchen B. Rossman, "Caring Reflexivity", *International Journal of Qualitative Studies in Education*, vol.23, no.4 (July 2010), pp.495-499. https://doi.org/10.1080/09518398.2010.492812.

Carolyn M. Shrewsbury, "What is Feminist Pedagogy?", *Women's Studies Quarterly*, vol.15, no.3/4 (Fall-Winter 1993), pp. 8-16.

Marcin Sklad, René Diekstra, Monique De Ritter, Jehnonathan Ben, Carolien Gravesteijn, "Effectiveness of School-Based Universal Social, Emotional, and Behavioral Programs: Do They Enhance Students' Development in the Area of Skill, Behavior, and Adjustment?", *Psychology in the Schools*, vol.49, no.9 (October 2012), pp.892-909. https://doi.org/10.1002/pits.21641.

Lev Vygtosgy, "Mind in Society", in M. Cole, V. John-Steiner, and S. Scribner, E. Souberman, eds., *The Development of Higher Psychological Processes*, Harvard University Press, Cambridge, Massachusetts, London,

England, 1978, pp.1-91.

Kathleen Weiler, "Freire and a Feminist Pedagogy of Difference", *Harvard Educational Review*, vol.61, no.4 (December 1991), pp.449-474. https://doi.org/10.17763/haer.61.4.a102265jl68rju84.

Penny Welch, "Is a Feminist Pedagogy Possible?", in Quinn, J., Davies S., Lubelska C. (Eds.), *Changing the Subject: Women in Higher Education*, Taylor & Francis, 2004 pp.149-162.

Hong-biao Yin, John Chi Kin Lee, Zhong-hua Zhang, Yu-le Jin, "Exploring the Relationship among Teachers' Emotional Interlligence, Emotional Labor Strategies and Teaching Satisfaction", *Teaching and Teacher Education*, vol.35 (June 2013), pp.137-145. http://doi.org/10.1016/j.tate.2013.06.006.

Tara J. Yosso, "Whose Culture has Capital? a Critical Race Theory Discussion of Community Cultural Wealth", *Race Ethnicity and Education*, vol.8, no.1 (August 2006), pp.69-91. https://doi.org/10.1080/1361332052000341006.

Michalinos Zembylas, "Emotions and Teacher Identity: A Poststructural Perspective", *Teachers and Teaching,* vol.9, no.3 (2003), pp.213-238. https://doi.org/10.1080/13540600309378.

附录：体验式活动方案

主题（一）：脆弱的力量——敞开自我，拥抱不确定

社会期待教师无私地付出时间、体力、情感，从而显示出自信、坚强、决断、忍耐。在他人眼中，教育者是全能超人。我们用他人的期待和评判来定义作为教育者的自己，尽管这一切并不合理。然而，卸下这些标签并没有那么简单，不管这些标签是积极还是消极的，因为，一旦成为自己，我们就无法回避自己的真实。真实很脆弱，也很有力量。真实很不确定，也很清晰。在这里，我们期待一个真实的你，一个脆弱的你，一个勇敢拥抱不确定的你。

目标：

参与者将了解体验式学习的具体方法，确认与他人的沟通和连接，反思关于自我的独特性理解，确认并接纳同伴的多样性，拥抱参与过程中的机遇和不确定性。

注意事项：

分组时，尽量把彼此熟悉的参与者分开，每组4—5位。如果是教师，最好把同科目的教师拆分到不同组内。

活动准备材料：

便利贴、彩色马克笔、自制纸盒。

1—5 分钟热身：

- 介绍体验式活动方式，保持开放的心态，尝试与同伴建立信任，展示自己的脆弱，获得力量。

- 介绍我们将共同完成"我是 _____"的写作活动，参与者要用描述性的语言完成一首自传体诗歌，每个人的诗歌都会被匿名分享。

- 提醒参与者尽可能发挥想象力，诗歌创作没有对错。

活动：我是 _____ ① （30 分钟）

时间	活动	备注
1—2	<ul><li>向参与者解释他们将用想象力和描述性的语言完成自传体诗歌。</li><li>他们将匿名分享他们的诗歌。</li></ul>	提醒参与者每首诗都会不同，创作方式没有对错。
3—15	<ul><li>用"我是 _____"的提纲来引导参与者，让他们写下自己的诗句，鼓励他们写出感受的细节。</li><li>提醒他们不要把名字写在诗歌上。</li></ul>**第一段** 我是（一个形容自己的事物）， 我希望（你的愿望）， 我听到（一种想象的声音）， 我看到（一个想象的场景）， 我希望（你的另一个愿望）， 我是（重复诗歌的第一句）。	可以发给参与者打印好的或者在板子上写好的结构，让大家都能够看到。鼓励参与者仅仅分享那些他们自己感觉舒服的内容。

---

① 此活动参考美国非营利机构 Inspire ED 的活动设计，并进行了改编。

时间	活动	备注
3—15	**第二段** 我假装（你假装要做的事情）， 我思念（一个人或者一段时光）， 我怀疑（不确定的事情）， 我担忧（困扰你的事情）， 我哭泣（想象一个场景）， 我是（重复诗歌的第一句）。 **第三段** 我努力（付出努力尝试做的事情）， 我理解（真实的事情）， 我相信（你相信的事情）， 我梦想（你梦想的事情）， 我是（重复诗歌的第一句）。 • 介绍诗歌的结构，让参与者完成草稿。	
16—30	• 用事先准备好的自制纸盒收集参与者匿名的诗歌，从纸盒里随机选取并读出来。 • 总结这个活动可以通过强调每位参与者的特性让我们的课堂充满多样化。让阅读成为开放地对待别人并且互相支持彼此不同的方式。 可选择：在收上来诗歌之后再发下去，让参与者读出他们拿到的诗歌。	这个活动能够帮助我们意识到我们处在一个安全、舒适的学习环境。

全体分享（20 分钟）

• 每组选出 1—2 位参与者进行分享，展示海报。

• 根据人数增减时间。

主题（二）：我能够"教"学生解决问题吗？

当学生遇到问题，他们会向你寻求帮助吗？作为教育者，你能发现学生遇到的问题吗？我们一定要为学生的每个问题提供答案吗？如果我们要教学生如何解决问题，首先要了解自己解决问题的方式。这些问题的背后是不是还有别的问题？它们是不是也相互关联、彼此影响？

目标：

　　参与者将了解自己的问题解决方式，确认学生问题的复杂性和多样化，以及学生个体问题所产生的社会文化环境，接纳并确认学生问题的差异性，让学生感受到表达需要和寻求帮助时能够得到鼓励和支持。

活动准备材料：

　　便利贴、彩色马克笔、海报纸。

1—5 分钟热身：

- 向参与者建议相互建立信任和情感连接对体验式活动的重要性，保持真诚、开放的心态，不进行评判。

- 向参与者介绍我们将共同完成反思自我的活动，他们的写作将会被匿名分享。

活动：我的问题，我的方法（40 分钟）

时间	活动	备注
1—2	向参与者解释我们将反思过去在遇到问题时寻找解决方法的经验。	提醒参与者每个个体的问题不同，解决方案也不同。
3—10	让参与者在三张便利贴上分别写下过去他们遇到的一个问题，当时找到的解决方法和自己学生的一个问题。 可选择：参与者也可以把自己的问题写在便利贴或者用一种有创意的方式写在墙上的海报纸上。	鼓励他们对自己诚实、友善。鼓励参与者跳出学术领域（关系、家庭、兴趣班、健康、组织）来思考自己和学生的问题。
11—20	收上来参与者写有问题的那张便利贴，在全班面前读出 5—10 个问题，并让全班头脑风暴找到问题的解决方法。	提醒参与者这样做是在促进他们对自己的思维方式进行反思，并对问题采取主动的方式。

时间	活动	备注
21—30	让参与者以小组为单位，与同伴分享自己遇到问题时找到的解决方法。同时，可以互相询问几个问题： • 你如何确认这是一个问题？ • 你如何找到这个解决方法？ • 这个问题有可能再发生吗？ • 如果再发生，你有其他解决方法吗？	提醒参与者在小组内讨论和相互询问的过程中，不要对问题和解决方法进行评判，问题和方法都没有对错，只有不同。
31—40	让参与者留在小组内，与同伴分享自己写下的学生的问题。这些问题可以是自己观察到的，也可以是学生主动与自己分享的。同时，小组成员共同讨论以下几个问题： • 你如何确认这是学生的问题？ • 这个问题跟哪些因素相关？ • 你可以跟学生分享你自己找到问题解决办法的经验吗？ • 如果可以，你如何分享你的经验？	可以在小组内只选择1—2位参与者进行分享，这样可以对问题进行深入交流。时间充裕的话，每位参与者可以分享自己学生的一个问题。提醒参与者意识到确认问题是寻找解决方法的重要环节。

全体分享（20分钟）

• 每组选出1—2位参与者进行分享，展示海报。

• 根据人数增减时间。

主题（三）：教育者的情感劳动与情绪建构

教育者作为情感劳动者常常需要在工作中压抑或者改变自身的情绪，以符合社会对我们的期待。然而，我们是否想过，情感是个体所有还是社会建构，抑或更加复杂？我们怎样才能观察并且梳理自己和他人的情绪反应，更好地了解自己作为教育者所付出的情感劳动以及自身的教育者角色？

目标：

参与者将了解并梳理自己在教育情境中的情感，认识情感劳动的复杂性，接纳并确认自己的情感，同理他人的情感，保持开放的心态。

活动准备材料：

便利贴、彩色马克笔、海报纸。

1—5分钟热身：

- 向参与者介绍即兴表演的三条宗旨：让对方感觉舒服；"是的，而且（Yes, and）"；勇敢遵循内心的直觉。

- 告诉参与者接下来我们会共同使用即兴表演和角色扮演的方式完成活动，让老师保持放松、开放的心态。

活动：凝视[①]**（10分钟）**

时间	活动	备注
1—2	向参与者解释即兴表演的方式和原则，并让参与者全体起立，两两一组。	需要两位参与者在台前做示范。
3—5	向参与者说明他们将面对面站着，用一种友好的、坚定的目光看向对方，同时不要发出声音，保持20秒的时间。	提醒他们放松。
6—8	向参与者询问他们刚刚的感受，并且向他们解释这样做会让我们感到别扭、尴尬、奇怪，即使用意是友善的，只是社会情感规则并不鼓励我们这样做。	提醒参与者去反思我们的社会情感规则，并跳出惯有思维模式思考问题。
9—10	让参与者模仿示范的方式，重新思考社会情感规则下的"凝视"。	鼓励参与者与对方建立信任关系。

活动：场景还原（10分钟）

- 让参与者回忆自己的一位学生带给自己价值感的一个场景。

- 让参与者用文字还原当时发生了什么，写下具体细节，比如：你们说了什么？做了什么？

---

① 此活动参考 TEDx 演讲"即兴表演练习（第一部分）"。如对原活动感兴趣，请查询：https://www.youtube.com/watch?v=DkDv3sXWrFU。

- 让参与者把场景写在便利贴上。

- 让参与者在全班分享自己感觉有价值感的场景。

- 鼓励参与者分享，不对描述进行评判。

活动：角色扮演（40分钟）

时间	活动	备注
1—5	为参与者分组（6人／每组），向他们解释角色扮演的方式，并让他们选出导演、编剧、演员、场记。	给每个组发海报纸和马克笔。
6—15	向参与者说明他们将要共同完成一个故事的脚本，并把内容写在海报纸上。让参与者分别设计在与学生的互动中，感受到收获和沮丧的两个场景。	鼓励参与者分享自己的亲身经历，以创意的方式记录故事脚本。
16—25	在小组内分别角色扮演这两个场景，同时在海报纸上记录下扮演过程中感受到的情绪体验。	提醒参与者在角色扮演的时候，尽量少"说"多"演"。
26—40	全班选出两组参与者扮演两个场景，扮演结束之后，向扮演的老师提出以下问题： 角色扮演过程中你体验到了哪些情绪？ 这样的情绪体验是否帮助你同理角色的感受？	不对参与者的角色进行评判。鼓励参与者通过扮演体验并梳理自己的情绪。

全体分享（20分钟）

- 每组选出1—2位参与者进行分享，展示海报。

- 根据人数增减时间。

主题（四）：通过故事建立情感连接

我们是否还记得小时候常听的故事？如果记得，有没有想过，那是为什么？我们能记住故事，是讲故事的方式帮助我们建立了连接，连接又帮助我们更好地理解故事。

目标：

参与者将了解故事作为建立情感连接的方法，通过讲述故事，理解倾听的重要性，在倾听的过程中，同理他人的情感，保持开放的心态。

活动准备材料：

彩色马克笔、海报纸、便利贴。

1—5分钟热身：

- 与参与者复习即兴表演的三条宗旨：让对方感觉舒服；"是的，而且"（Yes，and）；勇敢遵循内心的直觉。
- 告诉参与者接下来我们会共同使用即兴表演的方式完成活动，让参与者保持放松、开放的心态。

活动：故事线（50分钟）

时间	活动	备注
1—2	向参与者解释即兴表演的方式和原则，并对全体参与者进行分组，每组10人左右。	如果人数少，可以分一组；如果人数比较多，可以15人一组。
3—5	让参与者围成两个圆圈，向他们说明规则： • 从一位参与者开始，大家共同编一个富有想象力的故事。 • 每位参与者可以用1—2句话，把故事编下去。 • 提醒参与者发挥想象力，让故事尽可能变得有趣。	可以从第一位参与者开始，也可以任意指定一位，同时提醒他们保持放松。
6—15	让两组参与者同时进行编故事的活动。	穿插在两组参与者中间，提醒他们仔细倾听。
16—25	向全体参与者询问刚才编故事过程中的感受，进行反思。	
26—50	• 让一组参与者排成一排，站在台前，另一组参与者坐在下边。 • 让台下的参与者说出一个词，从这个词开始，台上的参与者继续编故事。 • 完成之后，两组交换。	可以向参与者说明，我们进行了即兴表演，没有台词，没有剧本，通过集体创作，完成了表演和剧本创作。

全体分享（20分钟）

- 每组选出1—2位参与者进行分享。
- 根据人数增减时间。

主题（五）：基于关系和对话的教育

你是否还记得最近触动你、让你感受到意义，并且感受到与学生建立情感连接的一次对话？对话，作为最古老的教育方式，让我们与对方彼此相连。从对话中，我们分享个体的经验，从经验中，我们彼此学习。对话建立在平等、尊重之上，让我们在建构的学习共同体中互为师生。

目标：

参与者将理解教育基于关系的建构，了解对话作为教育的手段，确认与他人的情感连接，反思自己与学生的关系建构和对话方式，在与他人建立连接的过程中获得情感支持。

活动准备材料：

便利贴、彩色马克笔、A4 打印纸。

1—5 分钟热身：

- 向参与者说明我们将要进行体验式活动，让参与者保持开放的心态，尝试与同伴建立情感的连接。
- 向参与者介绍我们将共同完成"我们的对话"并进行角色扮演。
- 提醒参与者尽可能发挥想象力，保持放松。

活动：我们的对话（60 分钟）

时间	活动	备注
1—10	让参与者回想过去两周内感受到自己与某个学生之间产生情感连接的对话，尽可能回忆对话的细节，并把具体的对话写在便利贴上。	提醒可以尝试回忆一些关键词。如果暂时想不起来，可以想想那些让自己感觉有意义的对话。

时间	活动	备注
11—20	参与者两人一组，相互分享对话内容，同时分享对自己和对方的"对话"的反思。尝试回答以下问题： • 对话发生的地点是哪里？ • 你们的对话方式有哪些相同或不同的地方？ • 是什么让你感受到与学生的情感连接？	鼓励参与者反思自己的经验。
21—40	参与者共同确定一组对话，并进行角色扮演。角色扮演过程中，尝试思考以下几点： • 作为学生你的感受是什么？ • 作为老师你的感受是什么？ 扮演结束之后，角色互换，再扮演一次，同时思考相同的问题： • 作为学生你的感受是什么？ • 作为老师你的感受是什么？	角色扮演能够帮助我们更好地感受和反思曾经的"对话"。
41—60	全体参与者共同头脑风暴"对话"的定义，尝试讨论以下问题： • 对话的目的是什么？ • 对话的基础是什么？ • 对话的方式是什么？（询问？评判？否定？肯定？） 反思目前你所在课堂的"对话"，尝试回答以下问题： • 目前你的课堂是否采取过类似的对话方式？ • 如果有，你的收获是什么？你的困难是什么？ • 如果没有，你希望尝试吗？如何尝试？	鼓励参与者保持开放的心态，讨论并没有对错。

全体分享（20分钟）

• 每组选出1—2位参与者进行分享。

• 根据人数增减时间。

主题（六）：从"赤字"模式到尊重文化多样性

"文化赤字模式"认为学生的学业成败来自于学生个体背景的差异。"赤字"模式让我们看到学生的缺陷，而忽略了他们的独特性、个体性和多样性。如果把修正学生个体的"缺陷"作为目标,并不利于我们反思个体所处的复杂教育环境。作为教育者,我们倡导社会共同承担实现教育公平和公正的责任。

目标:

参与者将了解"文化赤字模式"带来的问题,尊重文化的多样性,反思对"文化赤字模式"的理解,确认并接纳学生的独特性、个体性和多样性。

活动准备材料:

马克笔、A4打印纸(提前打印好绘本故事的五幕)。

1—5分钟热身:

- 向参与者介绍我们将角色扮演《我的名字克丽桑丝美美菊花》的绘本故事,尝试与同伴建立信任,保持放松、开放的心态。
- 提醒参与者尽可能发挥想象力,可以对绘本进行改编或再创作。

活动(50分钟)

时间	活动	备注
1—10	告诉参与者接下来我们要共同完成五幕剧的角色扮演任务。 • 把全体参与者分成五组,并把打印好的绘本内容发下去。 • 提醒参与者仔细阅读绘本内容,并充分发挥想象力,保持在原有情节不变的基础上进行创新。 • 确保组内每位参与者都扮演一个角色。	让参与者保持放松,充分发挥想象力,与团队成员建立互助信任的关系。
11—20	• 在组内进行角色扮演练习。 • 提醒参与者,每个小组都会轮流上台进行表演。	
21—40	• 每个小组来到台上,为全体参与者进行角色扮演。 • 五个小组完成整个故事的扮演。	鼓励参与者扮演的同时即兴发挥。
41—50	回到小组内部,对故事内容进行讨论,并对自己小组的角色扮演活动进行反思,可以尝试回答以下几个问题: • 这个故事让你发现了什么? • 在你的教学经验中,有没有类似的经历?	

全体分享（20分钟）

- 每组选出1—2位参与者进行分享。

- 根据人数增减时间。

主题（七）：取长还是补短？——确认优势并建立目标感

我们是否了解自己的优势？在工作中会发挥自己的优势，还是弥补自己的短板？了解自己的个人兴趣和优势，可以更好地帮助我们了解学生的优势，而不会只看到他们的"问题"。如果能够帮助学生更好地了解他们自己，我们也可以帮助他们共同建立目标，与他们合作，帮助他们实现目标。

目标：

参与者思考关于个人兴趣和长处的问题，通过了解自己，更好地了解学生的长处，共同建立合作的目标，感受到来自他人的鼓励与支持。

活动准备材料：

彩色马克笔、海报纸、便利贴、铅笔、A4打印纸。

1—5分钟热身：

- 告诉参与者接下来要完成写作和游戏两项活动，帮助他们更好地了解自身的长处，并与他人建立合作的目标。

- 让参与者保持放松、开放的心态。

活动：写作与反思（30分钟）

时间	活动	备注
1—2	向参与者解释他们要写下两个问题的答案，给每位参与者发A4打印纸。	可以把问题展示在投影仪或者白板上。
3—8	在参与者面前展示问题，在进入下一个问题之前，给他们3分钟的时间写下： • 你有哪些天生的技能或者能力？ • 哪些事情是你生命中不可或缺的？	对于第一个问题，可以引导他们思考"哪种类型的事情你认为你很擅长教别人？"
9—10	参与者两两一组，分别交换他们的回答，让他们讨论，看看有哪些相同或不同的地方。	向参与者解释共同目标能够成为动力。
11—20	让参与者回想自己认识的"问题"学生，尝试回答下面两个问题，给他们3分钟的时间写下： • 他／她有哪些天生的技能或者能力？ • 哪些事情是他／她生命中不可或缺的？	向参与者解释，如果暂时想不起来"问题"学生也没有关系，可以尝试回想一个自己熟悉或者了解的学生。
21—30	参与者两两一组，分别交换他们的回答，让他们讨论，看看他们的学生有哪些相同或不同的地方，讨论的同时，可以尝试思考以下问题： • 你认为这两个问题很难回答吗？ • 如果困难，你认为哪些因素造成了阻碍？	

活动：小组跳（15分钟）

时间	活动	备注
1—2	向参与者解释我们接下来要进行小组跳的活动，目标是：同时起跳，同时落地。	鼓励参与者积极参与活动。
3—10	让参与者围成圆圈，向他们说明规则： • 每位参与者与邻座一位参与者一起尝试。 • 3—5位参与者为组进行尝试。 • 全体参与者一起尝试。	建议参与者必要时可以手挽手。建议参与者挑战不用词语完成这项任务。
11—15	全体参与者一起讨论，尝试回答以下问题： • 在活动过程中你们如何进行了协商？ • 为了顺利完成活动，你们使用了哪些策略？	

全体分享（20分钟）

- 每组选出 1—2 位参与者进行分享。

- 根据人数增减时间。

主题（八）：玩的教学法——对持续的学习保持开放的心态

我们常常说玩中学、学中玩，但是"玩"对参与者来说，到底意味着什么？对学生来说呢？玩的教学法帮助我们突破对于"玩"的想象与定义，让我们重新建立对于"学"的理解。

目标：

参与者将了解玩中学、学中玩的途径（玩的教学法），反思对于学习的定义。通过设计与学科相结合的游戏，感受来自他人的鼓励与支持，并保持开放的心态。

活动准备材料：

彩色马克笔、海报纸、便利贴、铅笔、A4 打印纸。

1—5 分钟热身：

- 告诉参与者我们将做三个即兴表演的小游戏，复习即兴表演的三条原则。

- 游戏之后，我们要完成一项有创意的游戏设计。

- 让参与者保持放松、开放的心态。

活动：即兴表演（15分钟）

时间	活动	备注
1—5	参与者两人一组，发给每组参与者一支铅笔。 向参与者说明： • 每人用一根手指头顶住铅笔的头，慢慢移动，保证铅笔不掉落。 • 在这个过程中，谁也不是主导者。	提醒参与者尽量不要使用语言，让参与者感受"共同主导"的过程。
6—10	参与者两人一组，面对面站立。 向参与者说明： • 两人互相模仿对方的动作（注意：动作要慢，可以是任意的动作）。 • 两人会感觉自然地轮换来主导动作。	提醒参与者尽量不要使用语言，让参与者感受"共同主导"的过程。
11—15	全体参与者共同讨论对三个游戏的感受，可以尝试思考以下问题： • 游戏的哪些环节让你觉得好玩？ • 游戏的哪些环节让你觉得困难？	

活动：游戏设计（50分钟）

时间	活动	备注
1—10	头脑风暴"玩"与"学"的定义。	可以请两位参与者用黑板／白板进行记录。
11—12	向参与者解释我们接下来要进行一项有创意的游戏设计，参与者4—5人一组。	鼓励全体积极参与活动。
13—20	向参与者说明设计规则： • 确定小组的学科（比如，语文、数学、体育、美术等）。 • 确定游戏的目标（比如培养学生的合作能力）。 • 确定游戏的形式（比如室外游戏）。 • 确定游戏将要使用的材料。	建议参与者头脑风暴时可以做些简单的记录。
21—50	参与者进行游戏设计，并把设计方案展示在海报纸上。	建议参与者充分发挥想象力，游戏表现的方式可以多样化，鼓励参与者尝试设计的游戏。

全体分享（20分钟）

- 每组选出 1—2 位参与者进行分享。
- 根据人数增减时间。

后 记

这本书的大部分内容，可以说都来自于 2017 年到 2019 年期间我在国内从事的教育研究和实践工作。最终成为这样一本书，自有它的归宿。在整个过程中，我偶尔还是会听到他人转述的社会文化叙事。我也常常提醒自己：在日益科学的学术评价系统里，需要交出不属于我的那部分权力来为自己松绑，因为只有这样做才可以真正俯身将自己贴近他人。我很庆幸自己能够选择这样的教育工作，阅读、实践、反思是我需要加倍呵护的生活方式。

如前言所说，这本书并不是传统意义上的学术著作，而是阶段性的积累和记录。教育研究的路途烦琐、漫长，写作作为呈现方式中的一种，暂时构成评价体系内的重要组成部分，但绝不是全部。任何教育研究都有它自身的逻辑，对于这项工作也不例外。作为教育者，我们需要把目光转向自身的实践，看到自己成为研究型教师的可能性。作为研究者，我们需要和教育者站在一起，达成教育研究的自觉，共同推动变革的发生，而不仅仅成为以成果为导向的知识生产者。

从 2017 年到现在，这项研究一直敦促我思考：作为教育者的我们，如何在目前的教育系统和日常的教育生活中，突破自身的困境。虽然，这项研究已经结束，然而，对于我的问题，呈现在这里的并不是最终的答案。它更像是这几年，反复挣扎、跌倒，再挣扎、再跌倒的缩影。这些经验让我意识到：以这种方式进行探究对于教育者和研究者的价值。这是教育研究和实践需要开拓的方向。

最后，我希望读者朋友们通过阅读这本书，能够了解当前颇具争议的 SEL 理念和课程，在中国本土化过程中遇到的问题，更好地理解教育现象的复杂性。此外，我还希望读者对叙事探究在教育学领域的应用有所了解。通过叙事探究，研究者对教育者个体的日常生存现状表示尊重、关爱、理解。研究者通过叙事探究，进入教育现场，参与教育叙事的讲述，与教育者建立情感连接，共同面对个体叙事与社会、学校、家庭、文化、制度叙事之间的张力，结成学习和实践共同体。同时，研究者也把自身的脆弱与艰难向参与者敞开，逐渐建立彼此信任的研究关系，让参与者看到自身的脆弱与艰难，在共同回忆、讲述、面对、畅想的瞬间，达成相互的关照和勉励。研究者与参与者，在同行的路上，重新定义知识、教育、教师身份、师生关系等概念，重获教育的勇气与力量。

当然，这项研究能够顺利开展的主要原因是来自三位参与者对我的信任。虽然她们从事教师发展工作，但是她们自己并不是体制内的老师。她们长年生活在北京，有着相似的教育经历，这些无时不在影响她们对于目前教育现状的理解。同时，她们的灵活身份也让我们有充裕的时间进行对话和交流，这是短期内这项研究没有遭遇重大挑战的必要条件。在我不厌其烦地叮嘱她们实施各自的研究项目期间，她们能够包容我，同时感激我的催促，让我感恩却又心怀歉意。作为女性，我深知她们在现有社会文化中所面对的各种挑战；作为母亲，她们经历了太多我未曾了解的艰难和挣扎。我希望这份记录能在她们遭遇不合理的期待和偏见的时候，带给她们信心。

除此之外，在这两年的工作中，我接触到大量的一线教育者。他们对这个项目的支持，让我越来越相信，作为教育者，我们必须联合起来，突破自己的局限。其中，海豚幼儿园的外方园长 Josh 不止一次鼓励我，让我坚持为更多学校提供教师发展的课程，甚至当我回到美国，他仍旧发来邀请，让我参与他即将就职的一所双语学校的教师发展工作。他希望更多的老师能够通过这种方式，重新看待自己的教师职业，理解教育的意义。2019 年 3 月 6 日，他在微信中留言：

Yes! I, too, believe there is a "seamlessness" to teaching & learning & life experiences. And I think this concept - well, it's really a "truth" - will help young teachers immensely. It's pretty interesting to see the relationships between one's professional & personal lives. I mean - really, Yannie! Teaching can be such beautiful work...it's about observation, acceptance, planning, action and growth. And assessment, as well, so one can see what's working well and what's not. At least, this is one way to look at things. Wow, I'm getting fired-up to work on this. Again, thank you for this "conversation!" Oh yes - a word I should have put in my list: collaboration. People supporting people. It will be so good to work with you on this!

是的，我也相信教学、学习与生活经历之间存在的"无缝"链接。我认为这个概念是一个"真理"，它将极大地帮助年轻教师。看到一个人的职业和个人生活之间的关系是非常有趣的。我的意思是，真的，Yannie！教学可以是如此美好的工作。它和观察、接纳、计划、行动和成长是相关的。还有评估，我们可以看到什么地方做得好，什么地方做得还不行。至少，这是看待事物的一种方式。哇，我迫不及待地想快点开始工作。再次，谢谢你的"对话！"而且，我应该再加上一个词：合作。人与人彼此支持。跟你一起工作将让我感觉很棒！

　　这种探究的最大意义就在于：它让我看到了教育研究与实践结合的途径。在完成了这项研究之后，我陆续在全国开展了十几次工作坊活动。每次工作坊结束，我都会重新思考"体验"两个字对于教育实践和个体生命的意义。再次，我要感谢所有邀请我在学校进行观察和组织工作坊的校长、老师和家长。他们真诚的参与和反馈是我继续前行的动力。以下摘录两位老师的反馈：

　　　　刘老师说到一句话："当遇到一个问题时，你知道学生心里面想的是什么吗？你倾听过学生的心声吗？"当听到这句话时，我的心咯噔一下，我倾听过学生的声音吗？我知道学生心里在想什么吗？学生想做什么吗？一连串的问题涌入我心头。工作二十多年，我一直认为我爱学生，我了解学生，我知道他们想做什么。可是，我真的知道吗？当刘老师问道："你知道学生在下面怎么称呼你吗？你知道学生心里在想什么吗？"那一刻，我想我是不知道学生的心声的。一直以来我都以一个老师高高在上的位置去与他们沟通，以一个成年人的眼光去指导他们。我们之间是不平等的，我总是将我的想法，我的意愿强加给他们，我从未曾认真地用心去听他们是怎么想的，他们想真正做什么？学习结束，我反思自己的曾经，深感不安。我还来得及倾听我的学生想什么，想做什么吗？
（云南某初中老师）

　　　　我主动要求扮演这个特殊的孩子，因为我最了解他的状态，我想努力呈现出来。在表演的过程中，我最开始有些紧张，但是演着演着，我好像真的找到了那个孩子的状态，尤其是当他的父母在他面前争吵起来时，我感觉到了他的焦虑和恐慌。扮演孩子妈妈的老师向我挥来一拳，尽管这个挥拳的动作并不是特别逼真，但我还是本能地举起手臂去挡，那个瞬间，我体会到了他的恐惧。我感觉到这个孩子好像掉进了一个黑暗的深渊，恐惧包围着他。我很想哭。从前我一直觉得自己很理解他，但是懂得和体会是不一样的，身为教师，我们还需要多一点体会。这个孩子曾对我说："我要画一个黑色的太阳送给你，让你每天都难过。"很长一段时间，回想起这句话，我都会有一点点受伤的感觉。但是在这次表演之后，这种感觉消失了。我理解了他，也原谅了他。（湖南某小学老师）

此外，我还要感谢 21 世纪教育研究院杨东平老师和郭婷婷主任邀请我参与伏羲教育评估项目，让我有机会认识那些身体力行推动基础教育改革的教育先行者，也让我看到 SEL 在中国本土呈现的另一种方式。

因为这项研究，我又回到从小生长的燕园，我的办公室就在当年全家蜗居的宿舍楼对面。在刚刚回来的日子，我常常想起物理大楼前卖冰棍的阿姨，三角地卖可乐的服务社，大饭厅前的柿子林，澡堂外的梧桐树，操场看台上的一排排桑叶……在此，我要特别感谢文东茅老师，让我有机会开展这项耗费心力的研究项目，也让我又一次回到了家。同时，我也特别珍惜来自北京大学教育学院陈向明、刘云杉、李春萍、蔡磊砢、宋映权、卢晓东老师对于这种笨拙的研究方式的宽容与尊重，让我找到一种由不可能成为可能的途径。在这期间，我与北京大学教育学院同事和学生的交流，也完善了我的初步思考。

此外，我还要感谢北京师范大学侯龙龙老师，中国人民大学罗云老师，湖南师范大学刘铁芳、樊杰、刘艳侠老师以及多位研究生，让我获得珍贵的友谊与理解。在书稿校对阶段，我已加入刘铁芳老师带领的团队，开始展开围绕教师情感和具身化叙事的研究项目。当我不断遭遇困境，变得退缩，来自黄丹宁和吴燕蕾那些长时段的对话，让我获得不断接纳自己的勇气。商务印书馆责任编辑郭晓娟的督促与信任，也让我能够如期完成书稿的修改和校对。最后，我要感谢曾宪章和谈蜀华夫妇的曾氏家族基金"赠与亚洲"项目的捐赠让这本书的出版得以实现。

　　这项研究让我重拾对于教育的信心，即使探索的道路漫长，我已看到以一己之力推动教育现状改变的可能。我深知探究才刚刚开始，我相信还有更多的教育者也会看到我们共同的努力。让我们勇敢选择使这个世界变得更好的方向！此外，我要感谢我的家人，他们的爱给我力量，让我成为理想中的自己，也让我更好地爱他们和这个世界。在修改书稿的这段时间，世界仍旧笼罩在新冠疫情的慌乱和恐惧当中。当美国确诊人数不断飙升的时候，我又坐飞机回到了美国。在修改文稿的日子里，我仍旧会去公园散步。虽然路两边的杂草越长越高，但是走过的那条路却越来越清晰。

　　最后，我想说：这是我们共同完成的关于教育的叙事。感谢在这个过程中帮助过我的每位朋友。

　　解放，永远都是自下而上，通过个体主动争取而来的。
　　我坚信，参与教育变革是每一位教育者的使命和担当。

2022 年 1 月 31 日